大明拐点
天启党争

章宪法 著

中国出版集团有限公司
华文出版社

图书在版编目（CIP）数据

大明拐点：天启党争 / 章宪法著. -- 北京：华文出版社, 2024. 7. -- ISBN 978-7-5075-5940-8

Ⅰ. K248

中国国家版本馆CIP数据核字第2024DG7462号

大明拐点：天启党争

著　　者：章宪法
策　　划：胡　子
责任编辑：郭俊萍
出版发行：华文出版社
地　　址：北京市西城区广外大街305号8区2号楼
邮政编码：100055
网　　址：http://www.hwcbs.cn
电　　话：总编室 010-58336239　　责任编辑 010-63421256
　　　　　发行部 010-58336267
经　　销：新华书店
印　　刷：三河市航远印刷有限公司
开　　本：880mm×1230mm 1/32
印　　张：9.75
字　　数：209千字
版　　次：2024年7月第1版
印　　次：2024年7月第1次印刷
标准书号：ISBN 978-7-5075-5940-8
定　　价：58.00元

版权所有，侵权必究

序章 ··· 1

第一章　外朝内廷 ············· 17

一、抢夺 ································· 19
二、驱赶 ································· 25
三、欢庆 ································· 32
四、拱火 ································· 36

第二章　东林崛起 ············· 45

一、官场上的太极高手 ············· 47
二、官场的组局者 ··················· 52
三、官场上的狠角色 ················ 58
四、火箭式升官 ······················ 62

第三章　朋比为奸 ············· 69

一、大内"宰相" ··················· 71
二、朋友圈 ···························· 75

三、女朋友·················· 82

四、连环暗箭················ 87

五、绝望同盟················ 94

第四章　东林意气············· 101

一、正儿八经画张饼············ 103

二、鸡毛掸子与教鞭············ 108

三、东林党的先手棋············ 113

四、东林长老与护法············ 118

第五章　门户山头············· 125

一、出山谋官··············· 127

二、升官的把戏·············· 132

三、难道不是一条道············ 136

四、难道也是一条道············ 141

第六章　文武之道············· 149

一、黑色幽默魏家军············ 151

二、毛骨悚然刀把子············ 157

三、明枪暗箭战疆场············ 163

四、强弓硬弩治内宫⋯⋯⋯⋯⋯⋯⋯169

第七章　坐看云起⋯⋯⋯⋯⋯⋯175

一、顾命团队的私怨公仇⋯⋯⋯⋯177
二、核心层的高手过招⋯⋯⋯⋯⋯182
三、文人士大夫的玩法⋯⋯⋯⋯⋯187
四、一只跳蚤的庄严使命⋯⋯⋯⋯192

第八章　君子小人⋯⋯⋯⋯⋯⋯199

一、熬不起⋯⋯⋯⋯⋯⋯⋯⋯⋯⋯201
二、瞧不起⋯⋯⋯⋯⋯⋯⋯⋯⋯⋯206
三、惹不起⋯⋯⋯⋯⋯⋯⋯⋯⋯⋯212
四、要不起⋯⋯⋯⋯⋯⋯⋯⋯⋯⋯220

第九章　生死决斗⋯⋯⋯⋯⋯⋯225

一、失误送分的对手⋯⋯⋯⋯⋯⋯227
二、两颗人头三十二把刀⋯⋯⋯⋯237
三、架势与技巧⋯⋯⋯⋯⋯⋯⋯⋯241
四、万能的受贿罪⋯⋯⋯⋯⋯⋯⋯247
五、舆论是一支愚蠢的箭⋯⋯⋯⋯252

第十章　落花流水 ······ 257

一、内阁中的软柿子 ······ 259

二、神的同谋 ······ 265

三、神的脚下 ······ 270

四、权力场的概率 ······ 275

五、官斗致命伤 ······ 279

尾　声　风霾满天 ······ 287

参考书目 ······ 303

走在一起,是因为相互倚重;走在一起,也可能相互憎恨。并非所有的同行都是同道。

大臣们抖动双腿进宫的时候,乌鸦们也正抖动双翅飞入宫中。下午的紫禁城,澄泥砖上看不出人影,满眼都是云淡风轻。

明代的紫禁城,分为外朝与内廷,以乾清门为界。乾清门南是"三大殿"——太和殿、中和殿和保和殿,这些是皇帝举行朝会和国家举行大典礼的地方;文华殿、武英殿等在三大殿两侧,这些是内阁等重要部门办公的地方。乾清门后是"后三宫"——乾清宫、交泰殿和坤宁宫,这是皇帝与皇后的正宫。后三宫两侧是东、西六宫,这些是嫔妃们的生活场所。

紫禁城里的建筑大多高大、宏伟。什么叫"宫",什么叫"殿"?从外观、形制上是看不出来的,关键是看建筑的使用功能:"宫"的主要功能是生活,"殿"的主要功能是办公。

大臣们平时所说的"进宫",指的是越过乾清门,到内廷与皇帝议事。皇帝不出门,臣子们跑跑腿。如果没有皇帝的召唤和太监的引领,臣子是不能进入内廷的。擅自越过朱红的乾清门,被守卫打残那是幸事,丢掉脑袋也是完全可能的。

奉召进内廷乾清宫是荣耀的，因为那是帝王的生活区。有人在京城当了一辈子官，也不知道乾清门内是什么景象，告老还乡后，也只能道听途说、添油加醋，与亲朋好友们胡侃神吹。

进宫之路其实也是一条危途，皇帝在乾清宫与大臣们讨论的，自然是大事、要事、敏感的事。这些不便在大范围或公开场合讨论的事，皇帝自然是想听听臣子的意见。臣子不能没有意见，也不能太有意见，否则，一条敏感的意见可能就将一生的仕途，甚至性命都"敏感"掉了。

没有哪个大臣进宫时不提心吊胆，甚至有人进宫前都立好遗嘱。出家门是人，进家门是鬼，意料之中的事在意料之外，意料之外的事在意料之中，这也就是官场中人为何要时常如履薄冰。

不将乾清门放在眼里的，估计只有紫禁城的乌鸦们。它们可以在天空中翱翔，也可以在宫殿上驻足。紫禁城是威严的，乌鸦们是猥琐的——民间视乌鸦为"不祥之鸟"，皇家其实也是这么认为的。皇帝的权力至高无上，但也有两样无可奈何：一个是上天，一个是乌鸦。打从明成祖迁都北京时起，乌鸦就成了紫禁城里的常客。

不请自来，驱之不去，皇家只能选择忽略。何必徒劳无益，跟乌鸦过不去，跟自己过不去呢？

但是，为帝王着想的臣子总是层出不穷：明睿宗当年前往封地，舟停龙江关，数万只乌鸦聚集在江边柳树上，朝着船队鸣叫，李梦阳说这是日后"嘉靖中兴"的前兆；明孝宗登基之初，朝堂钟鼓一响，常有数万乌鸦飞往龙楼，这属于"弘治中兴"的征兆；万历朝探花顾起元，第一次上朝时即见乌鸦盘旋皇城，久久不散，顾探花顿时想到这是乌鸦在朝拜，谓之"鸦朝"，然后一本正经地写进了《客座赘语》。明朝君臣关系复杂，紫禁城与乌鸦们的关系也复杂。

其实，乌鸦们哪懂许多啊！它们只是觉得这地方宽敞，房子结实，住下来安全，冬天也暖和——今天的科学家，把这叫作城市热岛效应。

聚集紫禁城的乌鸦，种类也是复杂的：有寒鸦，有大嘴乌鸦，还有小嘴乌鸦。但宫内宫外的人，从不管这些，反正都叫乌鸦，乌鸦就乌鸦呗。

远远望去，乾清宫九个垂脊兽上，各站了一只乌鸦。龙头上的一只乌鸦，长喙在龙头上蹭来蹭去，猛然"哇"的一声长鸣，粗劣而嘶哑。方从哲吓了一跳，差点跌倒。

方从哲（1562—1628），字中涵，其先浙江德清人。家在北直隶顺天府大兴县（今北京大兴），万历十一年（1583）进士。

这帮进宫的大臣中，方从哲是老迈又老到的一个，也是官职最高的一个——"宰相"（内阁首辅），并且是从前万历朝干到今泰昌朝。方从哲是一位太极高手，深受前内阁首辅、东林党领袖叶向高的器重，但他又遏制东林势力，在前朝形成齐、楚、浙三党鼎立的局面。他从不以朋党领袖自居，事实上又是浙党领袖，齐党领袖亓诗教还是他的门生。朝中朋党林立，方从哲则游刃有余。

什么样的大风大浪方从哲没有见过？万历四十六年（1618），后金（大清）军队攻克抚顺，皇帝都急得睡不着觉；各地方水旱灾荒引发大范围动乱，弄得中央与地方焦头烂额；家里大小事一样不少，儿子杀人犯下命案，弹劾、讥笑方从哲的官员不计其数。换上一个心理素质差的，想死的心思都会有的，但方从哲泰然自若，安然无恙。

——不管怎么评价方从哲，有一点是可以肯定的：方从哲不是一个庸官，不是"纸糊阁老"，而是有真才实干和丰富阅历的官场老手。"官场老手"不是一个贬义词，朝政不堪的事也不能全算到方阁老头上。万历朝后期的危难局势，没有方从哲这样的阁老，恐怕更加不成样子。

泰山崩于前而色不变的方从哲，竟差一点被一只乌鸦吓趴下。杨涟有点想不通，本能地在后面扶了一把，其实也没用得上什么力。方从哲没想到是杨涟，回头拱了一下手，眼神的余光全是警惕。

杨涟（1572—1625），字文孺，号大洪，德安府应山（今湖北广水）人，万历三十五年（1607）进士。

杨涟是这班官员中官职最小的一个，却是知名度颇高的"当红官员"。杨涟考中进士后初授常熟知县，举全国廉吏第一，调入京城任户科给事中。泰昌皇帝登基后，命杨涟署礼科印信，又任兵科给事中。"六科"归皇帝直接领导，六科给事中主要是辅助皇帝处理政务，职责很重要，但品级还是正七品。

这次被皇帝召进乾清宫的大臣，一共有十三人：大学士方从哲、刘一燝、韩爌，英国公张惟贤，尚书周嘉谟、李汝华、孙如游、黄嘉善、黄克缵，左都御史张问达，给事中范济世、杨涟，御史顾慥。这班官员中，至少是找不到比杨涟级别更低的。

韩爌特意放慢脚步，等杨涟靠近，摆了一下手，低语了一句，意思是今天情况特殊，让杨涟不要话太多。跟人聊天，多听少说；一群人聊天，只听不说；自己不顶天立地，最好别指点江山。韩爌行事老成持重，欣赏杨涟，也担心杨涟。韩爌的声音很小，方从哲还是听见了，回了一下头。

韩爌（1566—1644），字虞臣，号象云，平阳府蒲州（今山西永济）人。万历二十年（1592）进士，刚刚与何宗颜、刘一燝以礼部尚书衔兼东阁大学士。

韩爌的提醒，并不是多余的。杨涟的话不是一般多，尤其是遇上事情时，他沉不住气，简直不像谙熟官场的人，特别容易出乱子。最近闹出的一个乱子，到现在还不能算完。

一周之前，泰昌皇帝也召见过一次这帮大臣，并且钦点了杨涟参加，韩爌知道后，心里当即咯噔了一下，感觉杨涟是凶多吉少。

朱常洛（1582—1620），明神宗朱翊钧与才人王氏之子，明朝第十四位皇帝，年号泰昌，庙号光宗。

年纪轻轻的泰昌皇帝，登基仅仅四天便一病不起，宫中顿时传言纷纷：有说是郑贵妃进献八位美女，把泰昌皇帝给累的；有说郑贵妃唆使中官崔文升进泻药，把泰昌皇帝给害的。宫中实情，外臣实际上是搞不清的，但杨涟倒好，听风是雨，一道奏疏递上去，弹劾崔文升"用药无状"，指斥郑贵妃欲封皇太后，措辞严厉地要郑贵妃移宫。

朝中想说这些的人不少，但都忍着，坐等杨涟这样的"大炮"发声。人性最大的恶，是见不得别人好，巴不得别人出问题、栽跟头，自己在一旁偷着乐，或直接、间接得点好处。官场上的这种人多的是，但方从哲还真不是。能坐在内阁首辅的位子，方阁老最了不起的地方是磨出了自己的格局。刘一燝，江西党元老；韩爌，东林党元老。方阁老与这二位同处内阁，即便背后有什么矛盾，表面上别人也看不出。方从哲是内阁首辅，整个内阁乱糟糟的，他这个首辅脸上能有光彩？

三位阁老放心不下的就是杨涟这种人，都到了知天命的时候，还不知道天高地厚；青春的尾巴都秃了，还依旧是一枚意气少年。方阁老尤其清楚，杨涟实际上既不知实情，又不知道皇帝的心思，想当然地替皇帝做主，把自己的观点和盘托出，最终将得罪哪路神仙，自己压根都不知道。官场水深，玄机也多，要多看多听多想，就是不要多说话。

方阁老还听说一个令人担心的消息：皇帝在宣召杨涟的同时，还宣锦衣卫官校一起入宫。

这可不是开玩笑的，影视中常有这样的情形——皇帝动怒了，把桌子一拍："来人哪，推出去斩了！"

谁出来斩那个倒霉蛋？落实皇上旨意，出来执行斩首任务的，就是这类锦衣卫官校。

不过，方阁老也作了一个预判：杨涟被皇帝当场斩首，这个倒是可能性不大；但当场挨上几十大板（廷杖），怕是在劫难逃了。

还真不出方阁老的预料：皇上看见杨涟，果然一动不动地死死盯着。刘一燝、韩爌见状，跟着倒吸了一口凉气。

还好，皇帝这次召集重臣议事，核心是讨论皇太后的册立。这事应该是郑贵妃催的，否则没必要这么急，毕竟先皇驾崩后连安葬的事都还没有办完。

郑贵妃（1568—1630），顺天府大兴（今北京大兴）人，明神宗朱翊钧宠妃，福王朱常洵生母，万历十四年（1586）被册立为皇贵妃。

郑贵妃催得急，也是可以理解的："皇贵妃"上面便是"皇后"，郑贵妃离皇后只有一步之遥。改朝换代了，册封郑贵妃为神宗的皇后，也就是本朝的皇太后，虽说万历皇帝遗嘱上有交代，但煮熟的鸭子都可能飞，东西揣进口袋才能落袋为安。

杨涟一听，急切起身道：大行皇帝（刚去世的万历皇帝）有元后，皇上生母还立不立皇太后？再立这么一个皇太后，没见过这规矩。

杨涟大嗓门说话，泰昌皇帝不住地皱眉——这对重病在身的人来说，表情已经算是够丰富的了。

方从哲见状，赶紧将话头接了过来："杨涟之言虽有些道理，但言辞急切，违拂圣意，宜由科、道纠劾。"

方阁老的意思，是先将现场降温，不管事后杨涟被如何处理，总比皇上当场动怒要强些。好汉不吃眼前亏，庙堂江湖皆适用。

皇上听后，猛然抬起手，指着杨涟的方向。三位阁老的心，一下子又提到了嗓子眼。

皇上一字一顿道："此真忠君。"

泰昌皇帝的声音不大，在场的人还是听得真真切切，大家悬着的心一下子全落了地。

一级官员，一级水平，皇帝不乏顶级智慧。泰昌皇帝不仅没有降罪杨涟，还按照杨涟的意见，将封郑贵妃为太后的旨意收回，也是深有原因的。

泰昌皇帝朱常洛是个苦命的人，虽说是万历皇帝朱翊钧的长子，但其母王氏只是一个普通宫女，后来才获得一个"才人"的封号。宗法制度下，朱常洛只是皇长子。朱翊钧的元配王皇后无子，因而也就没有嫡长子。"皇长子"与"嫡长子"有什么区别？看看古代的婚姻制度就清楚了。

很多人认为，中国古代是"一夫多妻制"，这个说法其实并不严谨。中国历史上，从来就没有"一夫多妻制"，只有"一夫一妻多妾制"，除非是少数民族政权。妻与妾是什么关系呢？是主仆关系，领导与被领导的关系，不是对等与平等关系。贵族与平民，都是这样。皇帝的正妻叫皇后，皇帝的媵妾就是各种封号的嫔妃，这些嫔妃见了皇后都要磕头。妻的儿子叫嫡子，妾的儿子叫庶子，民间称作"小娘养的"。嫡子有继承权，庶子没有。

明朝皇后以下，皇帝侍妾封号分为十二等，依次为：（一）皇贵妃；（二）贵妃；（三）妃（贤妃、淑妃、庄妃、敬妃、惠妃、顺妃、康妃、宁妃）；（四）嫔（德嫔、贤嫔、庄嫔、丽嫔、惠嫔、安嫔、和嫔、僖嫔、康嫔）；（五）贵人；（六）才人；（七）昭容；（八）昭仪；（九）婕妤；（十）美人；（十一）选侍；（十二）淑女。

皇后与嫔妃之子，相互间的差距太大：继承皇位的，是皇帝的"嫡长子"，嫡长子即使年龄比皇长子再小，皇位也轮不到皇长子身上，除非皇帝一个嫡子都没有。

王皇后到死都没有生下儿子，这下皇位该归朱常洛继承了吧？不一定。万历皇帝宠信的是郑贵妃，王皇后去世后，郑贵妃的封号比王才人高太多，如果在嫔妃中册封皇后，郑贵妃的可能性远远大于王才人。郑贵妃一旦成为皇后，郑贵妃的儿子就变成了皇帝的嫡长子，朱常洛就彻底与皇位无缘了。

泰昌皇帝对杨涟的戏剧性态度，方阁老同样没有感到惊讶。方阁老脑子转得快，能打败方阁老的，可能只有下一秒的方阁老：泰昌皇帝生母王氏不被万历皇帝待见，自己的太子地位差点不保，饱受郑氏欺凌数十年，战战兢兢的人生啊——"有仇不报非君子"，"得饶人处且饶人"，古人的很多话，都极富哲理。

当然，阻止郑贵妃的企图是一个漫长的过程，杨涟只是一个先锋，还是眼下的急先锋。

太子乃"国本"，万历朝的"国本之争"长达十五年，官场玄机的深不可测尽显其中："国本之争"本来发生在皇帝与内阁大学士、部院大臣这些高层官员之间，迟迟没有结果，导致御史、给事中这些下层的言官介入。这些言官，监督权很大，世俗权力很小。权力与权利失衡，必然导致眼红。言官们斗争的矛头，开始指向内阁与部院，也指向了皇帝，多少带有权力寻租的色彩，不仅仅是空洞地斗。

外廷文官与皇权博弈，通常是没有胜算可能的。但是，皇帝家里也有家长里短，万历帝的母亲李太后，站到了文官们的一边，迫使万历帝不得不让步。这场博弈的结果，是文官集团获胜，言官群体实现了权力的最大化。同时，也养成了官场习气：年纪轻、资历浅的言官们，开始理直气壮地抨击内阁与部院，其中的多数人成为后来的东林党。

这场争斗，外廷文官付出的代价也是巨大的：十几年里，有四位内阁首辅被逼辞官,六部及地方官员一百多人被罢官、解职、发配充军。但斗争目标实现了:泰昌皇帝成了太子,又成为皇上。

泰昌皇帝是一个仁慈、厚道的人,对拥戴自己成为太子并顺利登基的臣子,是心存感激的,即便他们说些过激的话,也不会轻易下狠手,包括杨涟,包括自己的老师方从哲。

事不过三,官场上要懂得见好就收,别拿往事当经验,兔子不在原窝里。

此番再次进宫赴召,韩爌与方从哲对杨涟再次提醒,仍旧不是多余的。两位阁老以多年的官场经验判断,皇帝这次必定有更重要的事拿出来商议,杨涟若是再管不住嘴,神仙也保不住皇帝永远有好脾气。

乾清宫门外,太监李进忠正垂手等待。看见打头的方从哲,李进忠急步上前,连连抖手催促:"快点哟——"

一个"哟"字,让方从哲等人心头一沉,很想从李进忠口里先打听点什么。李进忠绷着脸,扯了一下方从哲的衣边,恨不得一下子把他从宫门里塞进去。

杨涟这回倒格外冷静,从身后细细打量了一下李进忠,心里感觉怪怪的,忍不住想:太监都是一副婆娘相,这家伙倒是人高马大,甚至还有几分威严,就是有点山猫野狗的性格。竟有相貌堂堂的太监,杨涟想笑,但忍住了。

李进忠将大臣们引到了东暖阁,皇帝正头倚在睡榻上。杨涟记得,上次召见大家,皇帝还是坐着的。今天半卧在御榻上,看来皇帝的病情加重了。

方从哲与众臣向皇帝行礼，皇上摆摆手，嘴巴也动了动，但没听出说的是啥，大概就是免礼平身的意思。接着，皇帝又指了指御榻旁边。

杨涟这才注意到，御榻旁边站着一个少年，斯斯文文，一副小秀才的模样，还病恹恹的。

杨涟正琢磨呢，几个大臣也在犹豫。这个少年，有几个大臣是认识的：皇长子朱由校。

朱由校（1605—1627），泰昌皇帝与才人王氏之子。

见到朱由校，大臣们应该即刻行礼。大臣们在犹豫，他们是遇到难题了，不是没有见识：朱由校的生母王氏，去世前只是个"才人"，朱由校明显是"庶出"；万历皇帝刚刚去世，朱由校由"皇孙"变"皇子"不过二十来天，尚未及封王，更未被册立为太子——这叫作"白身"。朱常洛登基后，东林党人吁请册立朱由校为太子，都准备举行册立仪式了，但因朱由校身体太弱，仪式又被往后推迟了。

这下尴尬了。宫廷礼仪是严格的，大臣见朱由校，是按白身皇子、亲王还是按太子的礼仪行礼呢？乱行礼仪，是违制甚至属于犯罪。官场上不要轻易出头，跟风是一条不错的为官之道，大臣们努力让自己愚钝一回。

站在最前边的方从哲，也是一副很迟钝的样子，又像是在思考。韩爌没有耍滑头，或许早已成竹在胸，立马跪倒在地向朱由校行礼。众臣也不再想许多了，紧随韩爌一齐跪下。韩爌叩拜一下，皇帝勾起一个指头；再叩拜一次，皇帝勾起两个指头——一共勾起了四个指头。

越是大事,越要靠小动作。四拜而止,这是大臣见皇太子的礼仪。

大臣行礼之际,泰昌皇帝始终努力地睁着眼睛,然后轻声道:"国家事,卿等为朕尽心分忧,辅皇长子为尧舜之君,卿等共勉之。"

请大臣辅佐朱由校为"尧舜之君",这四个字是重点。皇帝的声音很小,信息量很大,方从哲听得真真切切。再世故的官僚也有真情,方从哲一下子没忍住,酸楚的眼泪涌了出来。失态了,方从哲借故抬起袖子,以免旁人看出心思。

这不是什么好兆头,一定有更大的悲情即将发生。方阁老思忖。方阁老从未失算。

朱常洛登基之后,方从哲、刘一燝、韩爌等阁臣和礼部的官员,就开始考虑册立皇太子之事,虽然大家意见有所差异,但基本上主张早立太子,这也是接受万历朝的教训。

当今天下大势,不比万历朝好到哪里去,说今不如昔那就欠智慧并且大煞风景了。但内外形势明显就摆在那儿,本朝如果再闹出"国本之争"之类的事,日渐加重的内忧外患,后果肯定会更加严重。册立太子,仪式又不举办,会不会是泰昌皇帝态度在摇摆?方从哲只能心里急,一时也想不出好办法。韩爌这一领头行出太子大礼后,皇帝用这几句话明确表态,确实出乎方从哲的意料。

皇帝今天为何这般痛快表态?方从哲越想越是担忧:皇帝病重,无力回天?难道,这是在临终托孤?一想到这里,方从哲又不禁悲从中来。

册立太子的事，终于议定了。册立时间，初定为九月初九日，具体要由礼部商定。朝廷礼制，是有明确规定的。

皇帝大概是没有气力了，眼睛闭了好长时间。忽然，皇帝微睁双眼，又对朱由校说："你刚才恳请之事，直接说吧，对内阁诸先生说说。"

朱由校利索地行礼："皇爹爹，要封皇后！"

朱由校的声音不是太大，但很清亮，仿佛学堂里的琅琅背书声。杨涟吃了一惊：托孤的主题，怎么突然变了？

这又是天大的事情：皇帝是天下之主，皇后是内宫之主。今天皇上要将两件大事都明确下来？

泰昌皇帝说完，这下子像是又有了气力，头从榻上抬了一下，意思是大家赶紧表态。

方从哲不知道是真不明白，还是有意装糊涂打哈哈："那……那啥？"

皇帝没有接话茬，将脸歪向朱由校，意思是由他明确作答。朱由校的脸腾的一下红了。这后面的话怎么说呢？没有人事先教咋说啊。站在远处的李进忠，想开口又不敢开口，想上前更不敢上前，对着朱由校半竖手指，朝着屏帷后戳了一下。

李进忠的这个动作，没有逃过杨涟的眼睛，刚才他都集中关注皇上了。这下杨涟看清楚了，几根纤细的手指，正扶在屏帷外，里面站着的，分明是个女子。

不等杨涟再往下猜，屏帷内的女子走了出来，是个一袭红衣的妇人。妇人动作极利索，伸手从泰昌皇帝面前将朱由校拉入屏帷内，叽叽喳喳了一阵子。

再从屏帷内走出时，朱由校有些失色，面对皇上道："皇爹爹，要封李——选侍阿娘为皇后。"回答的语气，显然比不上刚才那般流利。

朱由校这一说，杨涟彻底明白过来了：那妇人就是李选侍。

选侍李氏，泰昌皇帝最宠信的妃子。

对朱常洛来说，选侍李氏的帮助是很大的，从生活，到精神，每一个层面。朱由校、朱由检生母去世后，也全由其抚养。朱常洛登基以后，准备直接晋封李选侍为皇贵妃。但是，李选侍的心大了，居然不同意。

李选侍有李选侍的想法。朱常洛的太子妃郭氏已经去世，朱常洛登基后便没有皇后，选侍李氏想一步到位，直接晋为皇后。这个时候，礼部侍郎孙如游上奏说：太后、元妃等人的谥号还没有尊上。按照"先母后妻"的规矩，李选侍封皇后的事就拖下来了，皇贵妃的事情也没解决。

杨涟虽没见过李选侍，但对李选侍早就没有好感。不过，这事还真不是杨涟意气用事，或是对女性的一种偏见。杨涟对李选侍的了解，是听太监王安亲口说的。

王安，万历六年（1578）被选入内书堂读书，是个有文化的宦官。因担任皇太子朱常洛伴读，王安深得朱常洛信任。朱常洛登基后，王安升任司礼监秉笔太监。

泰昌皇帝病后，李选侍入乾清宫侍奉。女流当中，李选侍确是一位佼佼者：有志向，精力好，身体也好。此刻东暖阁中的十几号人，后来好死、赖死的都有，只有李选侍活到了最后：康熙十三年（1674）五月十八日，李选侍方寿终正寝，享年八十有余。那时，大明王朝已经死去几十年了。

李选侍还有些文化，特喜欢问事。泰昌皇帝病重，难以处理公务，李选侍要求通政使司将每日奏章先交她审阅。"这哪合祖制呢！"王安当面说于杨涟与左光斗，这二位当时就气不打一处来。

此时的王安正随侍在泰昌皇帝身旁，是离皇帝最近的内臣。皇帝轻声说了句什么，王安立即示意方从哲上前。皇帝声音低沉地对方从哲道："由校和朕都是这意见，册封选侍之事，卿等速办。"

方从哲知道皇帝的意思，顺着皇帝的话回奏道："臣让礼部速拟册封皇贵妃仪注。"

"是册立皇后仪注。"皇帝纠正道。

方从哲没有料到，皇帝居然又这么清醒。望了望皇帝的面容，方从哲只说了三个字："臣遵旨。"

方从哲的这三个字，其实是几十个字：皇帝的旨意，不能不遵从；皇帝的旨意，不等于马上办。册立皇后，那是有典章制度规定的。"先母后妻"的理由孙如游已经说过，皇帝今天仍又提出，再重复就是与皇帝过不去了。皇帝的旨意不合祖制，那就花时间慢慢磨吧，关键是不能把慢慢磨的路子一下子堵死。

让时间解决问题，是一条官场秘籍。

太医院院使过来，催促皇帝按时服药，皇帝没有说话，王安示意众臣悄悄退出。这一下，皇帝慌了：还有更重要的事情呢！

更重要的事情，居然是让大臣们为皇帝准备后事。

杨涟想：皇帝病情像是很重，但还不至于病入膏肓吧？其他大臣心里也是这么想的,托孤的事是可以的,安排皇帝后事的事,刘一燝、韩爌与方从哲交换了一下眼神。方阁老上前与皇帝说了一些,主要是关于先帝万历皇帝葬礼与陵寝。

又是一片宁静,好长时间后,皇上手指朱由校,对诸臣道:"辅他为要。"诸臣跪倒,山呼万岁。只能这样了。

离开东暖阁,众人心事重重,没有一个主动说话。杨涟对方从哲刚才的表态很有意见,眼见就要出宫门了,肚子里的话实在憋不到第二天,于是紧走两步,准备拉住方从哲。

韩爌一个斜步插了过来,杨涟差点撞了上去。韩爌竟然又没说话,像是刚才什么事情都没有发生。不知是乾清宫上哪个垂脊兽上的哪只乌鸦,猛然又"哇"的一声巨叫,杨涟快出嗓子的话也被吓回去了。

这一天,是农历八月的最后一天,泰昌元年(1620)八月二十九日;这一天,也是泰昌皇帝的最后一天。丝绢般的白气漫过天空,一灯盏大的表白色流星掠过东方。

京城比天空更紊乱:辽东战事再起,浙江士兵哗变,道路传闻纷纷。紫禁城的澄泥砖是暗淡的,谁都没想到这些。更没有谁料想到,一个剑拔弩张、分崩离析的朝代会接踵而来。

韩爌又挡在了杨涟的前面,木然地望着空中,头也不回,对杨涟道:大洪,回去,好好休息。

为啥呢?杨涟准备问,还没开口,韩爌走远了。

第一章　外朝内廷

一大早,左光斗早早地来到了城门前。来得太早了,城门还没有开。

左光斗(1575—1625),字遗直,一字共之、拱之,号浮丘、苍屿。南直隶安庆府桐城(今安徽枞阳)人,万历三十五年(1607)进士。

左光斗当时任浙江道监察御史,也是杨涟最亲密的朋友。那天杨涟进宫,左光斗预感到会有大事发生,准备晚上向杨涟打听。结果,杨涟没有回家,留在六科房值班了。

六科班房在午门以内,左光斗想进去也没办法,晚上老想着发生了什么事,越想越睡不着,干脆起床提着灯笼出门了。

九月的北京,凌晨的天气凉飕飕的,左光斗忍不住打了个喷嚏,然后一边擦鼻涕,一边狠狠瞪了一眼城门上的铜钉。

左光斗的预感是对的,朝廷确实发生了大事,比他预想的还要严重。

一、抢夺

杨涟起得比左光斗更早。凌晨时分,杨涟就接到太监传达的皇帝口谕,让他立刻进宫觐见。接到同样口谕的,还有在内阁入值的大臣们。大家嘴上没说什么,一边穿衣服一边猜:啥事这样紧急,不会是皇帝……

不用再猜了,宫里又有人传出话来:泰昌皇帝驾崩了。

赶往乾清宫的大臣们,尽管心里七上八下,还是拼命加快步伐。几个上了年纪的大臣手脚迟钝,正在边走边系衣服,以最快的速度向宫门赶去。

杨涟赶到乾清门前,发现侍卫比往日多了许多,一个个手持长梃站在门口。还有比杨涟到得早的:礼部尚书孙如游、吏部尚书周嘉谟、左都御史张问达等。三个人在一边等人一边聊点什么,杨涟隐约听见周嘉谟在问:"皇长子今年十几啦?""十六。"孙如游肯定地答道。周嘉谟咂了一下嘴:"这怎么办呢?"

皇长子十六岁登基,周嘉谟面露犹豫的神色。孙如游跟着叹了一口气:皇长子的事,确实是个难题啊!

这有什么难的?皇上昨天托孤时讲得够明白的了。杨涟准备接过孙如游的话茬,张问达已经先开口了。张问达的意思:就目前这情况,皇长子只能交给李选侍照顾。十六岁的皇帝直接亲政,皇室要有个人管教引导。人选无非两个:要么养母李选侍,要么祖母级的郑贵妃。

杨涟一下子激动起来:"不可!"

杨涟的声音从来都不会小,张问达抹了一下脸,明显是杨涟的唾沫星子飞上来了。

张问达不便发作,脸一下子沉了下来。孙如游打了个圆场,说先不议这些吧,等方首辅过来,让他拿个万全的主张吧。

虽然大家都住在内阁,同时得到了通知,毕竟一岁年纪一岁人,有几个阁老年纪大、反应慢,还没看到人影,到得晚一点十分很正常。时间也不是太长,方从哲、刘一燝、韩爌都赶过来了。十几个大臣,围向了方首辅。方从哲道:"这也不是说话的地方,家有三件事,先从紧的来,大家简单地议几句吧。"

"最要紧,当然是新皇帝登基的事!"杨涟在这帮大臣中官最小,声音最大,还是最先开口。

方从哲转向孙如游,说:"皇长子登基的事,细节上没有什么问题吧?"

作为礼部尚书,礼制上的事孙如游没有含糊之处,声音不大地对方从哲道:"皇长子是白身,登基的事要尽快办完,啥事都没有。怕就怕时间拖长了,会节外生枝。"

孙如游一说,众大臣顿时明白过来,都主张首先解决皇长子继位的事。在朱由校继承皇位的问题上,大臣们的意见是一致的。

周嘉谟将方从哲推到领头的位子,众大臣一齐迈向乾清宫。侍卫们并未收起长梃,而是将大臣们拦住了。走在后面的杨涟,一个箭步上前,大吼一声:"奉旨进宫,不得阻拦!"

杨涟号大洪,声音也是又大又洪亮。侍卫们迟疑了一下,杨涟将方从哲推了一把,大臣们一窝蜂上前,一下子拥进了乾清门。

侍卫们回过神来,拖着长梃边追边喊:"回来,不准进去!"杨涟回过头来断后,扯起大嗓门吼道:"我们是顾命大臣,你们是什么东西?都退回去!"

这些侍卫,都是李选侍派来的宦官。他们见过大官,但没见过这么凶的大官。灯下的光线也不是很好,看不明白官员胸前的补子,他们甚至以为这个最凶的杨涟,就是最大的官——内阁首辅。

奴才当习惯了,没拦住,那就算了。

顾命大臣们进入乾清宫,在泰昌皇帝灵柩前跪地痛哭,杨涟的哭声依旧是最大的。依例行完礼,他们都起身擦眼泪。杨涟的眼泪,同样是最多的。

方首辅起身后,也用袖子在眼睛上擦了擦。上了年纪的人,流不出年轻人的泪,他用眼扫了一下四周,没有发现皇长子的影子,暗想:那接下来要做的事,岂不落空了?

刘一燝与方从哲同处内阁,对方从哲太了解了。方首辅什么事都能想到,他也想到了,关键是方首辅擅长将自己想做的事,让别人提出来,他再"帮"别人做自己想做的事。所以,将事情拖一拖,一般能拖出自己想要的结果,这叫进退有据。眼下这情形,不能跟方首辅比耐力了。

刘一燝问太监:"皇长子在哪儿?"宫里的太监应该知道,也可能不知道,反正没有一个人回答。杨涟冲着最近的一个宦官问:"在哪儿?快说!"宦官闪向一旁,啥也没说。就算他真知道在哪儿,也不会说,李选侍跟他们打过招呼了。这个宦官很精明,看了一眼刘一燝,又看了一眼王安。

王安,真正的大太监,宦官们如果在王安与李选侍之间非要得罪一个,那宁可得罪李选侍。

王安走到刘一燝旁边只说了两个字:"暖阁。"

声音不大,但好几个顾命大臣还是听见了。杨涟一听,就要去暖阁,但身上一边是王安的手,一边是韩爌的手。两只手几乎同时重重地按住了他。

这是宫里,乱闯是要出问题的,韩爌就怕杨涟捅出娄子。

不捅娄子,又想达到目的,韩爌这回是真的不知道如何是好。其他大臣也不知道,便把脸转向英国公张惟贤。

顾命大臣中,张惟贤资格最老,爵位最高,但他也是没有什么好办法,谁敢在内宫乱闯?

王安说:"我去看看。"

王安径直奔向暖阁。李选侍见王安进来,赶紧问大臣那边的情况,尽管早有宦官不断给她反馈情况。魏忠贤更是焦急,用近乎乞求的嗓音道:"王叔,这场面我们也没见过,您赶紧拿个主意吧!"

魏忠贤也是王安门下的人,那时候还叫李进忠。

王安表情很轻松,对李选侍说:"没什么特别的。他们要安排先皇的丧事,需要跟皇长子当面商定。"王安最清楚李选侍的心思,哄骗好使就先骗她几句。

李选侍"呵"了一声,表情顿时也轻松了不少,叫出朱由

第一章 外朝内廷

校,让他一道去一下,商量好了马上回来,并叮嘱王安要尽快将皇长子送回自己的身边。

朱由校"嗯"了一声,王安则满口应承。李选侍似乎还有点不放心,让魏忠贤跟着王安和皇长子一道出去。

说真话镇定自若,说假话气定神闲,这是官场的基本功。王安历仕三朝,什么样的大风大浪没有遇到过,几句话蒙住了李选侍,领着朱由校就往外走。

但是,李选侍并不蠢,至少是女流之辈中的精明人。朱由校跨向门槛的一瞬间,李选侍弹射似的奔了过来。只是太迟了,冠军与第二名之间,差的就是这么零点零几秒。

王安甩掉李选侍伸过来的手,抱起朱由校冲出暖阁。门外,是接应的顾命大臣们。

在泰昌皇帝的灵柩前,大臣们山呼万岁。这个"万岁",指的是朱由校。这一曲,叫作"柩前即位"。

谁离最高权力中心最近,谁就是官场中人的喉中鲠骨。在排斥李选侍的问题上,大臣们的观点高度一致。现在,最重要的就是离开这里。否则,前面的努力都白费了。

王安在前边开路,宫里敢拦王安的宦官当时还没有;刘一燝、张惟贤一左一右扶住朱由校的手,护卫朱由校往前走;方从哲等人也紧围在朱由校的周围,杨涟负责断后,他那副大嗓门,对付七嘴八舌的几个宦官不在话下。

宫内瞬间闹出的问题,超出李选侍的预料。身边这几个宦官又不管用,李选侍只有亲自出马,但朱由校已经被大臣们拥出了乾清门。

这道门槛，一个嫔妃是万万跨不得的。李选侍扶在门上，发出一段尖厉而失望的叫声："哥儿却还——"

哥儿，李选侍对养子朱由校的昵称。

乾清门外有一顶轿子，两位老臣将朱由校扶上轿，但没有办法送一程——事先没有准备，轿夫没有过来。王安赶紧传唤轿夫，杨涟大吼一声："我来！"周嘉谟、刘一燝、张惟贤也来不及说话，与杨涟一道抬起轿子就走。

周嘉谟七十多岁了，老尚书平时坐轿都嫌颠，没想到抬轿子还又快又稳。人的潜力，全是拼出来的。

绕过内左门，经崇楼、文楼，众人直奔文华殿。朱由校离了身边，李选侍怕是急疯了。这边大殿里正行君臣之礼，那边李选侍就不断派人来催，一共催了三次，都是要朱由校回到乾清宫。

这怎么可能呢？但不回去，总不能让朱由校住大殿吧？孙如游说，合理又合礼的办法，是让朱由校暂回慈庆宫，这里本来就是太子宫，毕竟还未举行登基大典。

究竟是"柩前即位"后算皇帝，还是登基大典之后才算皇帝？有时标准模糊一些是好事，凡事要便利自己，免为条条框框所困。

礼部尚书的意见，群臣一致赞成。那什么时候举办登基大典呢？诸臣商议时就难以统一了。最激进的主张是当天午时登基位，理由是本朝孝宗皇帝驾崩，武宗就是立即登基的；有人说最快也得初三日，登基大典要隆重，没有几天时间，准备工作做不好。杨涟一向风风火火，这回竟然迟疑起来，说："先皇死而未葬，大礼不容草率，还是往后推一推，皇上登基大典是不是定到初六？"

该方首辅发话定夺了。方从哲说，大家说的都有道理，到底定哪天，这要看"安稳"二字。

表个态都拐弯抹角，杨涟当场怼了过去："登基早晚，有什么安或不安的？"但最终杨涟还是很高兴的，诸臣商议的结果，是新皇登基的时间暂定九月初六，朱由校登基前这几天，就住在慈庆宫。

这一天，顾命大臣们辛苦了一天，大家总算如愿以偿。

傍晚路过文华殿，杨涟一眼就看到了左光斗站在道旁。看得出来，左光斗是有意等候在这里的。杨涟兴冲冲地把事情告诉了左光斗，说大事已妥，你就不用担心了。

左光斗听后，颜色更变，指着杨涟的鼻子骂道：蠢啊！即时登基，这么好的事情被你给搅了，若是夜长梦多，将你食肉寝皮犹为不足！

杨涟一下子被骂傻了，觉得左光斗骂得对，但又不知道自己错在哪儿。

新皇帝迟几天登基，问题有那么严重吗？

二、驱赶

杨涟与左光斗都是东林骨干，也是一对黄金搭档。史学家查继佐评价杨涟、左光斗时，有一句经典的概括："杨径直，左沉密。"杨涟奋不顾身的霹雳手段，左光斗看穿对手五脏六腑的功夫与深沉缜密的判断，这样的二人联手，对手的胜率是微乎其微。

击败对手，关键是不能留给对手反扑的机会。左光斗问杨涟："你以为就是你以为的？"

李选侍难道还有机会控制朱由校？杨涟认为是没有了，因为朱由校住慈庆宫了，李选侍虽暂时住在乾清宫，但宫中女性是不能随便"串门"的，肯定出不了什么问题。

可是，先皇的灵柩停在乾清宫，依照礼制朱由校这几天必须去祭奠，李选侍有数次机会接触朱由校。这一点，杨涟却没有意识到。对于对手李选侍来说，这都是机会。

杨涟扭头就要往回走，左光斗估计他又要来硬的，上前制止，说隐患虽然严重，但办法还是有的。

"有何高见？"

"斩草除根。"

左光斗说完，朝杨涟一拱手："兄台，这几天你辛苦了，这事儿由我来！"

事态果然不出左光斗的预料，朱由校当晚到乾清宫祭奠时，就被李选侍留下了。毕竟一个是养母，一个还是没有主见的少年，听了李选侍的几句话，朱由校将大臣们灌给他的那一通话全洗掉了。

这事幸亏杨涟不知道，否则会气得口吐鲜血，或是撞墙而死。

但这事左光斗当时就知道了，王安把信息传给了他。

不过，挺麻烦的一桩事，又很轻松地解决了。生姜都是老的辣，王安在李选侍那儿又忽悠了一次，李选侍居然又将朱由校放走了。权力场格斗,李选侍还是个新手。老手对新手,跟二流的教授对付一流的小学生有点相似,惊心动魄不起来。

官场争斗,也与牌场角逐有些相似:实力很重要,谋略很重要,对手失误比"重要"还重要。对手失误给你送分,这是天下第一等的好事,官场中人官运好,往往就是这么来的。但是,坐等对手失误,不可能成为赢家。王安叮嘱左光斗,要尽快使招出手,再出现类似情况,就没那么容易解决了。

要做好一件事情的最好方法,就是立刻开始做。左光斗几乎又是一夜未睡,第二天,重磅"檄文"抛了出来,这就是著名的"移宫疏"。

明季官场官心分散,百官之间本是钩心斗角,你说"是"他必定要挑出"非"。但是,见了左光斗的"移宫疏",外廷官员却一致赞成,一致叫好。这也说明"移宫疏"的效果,唯一的可能就是对整个文官集团有利。大面积地获利,失利的一面肯定很小:只有一个李选侍。这就像某些奖项,除极个别人之外,剩下的全部中奖。

左光斗的"移宫疏",核心是要将李选侍赶出乾清宫。

李选侍也不是凡人,她时刻关注着外朝的动向。左光斗的"移宫疏"一递出,很快被送到了李选侍的面前。看着看着,李选侍的牙齿便咯咯地响了起来。想不生气都难。

左光斗的"移宫疏"都说些啥?要点主要是这几个方面:

内廷有乾清宫,犹外廷有皇极殿,惟天子御天得居之,惟皇后配天得共居之。

左光斗首先说的是礼制。礼制即传统社会的政治。乾清宫只有皇帝、皇后可居，李选侍根本就不是皇后，左光斗否定了李选侍的资格。

且殿下春秋十六龄矣……况睿哲初开，正宜不见可欲，何必托于妇人女子之手？

这几句伤害性不大，侮辱性极强。左光斗这几句话写得并不明白，因为不能写得太明白，关键是让人看懂就行。朱由校是个大小伙子了，李选侍是个美少妇，住在一个宫里，那啥，那啥？大家自由想象。

再下来一段，才是图穷匕见：

及今不早断决，将借抚养之名，行专制之实。武氏之祸将见于今……

武则天的故事普及率太高了。武氏篡夺李唐江山，这教训也太深刻了。问题是左光斗将几段话凑在一起，那就更加耐人寻味了：武则天本是先皇唐太宗的嫔妃，后来怎么样？唐太宗死，唐高宗即位，武则天又成了高宗的嫔妃，直至皇后。政治当中有奸情，奸情最终乱政治，左光斗是个讲故事的高手，怕背历史题答案的学生一准都喜欢看，更何况是各怀心思的百官们。

最不愿看的只有李选侍。第一时间获得左光斗"移宫疏"的李选侍，怒气在胸，笑意在脸。李选侍委派宦官去找左光斗，要一起"坐坐",喝喝茶,沟通沟通。左光斗说:"我天子耳目官也,非天子召,不敢奉。"

只一句话,便把李选侍的幻想挑灭了。

左光斗的硬气,来自底气。这个底气,就是李选侍与朱由校之间的隔阂:"选侍李氏既非嫡母,又非生母","李氏侍先皇无脱簪鸡鸣之德,侍殿下又无抚摩育养之恩"。这个立论如果成立,李选侍就不得不低头。

在左光斗这里碰了钉子,李选侍还想在朱由校这里碰碰运气,这孩子一直是比较听话的。李选侍邀请朱由校到乾清宫来一趟,说左光斗这封奏疏太过分了,商量一下看怎么处理。

这次朱由校没有上当,还派人将左光斗的奏疏拿了过来,仔细地看了看,觉得挺好的,并转给内阁去处理。朱由校变化这么快,这么大,是身边出现"高参"了。

沟通左光斗这条道走不通,李选侍想到了左光斗的铁哥们杨涟。朋友劝朋友,效果不会差。李选侍将这份差事交给了魏忠贤。魏忠贤心里暗暗叫苦,杨涟的脾气魏忠贤是领教过的,那可不是一般的火爆。

见到杨涟,魏忠贤带了几分客气的样子说起事来。杨涟装作没听明白,显出很关心的样子问:"选侍何时移宫啊?"魏忠贤趁机解释:"李选侍住在乾清宫,是先皇指定的;李选侍是小爷的养母,也是先皇指定的。这个你们是知道的,李选侍住在乾清宫,挺正常的啊。"

杨涟哈哈一乐:"她是个女流之辈,看不清大势,你怎么也是这个样子?现在皇帝已经即位,李选侍若是主动搬出去,皇上高兴了，我们帮她说说话，她不就得到想要的封号了吗？这要是对着干，下场难说啊！"

看来，杨涟这条道同样走不通。魏忠贤起身回去，杨涟不轻不重地补了一句："你也是这个道理！"

事没办成，还被赤裸裸地威胁，魏忠贤心里叹了一口气："不能怪人家狠，只能怨自己熊。有朝一日，即使不为主子出口气，自己也不能咽下这口气。"杨涟与魏忠贤之间，算是结下梁子了。

听完魏忠贤的诉说，李选侍沉默良久。梦想还是要有的，万一实现了呢？李选侍想起了一个人：内阁首辅方从哲。

方从哲，一个在官员心目中形象并不高大的首辅。明朝官场常见一种悖论：坐在高位的人，往往德能平凡，甚至看不出德能。但是，一定要明白一个道理：越是看不出本事的人，又坐在高位，你就应该格外敬重，因为他本领何在，以你目前的水平还基本上看不懂。

李选侍该不该移宫，方从哲算是看得最通透的人，尽管他一开始也力主李选侍移宫。

九月初五，离朱由校的登基大典只剩下一天了。诸大臣议论起这件事，个个义愤填膺。轮到方首辅表态定夺，方首辅说了四个字："迟亦无害。"

杨涟一听急了："储君住在东宫，皇帝还住在东宫吗？"

方从哲道："没多大关系。"

在场的太监见机站了出来："李选侍毕竟是先帝旧宠，也是先帝托付给顾命大臣的人。还是缓缓吧,何必苦苦相逼呢?"

杨涟一下找到了靶子,冲着太监道:"你是食先帝的俸禄,还是吃李选侍家的饭,这么卖力地帮她说话?"

这种话本是吵架的常用语,除了怼回对方,没有实质性意义。接下来,杨涟放出了猛料:"内承运库的银子,这几天差不多被你们盗光了;乾清宫里的宝藏,这几天被你们也盗得差不多了!"

朝着太监,杨涟又补了一句:"是,还是不是?"

太监理亏,当场语塞。

这几天宫内有点乱,有人从中发了财。杨涟的话,自然是真的,假的就没有杀伤力了。

宫内的事,杨涟都知道,这也是有内线的,这就是内线的价值。争斗的双方僵持不下,能够压垮对方的往往就是一根稻草。击中软肋,压制对手,杨涟不早不迟拿出了这根稻草。

现场的气氛一下子就被挑起来了,刘一燝、周嘉谟跟着声色俱厉地质问,方从哲也不再坚持可以迟一点移宫了。

杨涟站了起来,大手一挥:"李选侍今天不移宫,我就是拼死,也要把她赶出去!"

杨涟真敢冒险闯宫拼命?不需要,救杨涟的一根稻草也到了。朱由校派来的内宫侍从到了,让杨涟督促李选侍即日移宫。

秋天的天空一尘不染,乾清宫的影子长长地拖在地上,极浓,冰凉。

没有轿子,侍从也来不及赶过来,李选侍一个人抱着年幼的女儿,踩着乾清宫又浓又凉的影子,也踩在自己的影子上。

李选侍的女儿朱徽媞已经九岁，朱由校登基后称其为"皇八妹"。皇八妹几次挣扎着要下来自己走，都被李选侍紧紧地抱住。这是李选侍唯一的女儿，无论如何不能失去。任秋风拂面，李选侍一步一步地离乾清宫远去。

李选侍究竟要去哪里，就这么从权力场上败下阵来？

三、欢庆

李选侍要去的地方，其实条件并不差，甚至是嫔妃们梦寐以求的归宿，这就是哕鸾宫，也叫哕鸾殿。

明代的慈宁宫（后改称仁寿宫）位于今故宫的东北，是个风水宝地，号称城中之城，很大，南北长约400米，内有主殿慈庆宫（崇祯时改称仁寿宫）、一号殿本恩殿、二号殿哕鸾殿、三号殿喈凤宫。二、三号殿里居住的都是地位较高的太妃，地位较低的嫔妃则居殿里的侧房。二号殿明末被李自成焚毁，清代所建的宁寿宫大约就是明代哕鸾殿的位置。紫禁城里的这块地方比较空旷，环境、条件都非常好，被认为是一块福地。明朝成化年间的周太后、天启年间的郑太妃（万历帝妃）、崇祯末年的懿安皇后张氏（天启皇后）都住过这里。清慈禧太后晚年，在这地方住了十九年。

诸臣与李选侍之间你死我活，拼命的目的就是将李选侍从一个好地方换到另一个好地方？答案是非常简明的：乾清宫、慈宁宫住的是皇帝、皇后，哕鸾宫住的是太后、太妃（前朝后妃）。条件再好，也不再与权力有关了。

传统的权力领地，充满着性别歧视，绝少有女性的身影。鉴于权力的关系，李选侍作了殊死一拼。作为一个女人，李选侍是有权力欲的。她揽权的第一个动作，就是要求通政使司将每日奏章先交她阅过，再交嗣君看，这实际已经是在垂帘听政了。后来朱由校被廷臣们抢走了，这个程序一直还被执行着，直到被迫搬家为止。

明末三大案中的"移宫案"，尽管疑点重重，最终的结局还是皆大欢喜：从朱由校到廷臣，每一个人都觉得自己是胜利者，除了李选侍。

李选侍也开始安静下来。如同从赌场上下来的人，怀疑过凳子，怀疑过方位，怀疑过穿着，怀疑过对手与看客，就是没怀疑过自己的牌技，最终将输赢归于命运。

欢乐的世界就是这个样子：初五日晚上，京城突下了一场大雨。初六日五更，"紫气非云非雾，拥日而出"。吉日吉时，泰宁侯陈良弼、恭顺侯吴汝胤、瑞安公主驸马万炜、遂安伯陈伟，奉命率百官祭告天坛、地坛、太庙、社稷坛，朱由校亲自祭告光宗灵座。礼毕，"天清气朗，万里一碧"，朱由校以皇长子的身份御文华殿，文武百官行五拜三叩头礼，朱由校正式即皇帝位。

历史上的明熹宗正式登台，年号"天启"，以次年为"天启元年"，登基年为"泰昌元年"（八月前称万历四十八年）。

内阁大臣们早早准备好了"即位诏"。这篇以华丽的文言文写就的诏书，全文五千字，如果改成现在的白话文播送，可供全国军民精神振奋一个时辰。当时尽管没有"现场直播"，举国上下仍是一片欢腾。千里之外，陕西巡抚喜不自禁，飞书驰报"河清"："八月十五日，临巩至兰州之间，巳时见河流上泛白，至申时彻底澄清，上下数十里，一望无际。至十七日未时仍白，浊流其清三日矣。"传统理念中，"河清"为祥瑞之兆。接着，更多的祥瑞接踵而至。

胜利者的最普遍尴尬，就是每一个描述者都热气腾腾，而每一被描述者都寡淡平庸。他们没有一个是容易的。未来的他们，或反目成仇，或拔刀相向，丢官，或丢命。但是，他们眼下全沉浸在一场空前的喜庆中。

在这一莫大的喜庆中，首辅方从哲还是感到了一丝寒意。也许是年迈的老者不太适应一场秋雨的薄凉，也许是年老精力不济，方首辅突然想到自己的孙子，也是一个少年，跟朱由校差不多大。登基大典上的朱由校是端庄的，只有方首辅注意到了一个细节：每次礼乐奏起的时候，朱由校都在不经意地寻找声源。

毕竟，只有十六岁，跟自己的孙子差不多。方首辅在想，如果自己家要推荐家长，自己会同意让孙子当吗？国事同样如此啊，如果出了一个少年进士，是个十六岁的奇才，就算吏部同意他去当县令，自己也会设法阻止这种安排。一个县几万人，一个少年当县令，地方能不出问题吗？

想着想着，方从哲本来发凉的脊背，不知什么时候又出来了热汗。

对朱由校的经历，方首辅太清楚了。先皇泰昌皇帝，经历了神宗与群臣间长达十五年的"国本之争"，才被正式立为太子，实际上并无当太子的历练。好在泰昌皇帝已是壮年，经验少一些，心智是成熟的。

对一国之君来说，太子的历练太重要了。明太祖朱元璋的太子朱标，洪武元年（1368）正月被立为皇太子，时年十四岁。朱元璋拿他当"小徒弟"，国事决断之前，都让朱标先说意见。就这样师傅带徒弟似的，一直带了二十五年，朱元璋尚嫌朱标不称职，时常将其骂得狗血淋头。

朱由校，年龄、阅历啥都没有啊！

当然，襁褓中的婴儿也是能当皇帝的，但那是有前提条件的，必须要有人辅政，还必须有人教导。方首辅想起了左光斗"移宫疏"中的两句话："内辅以忠直老成，外辅以公孤卿贰。"

说得挺好，没半点毛病，但等于没说。前朝的万历皇帝，登基时只有十岁，内辅有德高望重的李太后，外辅有"起衰振隳"的张居正。如今，"李太后"在哪儿，"张居正"在哪儿？

根本就没有"李太后"。泰昌皇帝名下后来有三个皇后：孝元皇后郭氏，万历二十九年（1601）被册封为太子妃，育一女七岁夭折，郭氏于万历四十一年（1613）病逝；孝和皇后王氏，朱由校的生母，万历三十二年（1604）晋封"才人"，万历四十七年（1619）病逝；孝纯皇太后刘氏，朱由检的生母，初入宫为淑女，万历四十二年（1614）病逝。这三个皇后，封号是在她们死后追谥的。天启皇帝是个事实上的孤儿，这是本朝最致命的缺陷。

同样也没有"张居正"。都是首辅，方从哲不能成为"张居正"吗？方从哲一阵咳嗽，自己把自己给否定了。

说好的"公孤卿贰"呢，难道是左光斗画的一张饼？也不尽然，他们正在赶往朝廷的路上。

四、拱火

有人要上台，就得有人要下台，这不是辩证法的问题，而是一个小学算术题：官位数量只有那么多，权力总量只有那么大，你多就是他少，你大就是他小，多多益善不适合权力场。

官场争斗，任何发起的一方都要师出有名，要弄得像气势恢宏的战争，仅仅找碴儿那就是流氓斗殴了。天启皇帝上台后的第一场官场争斗，被称作"红丸案"，主人公便是刚刚病逝的泰昌皇帝。

九月初三日，还在顾命大臣们紧锣密鼓地驱赶李选侍的时候，御史郑宗周就弹劾崔文升。

崔文升原为万历皇帝郑贵妃的内侍，泰昌皇帝即位后升司礼监秉笔，具体负责御药房。皇帝被医死了，崔文升肯定有责任。

把崔文升的责任说得太轻，不会有多少人来关注。

郑宗周弹劾崔文升是"故意杀人"：弑君。郑宗周提出，要

第一章　外朝内廷

将崔文升剁了,并且要"寸斩"。

郑宗周性格"忠鲠",弹劾崔文升故意杀人,其实不合逻辑。凡是作案,凶手必定是受益最大的一方。崔文升"谋杀"皇帝,他自己有什么好处呢?

当然,泰昌皇帝必有死因。可惜,在事后的二十多年里都没有权威结论,自始至终都夹杂着谎言。别人说谎,别去拆穿,也别打破砂锅问到底,真相可能比谎言更可怕。尽管如此,还是有两则史料可以参考:

文秉《先拨志始》:"光庙御体羸弱,虽正位东宫,未尝得志。登极后,日亲万机,精神劳瘁。郑贵妃欲邀欢心,复饰美女以进。一日,退朝内宴,以女乐承应。是夜,一生二旦,俱御幸焉,病体由是大剧。"

李逊之《三朝野记·泰昌朝记事》:"上体素弱,虽正位东宫,供奉淡薄。登极后,日亲万机,精神劳瘁。郑贵妃复饰美女以进。一日退朝,升座内宴,以女乐承应。是夜,连幸数人,圣容顿减。"

两位学者的文字佶屈聱牙,文意倒也浅显明白:泰昌皇帝是在美女身上累死的。

这说法其实也不靠谱,根据毕沅《续资治通鉴》的记载:宋度宗赵禥曾一夜御幸了三十个美女,第二天精神状态不行,但根本就没有累死在床上。

御史郑宗周的真实意图，当然不是跟崔文升过不去，因为干掉崔文升对郑宗周也没好处。一个正七品的内宫官员，犯不着自己净身，改行去当太监。

九月十四日，郑宗周再次上疏弹劾崔文升，并且，将弹劾对象添加了一个：内阁首辅方从哲。

这就对了，两害权衡取其轻，两利权衡取其重，放倒方从哲符合利益追求规律。所以，郑宗周一带头，言官左光斗、邹龙标等，还有托孤大臣周嘉谟、杨涟，也将矛头指向了方从哲。

作为首辅，方从哲对泰昌皇帝的死确实负有一定的责任。当时，泰昌皇帝的病情日益加重，太医院对此束手无策，鸿胪寺丞李可灼主动跳了出来，说自己炼有"仙丹"。

鸿胪寺是主掌外宾、朝会仪节之事的，相当于外事部门，李可灼炼"仙丹"纯属业余爱好，使用的原材料是红铅、秋石、人乳和辰砂。其中红铅即女性月经，辰砂的主要化学成分是硫化汞，"仙丹"炼成后呈红色，所以被说成是"红丸"。

李可灼的红丸即便真的是"仙丹"，按规定也是不能拿给皇帝吃的，因为皇上的衣食住行都有严格的制度规定，生病吃药更是烦琐。《明史·职官志》记载，给皇帝看病吃药的程序相当复杂：一要组成班子，院使、御医和内臣三方共责，相互监督；二要会诊，共同诊断；三要共同选药，联名封记药剂；四要共同监视煎药；五要共同尝药，御医、内臣先尝一份，剩下的一份再进皇上；六要脉剂方剂存档备查。

这种没有临床试验的新药，拿皇上来当"小白鼠"，御医们当时是集体坚决反对的，方从哲是什么态度呢？

《明史纪事本末》："从哲奏：'鸿胪寺丞李可灼，自云仙丹，臣等未敢轻信。'上即命中使宣可灼至，诊视，具言病源及治法。上喜，命趣和药进，上饮汤辄喘，药进乃受。上喜，称忠臣者再。"

八月二十九日，泰昌皇帝最后一次召见顾命大臣时，问到鸿胪寺官进药何在，方从哲没有阻止不该发生的事情。接下来，他做的事情，自己也说不清楚：

方从哲给进红丸的李可灼发了奖金；

方从哲将服用红丸的责任推给了泰昌皇帝……

只算这两条吧，已经够方大人喝一壶了。

官场上做不到滴水不漏，必然要经受倾盆大雨。九月十九日，南京太常寺少卿曹珍敦将"红丸案"与"梃击案"串联到一起，要求彻查"奸党阴谋"。十月二十四日，南京浙江道御史傅宗皋继续放大"阴谋论"。上书人数越来越多，矛头都直指首辅方从哲。至于万历宠妃郑贵妃、司礼监秉笔太监崔文生，以及进献红丸的鸿胪寺丞李可灼，算是顺带的。

方从哲受不了，辞职回家。

公正地讲，泰昌皇帝服红丸而死，是明季各项制度普遍废弛的背景下，制度破坏大于制度执行的问题，让任何一个人承担责任都有点冤。

干掉了一个首辅，对手应该满足了吧？还早，"红丸案"还要折腾四年，直至天启四年才告一段落，并且，官场角斗的情节比文学经典《罪与罚》还复杂。

"梃击案"干掉了郑贵妃，"移宫案"干掉了李选侍，"红丸案"干掉了方首辅。老案子要是再炒一遍会干掉谁？没人敢说，但有人敢干。

果然，旧事未了，新麻烦事又来了。这事很火爆，起因真的是一把火，时间是十月二十四日。

火是从哕鸾殿烧起来的，失火原因没人知道。李选侍一看，太危险，拉起女儿就跑。经过这些年的折腾，李选侍也看透人生了。什么权力、财富，好好活着比什么都好。

哕鸾殿的火应该不大，也没有人员伤亡，失火后花点维修费对皇家来说也只是毛毛雨。

事情不大，影响不大，外廷的官员应该不知道才对。但是，御史贾继春知道了。这事要是写成新闻，说"某日哕鸾殿意外失火，现场无人员伤亡，事故原因正在调查中"，估计没多少读者看。

贾继春文笔很独特，数次上书内阁，洋洋洒洒好几千字，看点是两个："违忤先皇，逼逐庶母"；"选侍雉经，皇八妹入井"。

这么写也没有全错，先皇确实是答应要册封李选侍的，李选侍也确实是被逼出乾清宫的。但是，这人都是好好的，硬说李选侍上吊自杀，皇八妹投井身亡，这就睁着眼睛说瞎话了。这矛头，明显是针对皇上的。

矛头直指皇上，嫌皇帝小好欺负？天启皇帝也是挺机灵的，让贾继春作出深刻检查。写文章是贾继春的强项，不一会儿就写好呈上来了。天启皇帝细看了一遍,说:"你这作文是不是离题了?'选侍雉经,皇八妹入井'的出处,一个字没写啊!"

贾继春回了一句话,天启皇帝气得嗷嗷叫。

贾继春说:"我是听说的。"

这话挺无厘头,但又堵得皇帝无话可说,其他大臣想说也找不到理由。

为什么?贾继春是御史,御史是有特权的。打个比方:如果是礼部尚书上班途中听到一桩八卦,回到府衙讲给同僚听,那叫胡说八道;若是御史上班途中听到一桩八卦,回到府衙写份奏章,那叫"风闻奏事",是正经的工作。

官场争斗,手中的权力才是根本。贾继春太令人讨厌了,天启皇帝一挥手,说:你到云南工作去吧!

天启朝的官员,为什么喜欢生事、相互争斗呢?对手老是得寸进尺,一定是自己太软太尿;对手长期的坏脾气,肯定是被众人惯出来的。

万历朝的"国本之争",下层的言官敢挑战内阁与部院,外廷文官敢挑战皇帝,背后是因为李太后在撑腰,万历皇帝才成了一个尿货。有人押注皇帝,有人押注太子,党争各方做的就是"现货""期货"生意。

"国本之争"中做"期货"的一方损失惨重,作为"国本之争"的最大受益人,泰昌皇帝上台后,理所当然地要为那些受处理的官员平反昭雪。这样,自泰昌朝至天启朝初年,明朝进入了一个前所未有的"大平反"时代。

众多官员被召回朝廷,又直接带来了一个更现实的问题:哪来那么多官位子？于是，"添注"就出现了。

所谓"添注"，就是先恢复官员身份，登录姓名，拟定官职，等候委用。

什么时候委用？那要看拟任的位子有没有空出来，空出来了，这才能"实授"。没有实授前，添注者也可以就职治事，这就是"官职"与"差遣"的分离，与"官""差"合一的"实授"有很大的差别。

天启官场斗争猛然加剧，与"添注"制度直接关联：没有空位子，就干掉坐在那个位子上的人；一个人干不掉那个位子上的人，那就几个人合伙联手干！团团伙伙，"结党"的背后肯定是"营私"，利益才是最根本的驱动力。干掉内阁首辅方从哲，可以解决一批官员的"实授"问题。

"移宫案"那段时间里，天启皇帝印象最深的是两个人：一个是大胡子刘一燝，一个是大嗓门杨涟。天启皇帝在诏书中夸赞杨涟"志安社稷"，这让贾继春大为不快，别人被表扬，相当于自己受贬损。贾继春诬陷杨涟：他为什么表现那么积极，只不过是"图封爵"罢了！

自己的苦心被说成这样，杨涟岂是这样的人？杨涟上疏请辞，说："我身体没病，也不能请什么'病假'；皇上也没有认为我有罪，我也不是辞官谢恩；急流勇退，以行动表明我的心迹，请皇上放我出朝。"

杨涟的态度很坚决，天启皇帝同意了杨涟的请求。

杨涟像是被贾继春干掉了，但与方从哲被干掉，性质完全不同，这是明季官场的另一个套路。从表面上看，李选侍的后续安排确实有点问题,杨涟想:"移宫案"有什么不妥之处,我是直接责任人,怎么能让皇帝当"背锅侠"呢?想来想去,杨涟决定引咎辞职。

归去来兮,杨涟这一招将带来官场翻天覆地的变化,也将揭开官场深处惊天动地的秘密。

第二章 东林崛起

历史上有那么一场雪，晶莹，沁入人心，挂在杨时的眉发，飘在程颐的庭宇，洒向塞北与江南。

杨时去了江南无锡，程颐遥遥目送："吾道南矣！"

杨时有经邦济世之才，爱国恤民，清廉正直。五百年后，杨时带来的白雪，仍旧没有融化，越发彻骨冰寒。隐覆了万物的雪，永远是洁白的。重新拔地而起的东林书院，因为"道"令江南士人热血沸腾。

第二章　东林崛起

一、官场上的太极高手

福建也下了一场雪，朝廷派来的行人催叶向高北上。已过耳顺之年的叶向高说：祥瑞之雪啊，就是太冷了，开春再就道吧！

叶向高（1559—1627），字俊卿，号台山，福清（今福建福清）人，万历十一年（1583）进士。

对天启朝的官场来说，叶向高的复出应该也是一种祥瑞之象。

在万历朝，叶向高一人主持内阁有七年之久，人称"独相"。这在官场，还不是最值得炫耀的资本。

叶向高最引人注目的资历资本，是曾在太子东宫任职，并始终设法维护皇长子朱常洛的利益。说叶向高是"太子党"，也不能算错。

叶向高还主持、组织过内宫的宦官"扫盲班"，让这些内宫底层的宦官初识文字。著名的大太监王体乾、魏忠贤皆出其门下，并且与叶向高友善。这一说，又把叶向高说成了"阉党"。

看惯官场的秋月春风，叶向高依旧不失士人之心。规模庞大的"东林党"，则奉叶向高为领袖。阉党的《东林点将录》，送给叶向高的头衔是"总兵都头领、天魁星及时雨"。官场若是江湖，叶向高就是江湖老大——"及时雨宋江"。

但是，无论江湖上有怎样的传说，叶向高都不承认自己与

"党"有关。

这里有必要作个说明：传统社会的"党"，始终是贬义的，是"朋党"，并非现代意义上的"政党"。以叶向高的道德情操，是看不上任何"朋党"的。

叶向高的认知，也是同僚中的"天花板"。不论处于官场上的什么位次，叶向高都有基本的底线和原则。

《大明律·吏律·奸党》："若在朝官员，交结朋党、紊乱朝政者，皆斩。妻、子为奴，财产入官。"

历朝历代，朝廷都严禁官员结党，明朝尤甚。宋濂是明初的文胆，明太祖朱元璋的亲信。有一天，朝会结束，大家都夹着"笔记本"回去，朱元璋朝宋濂一招手：宋先生过来！宋濂回来问皇帝有什么事，朱元璋说：没事，这个周末又写了什么新作？宋濂就说：哪有时间写文章！现在的年轻人坏得很，周末跑过来一大帮，说看望我这老人，实际上就是敲诈我一顿酒！

于是，朱元璋接着问谁去了啊，吃了什么啊，第一道菜是什么，接着问第二道、第三道……宋濂一一如实作答，朱元璋听后一拍桌子：你很老实！宋濂听后，吓出一身冷汗。

那时代，禁止官员搞小圈子是一种规矩，也是一种制度，监督官员的日常举动是惯例。

叶向高怎么可能会结党呢？百官之首的叶向高，他要泰山不让土壤，江海不择细流。这是官场之福，也是朝廷之福。

事实上，叶向高主政时期又是明朝党争的一个高峰。万历皇

第二章　东林崛起

帝近三十年不上朝,"晏处深宫,纲纪废弛,君臣否隔","于是小人好权趋利者驰骛追逐,与名节之士为仇雠,门户纷然角立"。利益驱动,是非莫定,东林党与宣昆党、齐党、楚党、浙党相互之攻讦。善于统领的叶向高,一下子头都大了。

万历皇帝为什么不上朝呢?贪图享乐,崇信道教,都是可能的。但开拓"万历中兴"局面的,也就是这个皇帝。有一天,叶向高悟出了这是为什么。

万历四十年(1612),叶向高病了,内阁中又只有他这么个"独相",各种奏章叶向高带病也得草拟,拟好后再派人送进宫里。发往内阁的诏书,也只能让人送到家,阅后再分发到六部。叶向高在家带病坚持工作了一个月。结果,言官们群起而攻之。

言官们骂得都对,叶向高确实违规了,但言官们的话没有一句是有用处的。不在家里处理公务,难道让公文在府衙堆成山?

脾气再好,也受不得委曲,叶向高愤而提出辞职。万历皇帝一再好言挽留,十分理解叶向高的苦衷。

万历皇帝也有这个苦衷,据《诏对录》中记载,他一再表示,自己腰痛脚软,足心疼痛,行立不便,但大臣中几乎没人相信。这个问题,只有当代的考古学家们相信:1958年,万历陵墓被发掘时,专家亲眼看见了万历皇帝的右腿腿骨,比左腿腿骨短了一大截。万历皇帝的病,真不是装的。

不能为天子分忧,叶向高觉得自己太难了。当下的士大夫,好意气用事,对于皇帝与首辅的一举一动,督责太严,丝毫不相假借。朝臣对朝廷也无多少感恩之心,都认为自己的官是凭本事考来的。朝廷一有大事，很少有人酌理准情，婉言规劝，而是呼朋引类，喧呼聒噪，堂而皇之地大加鞭挞。放大君主之失，堵死回旋余地，激其老羞成怒，博取一己之名。官员们的清流之名是有了，但于国事毫无裨益。

风气，几十年的风气！

还有更加无法无天的：为了博人眼球，达到自己的目的，不惜在皇城里面放炮告状！

乡下妇女鸣冤敲碗打锅，锦衣百户王曰乾放上了大炮。

王曰乾是个品性很差的武人，跟孔学、赵宗舜、赵思圣等人矛盾很深。为了干倒对手，他竟进入皇城放炮上疏。这事很出格，刑官拟判其死刑。

死到临头，王曰乾没有吓傻，而是蹭"国本之争"的热点，"爆料"孔学与郑贵妃的内侍姜严山等用巫术诅咒皇太后、皇太子死，企图拥立福王。这料猛啊，一下子将当年的热点事件、热点人物全拉进来了。

王曰乾的奏疏，还真把万历皇帝吓傻了：各怀心思的廷臣，这下不吵个几年都不会熄火。尽管两条腿不方便，万历皇帝还是拖着病腿，绕着宫殿走来走去。但除了震怒，他实在想不出什么高招。

持论刻酷，遇事生风，推测过深，其所欲加之罪名，往往超出对象者应得罪名之上。官场的风气，只会因一事火上浇油，任何招数都不可能整出风清气正。这时，只有叶向高给万历皇帝出了一个主意：王曰乾所奏子虚乌有的东西，只会越查越乱。王曰乾违法的案子，交由法司依法审判。皇上关于太子、福王的安排，按照计划正常实施。不为妖风所惑，妖风也就刮不了几天。

快刀斩乱麻，牵着牛鼻子又不被人牵着鼻子，叶首辅确实太老到了。骨肉不被离间，朝政不被紊乱，万历皇帝感慨万千："我父子兄弟的名誉能够保全了！"

客观地讲，万历皇帝是个病人，而病人是很难侍候的，叶向高萌生急流勇退的念头。万历四十二年（1614）八月，万历皇帝恩准了叶向高致仕。

居乡六年后，万历皇帝驾崩，泰昌皇帝急召叶向高回朝，叶向高婉辞了。叶向高不想再蹚官场的浑水。

天启皇帝登基，再度急召叶向高回朝。皇帝太年轻了，亟须老成的臣子辅佐，叶向高为难了。

难啊，太难了！难就难在士人之心，而不是名利。反正都是为难，那就迎难而上。

叶向高登上了北上的舟楫车马。大明官场，不能简单地一言以蔽之曰"坏"，八股熏陶出的程朱门生，不足与语通权达变，但还是要有人殉道。虽说积重难返，但有一帮人出来担当，天下还是有未来的。

天启元年（1621）十月，叶向高即将到达京城。吱吱呀呀的车轮声，叶向高想打个盹又睡不着。他想起了一个人。

他认为，这个人能整肃风纪，澄清吏制。

"为天地立心，为生民立命，为往圣继绝学，为万世开太平。"有士人之心，行君子之道，世界是可以改变的。

二、官场的组局者

备受叶向高关注的人，是东林党首领赵南星，这也是天启朝最引人注目的吏部尚书。

吏部执掌全国文官铨选与考核，除内阁大学士、吏部尚书由廷推或奉特旨外，内外文官皆由吏部会同其他高级官员推选或自行推选。吏部设尚书一员，左、右侍郎各一员，下辖文选、验封、稽勋、考功四司及司务厅。作为官场的组局者，吏部在一定程度上直接掌握着文官们的命运。

文官的起家、迁入与迁出皆职在吏部，吏部是官场的组局者，不仅受到言官的监督，也难免为各种官场中人时常"伴飞"。更令人难以置信的是，有时吏部也是官场的搅局者。

赵南星（1550—1627），字梦白，号侪鹤，真定府高邑（今河北高邑）人，万历二年（1574）进士。

赵南星的起家，源于科举。对赵南星来说，考中进士简直就是一场梦。传说赵南星参加会试，第一轮阅评试卷时，他的试卷就被阅卷官扔进了垃圾箱。当天夜里，有个考官作了一个梦：一只大鹤，从号房（考场）扑地一声飞了出去。考官一下子就被吓醒了，一摸身子，居然浑身都是汗。

科考阅卷有个"搜落卷"程序，也就是将落选的试卷重新翻一遍，看看有没有被误毙了的优秀人才。在这个环节上，赵南星的落选卷被找了出来，从而避免了落第的命运。后来，赵南星字梦白、号侪鹤，据说都与这个梦有关。

这一科的主考官叫申时行，后来官至内阁首辅。

赵南星当考生时能吓出考官一身汗，当官员后则吓出官场一身汗。

万历二十一年（1593），朝廷例行六年一次的京察。京察的对象是两京（北京、南京）的官员，京察结果直接决定官员的升迁去留。负责京察的是吏部与都察院，吏部具体操作京察的是考功司。

京察中的考功司，在某种程度上比吏部还重要。考功司对被京察的对象作出结论后，后面只有一个"堂审"，也就是吏部堂官集体讨论、复核一遍。但京官那么多，尚书、侍郎谁会一个人一个字地去费脑子，除非那个人正好跟自己是朋友或是亲戚。

京察有个很要命的考核细节叫"访单"，相当于被考核对象的"问卷调查表"。访单发放给哪些人是保密的，访单上填写的内容是保密的，这张访单最终要拿到考功司来，如何汇总、定性在一定范围内也是保密的。考功司相当于"考核组"，为考核对象逐一出一份书面考核结论。

访单还不是填一张表格那么简单，而是要做一份访谈材料。考功司官员选择好访谈对象后，首先必须"闩门屏仆"，让你列一份"劣官"名单。如果你正好有一个对头，然后将其大名报出去，这位仁兄的麻烦就到了。然后再谈官员们的"才守"与"忠厚"，这种环节就更玄了：如果是你喜欢的人，即便工作乏善可陈，你可在其"忠厚"上做文章；如果是你厌恶的人，即便工作出类拔萃,你也可在其"忠厚"上做文章。当然,相同的素材提炼出不同主题的文章,对文章高手来说都是手到擒来的事。

但是,这还不是最玄乎的地方。你怎么说,考功司官员怎么记录,那又是一回事了。你说十句,他记一句;你说一句,他记十句,都有可能,也是可以的。

访单内容的不确定性与选择性,让被考核的每个官员心中都有一只兔子。如果做访单的是自己的朋友,可以找你的朋友做访谈对象。实在要随机,有考功司的朋友帮你现场引导、沟通,做出的访单内容甚至可能比你自己填还满意。"问卷调查表"能调查出什么,负责提问的人很重要。

所以,官场上的人一定要有朋友。而朋友的最高形式,就是朋党。朋党的最高境界,便是死党。

赵南星担任的是考功司郎中,官不大,但太"核心"。

这次京察谁会中枪?赵南星首先拿了两个人来祭刀:都给事中王三余,文选司员外郎吕胤昌。

这一下,整个官场被惊得呆若木鸡。

为什么?王三余,赵南星的亲家;吕胤昌,赵南星的顶头上司、吏部尚书孙鑨的外甥。

拿这两个人开刀,还只是祭旗。接下来,赵南星的大刀砍得更狠:内阁首辅王锡爵的亲信,内阁群辅赵志皋的弟弟,其他没靠山、没实力的落马官员只有哭的分儿。

赵南星这么干能有什么结果?结果且不说,成果很大:内阁首辅王锡爵辞职,吏部尚书孙鑨免职。

干掉最大的官,干掉顶头上司,赵南星不是太强大,而是太

第二章　东林崛起

神奇了。

赵南星自己赢得了什么？先是被官降三级，接着被削职为民。

"京察"这把利器，直接引发党争，也决定了朋党的官场沉浮。万历三十三年（1605）京察，东林人执掌了吏部与都察院；万历三十九年（1611），东林人仍旧执掌京察大权。这两次京察，东林党对齐、楚、浙、宣、昆诸党实施了大规模压制；万历四十五年（1617），京察大权落入浙党之手，东林党中低品级官员和行事高调的官员，基本上被贬职。相互报复，缺的不是理由，关键是权柄所在。

正常情况下，赵南星应该是把自己玩完了。但是，谁说官场又是正常的呢？

事实证明，赵南星是这场官场争斗的最大赢家：他为自己赢得了巨大声望，为东林党从失败走向胜利奠定了基础。

明季官场，无可回避的便是"东林党"。究竟什么是东林党呢？

东林党，明末以江南士大夫为主体的官僚阶级政治集团，地标是江南无锡的东林书院。

东林党什么时候成立的？没有具体时间，因为朋党本就非法，没有人还为自己设一个非法的纪念日，好让对手有把柄可抓。但是，有一个可供参考的时间：万历三十二年（1604），顾宪成等修复无锡东林书院，建设用地就是宋代杨时讲学地的遗址，顾宪成与高攀龙、钱一本等讲学其中。

东林党的宗旨是什么？同样没有，也因为朋党是非法，没有人把自己非法的主张公之于众，而广而告之的书院条规基本上是"招生广告语"。可以参考的，是一副东林书院的楹联："风声雨声读书声声声入耳，家事国事天下事事事关心。"

读书就读书，科举考试又不考时事政治与国内外新闻，关心那么多干吗呢？但是，正是因这一点，东林书院吸引了士人与学子的眼球，迅速成为议论国事的舆论中心。

东林党的组织架构是什么？不好说，同样因为朋党是非法，没有人把非法名单贴出来等着朝廷来抓。自己人知道是自己人，这才是最重要的。一开始，顾宪成还是赵南星的手下，担任的是吏部文选司郎中，掌管官吏班秩迁升、改调等事务。赵南星被罢官赶回家后，顾宪成才接替了赵南星的位子。

顾宪成（1550—1612），字叔时，号泾阳，常州府无锡（今江苏无锡）人，万历八年（1580）进士。

赵南星干掉了内阁首辅，顾宪成接替了赵南星。顾宪成像是捡了便宜，没想到麻烦事也跟着来了。

万历皇帝命大臣推荐首辅，吏部尚书陈有年找下属顾宪成商量：你觉得我们应该推荐谁？陈有年这么客气，这么尊重，是因为顾宪成帮过他的大忙——当时陈有年竞争吏部尚书，顾宪成设法让其胜出。

顾宪成也不客气，直接报了个名字给陈有年：王家屏。

陈有年说：好，没问题。

万历皇帝见到推荐名单后，那问题就大了，不仅没批准，连顾宪成都给革职回家。

万历皇帝咋这么大火气呢？因为令万历皇帝头痛了十五年的

"国本之争"中，跟他作对最凶的人，就是这个王家屏。皇帝生气了，顾宪成成了出气筒。

从世俗中来，到灵魂里去。回到家乡的顾宪成，一边讲学，一边讽议朝政。顾宪成的学问没有问题，见识也没有问题。无锡在当时只是一个小城市，见识少的人多着呢，顾宪成随便说一句话，立刻成为金句、经典。江南地区很发达，不光是经济，交通也是这样。无锡又靠近"一线城市"南京，顾宪成在无锡风生水起，很快在江南地区风生水起，接着在全国风生水起。

人气爆棚，东林党官员纷纷上疏，要求重新起用顾宪成。万历皇帝后来估计气也消了，让顾宪成出任南京光禄寺少卿。顾宪成说，不干。家里不缺钱，在老家讲学议政这么风光，当那种小官有啥意思？继续讲学议政，一直议论到死。

以顾宪成为东林党创始人，大体是正确的。至少，顾宪成为东林党制定了一条正确的"路线方针"：在官场争斗中，东林党始终押注"国本"（太子），直至迎来苦尽甘来的一天。

明季的党争，清初学者谷应泰认为，起于万历二十一年（1593）的京察，以万历三十二年（1604）东林书院的成立为党争起始，这个说法也没问题。从赵南星到顾宪成，一脉相承的东西太多，赵南星的实践贯穿到顾宪成的思想中。

赵南星与顾宪成、邹元标被社会奉为"三君子"，有的是实力与资本。削籍为民的赵南星，由此获得了起复的前提。

万历四十八年（1620），泰昌皇帝起用赵南星为太常少卿，赵南星说：不干；天启皇帝再度起用赵南星为右通政，赵南星还是说：不干；干太常寺卿该行了吧，赵南星说：也不干！

天启皇帝还真看上了赵南星，接着提升其为工部右侍郎，数月后再升其为左都御史。

　　七十岁的赵南星，不能再不干了，并且要狠狠地干。

三、官场上的狠角色

　　顾宪成、赵南星下野的时代，东林党的使命落在了杨涟与左光斗的肩膀上。杨涟被逼下野，渐感独木难支的左光斗，盼来了"同志"赵南星。

　　左光斗出生时月大当斗，有天星陨落，火光灼灼，邻居以为他们家起火了。这个人不可思议的未来，很大程度上要依赖民间文学诠释。

　　《东林点将录》中，左光斗的名号是"天雄星豹子头"。对手的舆论宣传，多了些江湖式的污化，但形象的描述大多是深刻而精准的。

　　左光斗的家乡是一个枕山揽水之境，乡民多为"军籍"，以习武从军为业，民风剽悍，崇尚勇武，人心耿直。左光斗自幼就熏陶在这种民风中。

　　历史中的左光斗，是一个被严重抽象化的人物——他叫忠臣，也叫忠烈，为正义、为国家，他粉身碎骨。如后来清代的林则徐所言，"苟利国家生死以，岂因祸福避趋之"，左光斗也是这样的，他的人格，更受到典型的家风影响。

　　左光斗的祖上虽未出仕，但钱还是有的，并且充满了侠义精

第二章 东林崛起

神。左光斗的曾祖父左麒,充其量只是地方的一个财主。但左财主并非一门心思发家致富,路见不平,左财主既吼又动手。

明时桐城县的"芦课"(即芦苇税)十分繁重,税户不堪重负。依明制,县邑本级无权减免税赋,核定税赋均须依册征缴。为了保证税银的足额上解,桐城县官方只能强逼硬收,仍不能完税的便关入县狱。左麒对县令说:你不敢找皇帝说理,我去!

怒不可遏的左麒,带着家丁就进京告御状。但告御状也是要付出代价的:在京城午门外敲完登闻鼓,先得"笞五十",然后再受理案子。这五十板子下去,还能说话的人基本上不多。左家的家丁左恩同样忠勇,提前赶到午门击鼓鸣冤。意料之中,家丁左恩被当场打死,左麒随后见到了明宪宗,当面向其陈述桐城"芦课"实情,明宪宗"允奏,减课额十之三"。为这场进京上访,左家耗银近万两,外加一条人命。

传统社会,平民上升路径是儒和侠。习儒入仕,左光斗骨子里又是"侠"的精神。什么是"侠"呢? 金庸《射雕英雄传》中,"江南七怪"的领队柯镇恶是个盲人,柯大侠有著名的三句话:每次大战之前,柯大侠吩咐兄弟们——"等会儿,看我眼色行事";敌人来了,不管对手武功多高,柯大侠拎着铁杖就上去了,断喝一声——"无耻之徒,拿命来";分分钟不到,柯大侠趴下了,但柯大侠仍旧大义凛然——"要杀要剐,随便你,我柯镇恶不怕!"

柯大侠是个盲人,让大家看他眼色,这就是他的使命担当,千刀万剐在所不惜。侠的要义、乡风家风,分别构成了左光斗精神品格形成的内核与氛围。人性爽直、讲义气,尤其是崇尚武勇、敢作敢当的民情特征，成就了左光斗官场角斗士的禀性特质。

万历四十八年（1620），左光斗担任巡城御史。一般人干这个差事，无非是做做样子，在城里转转表示在岗，保证"责任区"内不出事就行了。左光斗不，他较真了。

左光斗刚到任时，鲁仁前来状告王承恩、张科抢劫。天子脚下，还能有这事？左光斗认真了，找来原告与被告，发现双方居然不认识，被告还说根本没这回事。城里刁民多，一般情况下，官员应该将诬告方打一顿，这事也就算结案了。

左光斗可不是那么好糊弄的，不合常理的案子，他一下挖出了原告背后的幕后主谋周成。周成为什么要构陷王承恩、张科呢？是因为这二人知道了不该知道的事。

什么事必须鬼鬼祟祟地干呢？买官。

贡生李友芝、郭希孟，是可以候补当个小官的，但前面排队的人太多，不知要候到猴年马月才会轮到自己，于是找人在吏部弄到了一纸文书。帮这个忙的，是吏部管文书的书办金鼎臣。

左光斗想，这事不对呀！书办弄张吏部的文书是可以的，但这种小人物怎么可能拿到吏部的大印呢？再一查，这印是刑部贵州司缪櫕弄的。

这印，当然是假的。

造假印，不光有刑部的人，还有户部山西司事例科胥吏魏成铨。

假文书盖假印，这样卖出去的官能管用？当然跟真的一样管用，否则也没傻子花银子。六部中的胥吏，清楚哪个地方哪个

第二章　东林崛起

位子上缺人，弄个假官去上任，下面是很难发现的。下一次，如果有人要补那个缺，想办法将那个已经有人冒名顶替的缺留着不补。吏部掌握的官场资源太多了，基本上盘点不出来。

左光斗火速查抄了缪樗的家，搜出盖有假印的文案八十九宗、假公文卷宗两册。在魏成铨的家，搜出假公文三百八十六宗、假簿册卷宗一百零七册。这案子越查越大，牵扯出一百多人，轰动京城。

对小官下狠手，这还不是左光斗的品格。

天启皇帝登基之初，杨涟、左光斗等东林主力干掉了首辅方从哲。杨涟下野了，没有搭档，左光斗决计干掉孙如游。

孙如游，礼部尚书，与方从哲同为实力派浙党。

干掉方从哲，瞄准孙如游，意味着浙党与东林党撕破脸皮。

浙党与东林党，皆以东南籍官员为主体。浙党起自万历中期，党魁沈一贯凭借内阁首辅身份，号召了在京的浙江籍官员。沈一贯的盟友意识较强，注意与齐党、楚党、宣党结盟，因而被通称为"齐楚浙宣党"。

左光斗与孙如游的结怨，起于万历四十七年（1619）十二月的内阁辅臣廷推。当时的热门人选是主持礼部的左侍郎何宗彦，这人很清廉，也很清高，无党派，齐党势力也没把他放在眼里。结果，他果然遭到了齐党骨干、吏科给事中张延登的反对。左光斗联合沈濯、薛敷政、肖毅中多名言官力荐何宗彦，最终无济于事。

这事本来犯不着东林党与浙党结怨，但浙党的做法太过分了。

何宗彦未能入阁，愤而辞官回乡。填补何宗彦位子的，便是排在何宗彦之后的右侍郎孙如游。主持礼部工作时间不长,孙如游又高升为礼部尚书。泰昌皇帝即位后,孙如游又成了东阁大学士——莫名其妙地入阁了。而这一系列动作的幕后操盘手,便是首辅方从哲。同党拉同党,方从哲有点肆无忌惮,也把孙如游给害了。

左光斗逮住了孙如游火箭般上升的把柄:何宗彦仅仅因张延登的反对就不能入阁,而孙如游入阁竟然没有经过廷推,这是什么道理?

程序不合法,这事就非法。左光斗振臂一呼,不是东林党的也跟上来了。谁让你升官太快,并且还升得不明不白?

明显违反制度的事,孙如游越说越说不清。"硬伤"太大了,左光斗不断上疏弹劾,其他言官也纷纷加入。穷追猛打之下,孙如游招架不住,主动辞职回家。

浙党的失败,就是东林党的胜利。官场的水太深了。

四、火箭式升官

四月的桐柏山仍旧春意涌动,峰峦起伏伸向远方。凝苍滴翠的丛林中出来一条河,有一些波光,却无声息,融化了两岸的绿色一路向前。

杨涟的家就在山下河前,屋子普通,倒也宽敞整洁。山村宁静了数百年,自从出了京官杨涟,湖广应山(今湖北广水)的照壁湾,便被视为风水宝地。

第二章 东林崛起

难得好一阵子晴好无雨，杨涟抱着幼子坐在门前，望着碧波粼粼的河水，两眼似闭又似睁。居家两年，杨涟觉得最欣慰的就是这个幼子。

河堤上有一顶小轿颠簸而来，轿夫的皂服隐约可见。谁呀？一定是奔自己家来的。

杨涟叫了一声小妾，把孩子递过去。"哇"的一声，孩子巨哭，这孩子被父亲的粗嗓门吓着了。"你声音就不能小一点？"小妾接过孩子低语嗔怪。

"五十岁啰，还能改？"杨涟有点尴尬，还是笑了。

果不出杨涟所料，是应山县令前来拜访。杨涟说，父母官大人光临，也不给在下先打声招呼，这光景到寒舍，这照壁湾可是一斤肉都寻不着的地方。

县令见过礼，说："这是拜访老友，哪是什么公务啊？"

屋内寒暄，县令说恭喜杨兄大喜了。杨涟笑道："您说是犬子吧？也不知道将来是块啥料。"然后，他独自大笑起来。

县令从兜里掏出一份邸报递了过来，说圣上终于关注到杨兄了。

杨涟接过邸报，上面清清楚楚地写着天启皇帝重新起用杨涟、授予礼科都给事中。杨涟默默放下邸报，沉吟不语。

县令劝慰，虽还在礼科，毕竟还了杨兄一个公道。

杨涟道："在下不才，给个都给事中已是皇上的恩典。前几份邸报的内容您想必还记得，辽东震动，这倒并不可怕。圣上身边魏忠贤、刘朝恣横，迟早要坏大事的。后面的路，怕是太难了。"

"不就几个阉竖吗？"县令问。

杨涟没有言语，忽然潸然泣下。他忽而忿然道："使吾得面圣，碎首陈先帝付托之重，誓诛此贼，以报知遇。"

县令也不知什么戳到了杨涟的痛处，慌忙转移话题："圣上起用杨兄，杨兄自有神助。听说，杨兄还真的遇到过神仙？"

杨涟闻言，真的乐了起来，说："还真有这么一回事。当时是参加科试后，肚子饿得慌，正吃饭呢，听说捷报出来了，我嘴里含着饭，顺口问了句：'有杨某否？'那人说：'没有。'当时年轻气盛，一口饭菜正好噎住了喉咙。虽然没噎死，但从此时时如鲠在喉，落下了病根，郎中给药也没用。"

"后来怎么好了呢？"县令问。

"仙人拯救，"杨涟道，"有天夜里，梦见一人告诉我，说你这病有人能治，他就在江边的柳下吹笛子。梦里胡思乱想的东西哪能当真，结果，第二天还真见到了这么一个道士。我叩请他为我治病，道士再三推托。当时我身上，正好有学友们赠送的一些银两，便全部送给了这位道士。你猜怎么着？"

县令问："他嫌少？"

"哪里？他连包带银子全扔江里了。"

"怎么能这样？"

"我也这么想，心里那个气啊！"杨涟道，"道士见我脸红脖子粗，一巴掌拍在我的脖子上，骂了句'俗哉'！我喉中猛然呕出一物，这病居然好了。回头看道士，也不知他什么时候走了。"

"那你这病真是神仙治好的。"县令道。

"谁知道呢。道士治好一个病根，我又落下了一个病根。"

64

第二章 东林崛起

"杨兄又染何疾?"

杨涟说:"从那以后,我的嗓门粗了,说话如同莽夫。看见不顺眼的事,要是嘴巴不说出来,喉咙又是堵得慌。"

县令站起来拱手道:"国家需要您这样的肝胆之士啊!"

送走县令,杨涟取出纸和笔。杨涟估计,邸报已刊行天下,圣谕应该也快到了。他要写一封奏疏,辞官不就。

从内心讲,杨涟早就盼着复出的这一天了。但是,他必须坚辞,这是官场风气,甚至是官场规矩。拿着圣旨一阵风地进京,会被官场看扁的。

杨涟将奏疏改了一遍又一遍,也朝河堤上望了一遍又一遍,始终没有圣旨传来。一直等到七月,杨涟方接到天启皇帝的诏书。杨涟上疏请辞,又接到皇帝的诏书,这次是任命杨涟为太常寺少卿。杨涟上《辞免太常恩命疏》,朝廷自然未允,催促杨涟赴任。杨涟又一次上疏,恳请明年迟点到京。

为什么要迟一点呢?明年是京察之年,杨涟怕自己忍不住,要闯出什么祸事来。

天启三年(1623)三月,杨涟离家赴京。大门口,杨涟跪倒在双亲面前,止不住大哭。他不知道自己这是为什么,又十分清楚这是为什么。到了村口,一片柳叶掉落在杨涟的额头,身后传来幼儿尖厉的哭声。杨涟没有回头,轻轻拂去柳叶,泪如雨下。

五月,杨涟来到了京城。

快到城门口,杨涟远远就望见了左光斗等一帮人。左光斗急步向前,边走边喊:"杨兄,委屈了,可把您给盼来了!"

杨涟直接从马车上跳下来,"你们才辛苦了。杨某不才,劳动左兄和诸位大人。"

左光斗哈哈大笑,说:"杨兄啊,这三年,我哪天一醒来就觉得您回来了,这下好了。"左光斗一指城门,说:"您看看,这人山人海的城中百姓,都和我一样'想望风采'。"

杨涟朝左光斗拱手道:"我一乡野村夫,何来什么风采?每次接到左兄手书,都为您的风采由衷赞叹!"

杨涟没有说错,官场上的左光斗,那可是光彩照人。

这里,不妨一览左光斗的官场行进图——

万历三十五年(1607),左光斗考中三甲第九十一名进士,任内阁中书舍人,官从七品;万历四十一年(1613),擢御史台候命;万历四十七年(1619),授浙江左道监察御史,官正七品,直到天启三年(1623)。官场摔打十六年,其中还有七年是"下岗"。官,只升了一级。

接下来,见证奇迹的时刻到了:天启三年(1623),左光斗升授大理寺左丞,又晋大理寺少卿,官阶已是从五品;天启四年(1624),升都察院左佥都御史,官正四品。

一年多的时间里,左光斗创造了官场升官纪录。他升官了,升了多少级?连升三级?错,连升六级!

打破左光斗升官纪录的,将是左光斗面前的杨涟:万历三十五年(1607),杨涟登进士第,初任常熟知县,举全国廉吏第一,入朝任户科给事中、兵科给事中、礼科给事中;天启二年(1622)正月,升授礼科都给事中;七月,升授太常寺少卿,为正四品;天启三年(1623)闰十月,拜左佥都御史,官正四品;天启四年(1624)年初,拜左副都御史,官正三品。

第二章　东林崛起

一年多的时间里，杨涟连升十级！

让杨涟升官奇迹相形见绌的，是东林党领袖赵南星：明神宗万历二年（1574），赵南星登进士第，初授汝宁推官，再授户部主事；万历十年（1582），转吏部考功司主事；万历十二年（1584），任吏部文选司员外郎；万历二十一年（1593），升吏部考功司郎中；泰昌元年（1620），升授太常少卿，改通政司右通政；天启元年（1621），升工部右侍郎；天启二年（1622），升授都察院左都御史；天启三年（1623）十月，接任吏部尚书。

一年的时间，赵南星升到了明代文官实职的顶点。

但是，这些并不仅是他们个人的官运亨通，而且是整个东林党势力的昌盛与狂欢：叶向高，内阁首辅；赵南星，吏部尚书；高攀龙、杨涟、左光斗，执掌法令；李腾芳、陈于廷，辅助选举；魏大中、袁化中，主管科道；郑三俊、李邦华、孙居相、饶伸、王之寀等，全部在吏部执政。而吏部四司的下属官员邹维琏、夏嘉遇、张光前、程国祥、刘廷谏，也都是东林党人。从内阁到部院、科道，"众正盈朝"，东林党掌控了天启朝官场的核心部门。

东林党创造了官场奇迹，窍门究竟在什么地方？有人是一步一步奋力打拼，咬定目标，成为连环中奖的投注者，又是绝对胜出的投机者；有人静观待变，抱着一枕黄粱的美梦，醒来后果见满桌黄粱。官场上的胜利，甚至比量子纠缠还要复杂，也正是无可名状的不确定性，带给无数人无尽的遐想。

但是，任何充满不确定性的胜利，未来都是不确定的，甚至还是悲哀的。

第三章　朋比为奸

大明皇城的正门叫承天门（清代称天安门），皇城北门叫北安门（清代称地安门，今不存）。紫禁城的北端，是明朝隐秘的权力中心。

北安门内是一个庞大的宦官机构，设有司礼监等十二监、惜薪司等四司、兵仗局等八局（浣衣局在皇城外），俗称"宦官二十四衙门"。这不是一个普通的服务机构，而是特殊的官方衙门。

明代北安门内稍南处，有松树十余株，这在紫禁城内并不多见。松树之后，是明代的内书堂。宦官每每是寒门子弟，阉割入宫为皇家服务，需要粗识几个文字，内书堂便是永乐皇帝后在职宦官的扫盲班所在。生源再差，毕竟是宫廷学堂，老师不是大学士也是翰林，学员每期两三百人。内书堂楹联曰："学未到孔圣门墙，须努力趱行几步；了不尽家庭事业，且开怀丢在一边。"再卑微的职业，精神上的鼓励还是要的。

饱受肉体与精神的双重摧残，阉割后的寒门子弟，入宫的概率并不是很大，无非是混口饭吃。侥幸入宫，绝大多数宦官的命运是凄苦的，只有极少数宦官能够坐到太监的位子上，拥有特殊而隐秘的权力。权力是最猛的春药，屁股下的木头座椅都会发情。有不健全的人格与心理，宦官一旦坐上权力的座椅，通常比文臣武将更猛更凶。他们有些文化，比文盲更坏。

一、大内"宰相"

自社会最底层走近权力的顶峰，以不学无术之身与知识精英为邻，宦官的色彩不能不魔幻，太监王安也是这样。

宦官群体也是一座金字塔，王安差不多就是塔顶上的那块石头。自万历年间入宫，就如一锹沙子抛下江河，他这一粒是惊涛裂岸还是泥流入海不可知，作为沙子，他连随波逐流的命运都不能自主。

必然是一种概率，偶然是一种概率，反之就是奇迹。一粒寂寞的沙子，切不可轻言未来，无论是哪个方向，它都不能左右自己的命运，选项中也不存在乐观、悲观。

宫廷规矩格外森严，宦官群体却充满着一股江湖气，至少也是民间徒子徒孙那般的人身依附。王安入宫后的奇迹出现，是他被分到太监冯保的名下。但冯保名下的宦官是一堆，不是一个，冯保自己也不知道自己的未来。转机的出现总是瞬息万变，隆庆六年（1572）五月，明穆宗朱载垕驾崩，十岁的万历皇帝朱翊钧登基，冯保、张居正与李太后之间形成了权力的"铁三角"，"万历中兴"的局面迅速形成。"皇室领袖"李太后、内相冯保、外相张居正，三人以正面形象留在了历史舞台。

直接照管王安的是太监杜茂，性格耿介，勤奋好学。这是一位好师傅，王安从师傅这里获益匪浅。万历六年（1578），王安进入内书堂读书，由于年龄太小，玩性很重，从未读过书的王安上课时老是走神。哪有不用管，自己成才的孩子啊？杜茂瞧见了，将王安的两条腿绑在两只桌腿上，非得把规矩养起来。王安的字要是没写好，杜茂的一根棍子就过来了。王安后来能与科班出身的文官们诗词唱和，时常写写扇面与骚情赋骨的文人们雅集互赠，那真的不是附庸风雅。王安与东林人士之间的朋友圈，可以说是太监杜茂用棍棒打出来的。

冯保并没有给予王安直接的帮助，但王安看到了榜样与理想。哪一天能够等到梦想成真，这需要机遇。机遇是一种漫长的等待，等待必然与偶然的意外相逢。王安等到了这种意外，也是内书堂与时代带给他的福音。

宦官的本质属于皇权，皇权又绝对置于政权之上。朱元璋时代的明朝，禁止宦官干政，铸了一块铁牌挂在宫门："内臣不得干预政事，犯者斩。"这时的宦官都在做孙子，当奴才。但你看准了，这孙子是皇帝的孙子，奴才也是皇帝的奴才。你千万别拿皇帝的孙子当自己的孙子，也千万别拿皇帝的奴才当自己的奴才，要不哪天掉坑里了都不知道挖坑的是谁。

到朱棣时，宦官的皇权面目就大变了：宦官又是带兵打仗，又是率团出国，又是下基层检查，又是扩权增编。宦官们威风凛凛，忙得不亦乐乎。但是，没出事。

没出事，不等于不出事。原因同样简单：朱棣也是个厉害的角色！试想，能把皇位上的建文帝打得影子都没有，还有什么活做不成？幸运的是，有朱棣这等狠角色的主子，孙子们全都夹紧尾巴。谁不小心露出一截，估计要连头都一块剁了。

第三章 朋比为奸

朱棣的儿子宣宗朱瞻基，狠抓宦官队伍建设，抽调一流的专家（翰林院学士）办培训班，设"内书堂"，一期教两三百个小宦官。宦官的素质大幅度地提升，宦官不再是没文化的后勤人员，或一群阉割了的大文盲。人家已经有知识，有文凭。朱瞻基的"开掘创新"，算得上为宦官大业画"蛇"点睛。

但乱子终于也来了——英宗朱祁镇在王振的"指导"下顺利成为俘虏，武宗朱厚照被刘瑾玩得溜溜转……为啥？就因为皇帝是一帮小屁孩：走马上任时，朱祁镇九岁，朱厚照十五岁。当皇帝没有智力、没有能力来做事、用权时，大权旁落只是时间、多少与形式的问题，比方窃取，比方顺手捡到，把权力当玩具随手相赠。将权力白送给身边的宦官，这种口头授权的后果，只能取决于宦官的素质。

内书堂给了王安良好的素质。正因为这样的素质，太监陈矩认准他是一棵苗子，将其推荐给了皇帝，做了皇长子朱常洛的伴读。"是金子在哪儿都会发光"，只要是正常人，是正派人，都能识别金子，陈矩就是这样的人。这一年，是万历二十二年（1594）。

可惜的是，皇长子朱常洛正处在人生的低谷。他只是皇长子，核心是庶出，也就是俗话所说的"小娘养的"。朱常洛没有一丝名分，万历皇帝的郑贵妃很可能要将其变得前途暗淡。主子都是小娘养的，奴才自是更低人一等。但王安兢兢业业，年复一年，与地位岌岌可危的泰昌皇帝还成了知心朋友。

跟着朱常洛，王安的日子也没有一天是安宁的。"争国本""妖书案""梃击案"，王安是与朱常洛一起一次次死里逃生。

但是，即便是死，他也不逃，王安对朱常洛保持始终不渝的忠诚。朱常洛成为泰昌皇帝后，王安毫无悬念地成了司礼监秉笔太监。

司礼监居"宦官二十四衙门"之首，司礼监掌印太监有"内相"之称。王安距"内相"只有一步之遥。但王安具备冯保之才，已经掌控了宫中大权。

物以类聚，人以群分，王安也集聚起了自己的"朋友圈"。文雅知书的秉性，让王安与东林党人走到了一起。朱由校登基前的"红丸案""移宫案"，王安事实上都是幕后一只有力的大手。东林党挫败内阁，没有王安的策应与帮忙，那是不可想象的。在明季，"朋友"与"朋党"，从来都不是泾渭分明。

王安在天启时代，理应再创辉煌。这种可能，有很大的概率。王安生性正直，不喜欢泰昌皇帝宠信的李选侍。不为别的，这女人喜欢欺负厚道人，欺负比自己弱小的人。而被李选侍欺负的王才人，恰恰是朱由校的生母。

情感偏好影响到权力，是必然又是偶然。泰昌皇帝正值壮年，正常情况下朱由校登上皇帝的宝座，应该是二三十年以后的事情。那时，王安注定不再存在。王安同情王才人只是出于厚道，谈不上企图。宦官群体都没有未来，王安也看不到那么远的未来。厚道也是一种机遇，机遇可能不期而来。

天启元年（1621）五月，天启皇帝任命王安为司礼监掌印太监。宦官生涯的巅峰，内廷唯一的"内相"，王安对此没有感到意外，外朝也觉得这是情理之中的事情。

王安是兴奋的，王安也是儒雅的。他按捺住内心的澎湃：不能太匆匆，不能赤裸裸，要像外朝文官一样，拿起笔写份报告，书面推辞一下；然后，等待皇上的第二个谕旨。

但是，王安没有等到司礼监的大印，而是等到了获罪，等来了死亡。一切毫无征兆。

二、朋友圈

王安的噩运，落在了他根本瞧不起的小字辈手里。

一代人有一代人的追求，一代人有一代人的手段。作为资深太监，王安没怎么把新一代宦官放在眼里。新一代有追求、有手段的宦官，便是大名鼎鼎的魏忠贤。

魏忠贤留给后世的印象，基本上就是一个"坏"字。如果明朝的"坏人榜"只列一个人，即使不是非魏忠贤莫属，他首轮入围肯定是没有问题的。主子面前窝囊猥琐，背了主子直吃横摇，魏忠贤就是这样的新一代宦官。

太监作为宦官的头领，品级不过区区四品，但权力与品级并不是一个简单的对应关系。又因为权力的关系，宦官群体容易与文官群体形成冲突。宦官群体无学养可言，深为文官群体所鄙视。但要知道，对宦官这个特殊群体来说，品学兼优、德才兼备只是要求，并不是准入门槛，更何况真的品学兼优又德才兼备的人，人家也不稀罕干这种营生。

不该"著名"偏偏"著名"，关于魏忠贤出身的信息肯定被后人改了无数次。改过之后，也没有留下多少痕迹与破绽。除了文人的杜撰、戏说,关于魏忠贤的真实史料,其实是少之又少。推测中的魏忠贤,早年应该是相当励志的。魏忠贤从一个没有特殊背景的普通人,最终成长为大明朝的大太监,这个故事本身就相当蛊惑人心。

魏忠贤(1568—1627),字完吾,北直隶肃宁(今河北肃宁)人。入宫后改名李进忠,后由才人王氏为其赋姓。明熹宗时期,魏忠贤出任司礼秉笔太监,获赐名忠贤。

> 刘若遇《酌中志》:魏忠贤之"父魏志敏,母刘氏,妻冯氏,生女魏氏嫁杨六奇者是也。贤无子,家贫自宫,妻改适他方,人不存。"

刘若遇是魏忠贤同时期的太监,其说当然可信。但他对魏忠贤家庭出身的细节,其实并不清楚。还是后世传说甚多,主要有二。第一种说法:其爹妈种地,他出身不高,这似乎还有点正经的味道,传统社会毕竟有"士农工商"之说。第二种说法:其爹妈是个民间艺人,靠街头耍猴或以其他杂耍活谋生。这就不是渲染魏忠贤有艺术细胞了,而是要添加一点出身微贱和作践人的味道。

按照塑造坏人的传统笔法,先要交代一下他的童年。魏忠贤童年时,主要是在街头混事。因为爹妈长年混迹民间,孩子多少也有点艺术天赋,街头遛遛,顺便作些"才艺表演"。问题是,那个时候的官府对此类"文艺工作"毫不掩饰地不重视,各色各样的"文化事业",只是少数人的谋生工具。

第三章　朋比为奸

从少年长到青年，魏忠贤的人设，是朝着坏人的方向快速发展。魏忠贤最终是要成为顶级坏人的，只混吃混喝，事迹就显得没有典型性。魏忠贤的坏人特征，适宜从嫖娼、赌博开始。"嫖娼"这类事情通俗易懂，也可以要多严重有多严重，涉及一个人的道德水准。况且，大家对这类事比较感兴趣，并且不受信任危机的影响。比方说某人拾金不昧、助人为乐，大家不一定相信；如果听说人嫖娼、收人黑钱，大家一准抓紧呵呵几声，立即帮你发布出去，并且免收广告费。

嫖娼的时候，魏忠贤已经结婚了。据说，魏忠贤还嫖遍了大街小巷，挂红灯的地方他都要光顾。这一类记载如果是真的，魏忠贤家估计还是有点钱的。如果魏忠贤家里没有钱，嫖娼时又没有别人帮助买单，这事本身就很有信息量。

魏忠贤的赌博问题，同样相当严重：魏忠贤上赌场，通常身上是没有钱的。但没有钱的魏忠贤，下的赌注却是上百万。魏忠贤真坏，开赌场的真傻，万一赌赢了，魏忠贤岂不一夜暴富？好在魏忠贤失败了：吃喝嫖赌，走投无路，魏忠贤卖掉女儿，果断进京。

行至山穷水尽，终究峰回路转。魏忠贤究竟靠的是什么？幸运。但这个幸运儿，走的又是一条悬念迭起的道路，因为他早年的志向只是当宦官，最后却当了太监。

宦官不是太监，太监是官，宦官充其量只是个"办事员"，并且工种极差，专干"后勤"。不熟悉历史的人一提到魏忠贤，精神就比较亢奋，好像一当宦官，就能戴上乌纱帽。实际上，魏忠贤决定自宫，全是为生活所逼。

魏忠贤的运气又真的太好了。能当上宦官，本身就是一种幸运。

当宦官的第一关，那是赌生死。当时，负责手术的一律是"个体户"，私立医院都没有。如果说私立医院收费"很毒"，那么个体户的收费估计就是"歹毒"。魏忠贤本来就穷，交不起手术费——天下没有免费的午餐，天下更没有免费的手术。

魏忠贤就是魏忠贤，交不起费，就干脆不交费，自己解决。可以预见，这人将来准成大器：对自己都这么狠，还有他办不成的事？

魏忠贤自宫的具体情节不太清楚，但结局是风平浪静，他顺利通过生死关。

第二关，就业，这也是一个永恒的难题。宦官是个行业性太强的工种，关键是硬件有特殊要求。干了这个工种，就不能再干别的工作，流动性自然差，必须敬业一辈子。他这一干一辈子，后面的人就麻烦了。他不死，别人进不来。所以，招工名额非常有限。名额越有限，条件就越苛刻。所以，满足了"硬件"，其余条件就一项：年龄小。宫里招宦官，年龄越小越好，好管理，好调教，服务年限也长。魏忠贤婚也结了，女儿都养了，怎么算也有二十岁。死结，死了！人生最悲摧的事，莫过于那玩意儿割了，宦官又没当成。自我动刀子的时候没有死，这会儿不死也有死的心思了。

魏忠贤还是有办法的，这个办法就是不是办法的办法——降低就业标准，先弄个临时饭碗——到司礼监秉笔太监孙暹手下打工。在孙暹这里，魏忠贤百分之百地表现出了让人放心的素质。

第三章　朋比为奸

孙暹一高兴，魏忠贤绝处逢生。

魏忠贤的事迹感动了他，孙暹决定推荐他进宫。要相信孙老太监的阅历和眼力，如果魏忠贤是个偷鸡摸狗的模样，借他一百个胆也是不敢的。因为这是进宫，在宫里行为不端，是要出大事的。除非孙太监知道自己马上要死，如果不死，肯定是要寻根问责、追查到底的。

魏忠贤起先明明不符合"招工条件"，结果又如何符合条件了呢？原来，这事在孙暹看来，并非难事。当初魏忠贤自个报名时，人家不给报，仅仅是因为超龄。而只要孙暹卖个面子，放人一马也不是大事。

魏忠贤终于进宫了。进宫之前他是充满希望的，进宫之后反而大失所望：他以为宫里到处都是"金銮殿"，没想到宫里还有"贫民区"，自己住的房子，竟然是没有人高的耳房；分给自己的差事，叫什么"火者"。

什么是火者？从大往小数，太监、少监、监丞、长随、当差。当差以下还有没有？还有一种，这就是火者。换上有上进心的，这一数，心都凉了。

火者干的是哪些工作？无非是扫地、抹桌子、倒马桶等。想为皇帝搞点近身服务，根本就没有机会。换上一个有进取心的，又是寻死的心思都有了。但是，魏忠贤一干就是十几年，默默无闻，任劳任怨。他只得过一项荣誉称号，就是上司与同事们的口头表扬："魏傻子。"

请注意：对魏忠贤的口头表扬是"魏傻子"，而不是"李傻子"。魏忠贤入宫时，使用的姓名是"李进忠"，现在，姓都混没了，还怎么继续混？没关系，"李进忠"混成"魏忠贤"，恰恰是他一生最大的幸运。对有些人来说，混得不知道姓甚名谁，往往也就是得道升天的前兆。

——他结识了魏朝，一个太监。魏朝帮其调整了工种，新工种叫作"典膳"。典膳的职责是管后宫的伙食。这差事好，就在主子身边，说不准主子高兴的时候，还能帮助解决一些实际困难。

但实际上主子并不能给魏忠贤解决什么问题，主要是他跟班的主子不对，是位"女领导"——王才人。"才人"是一种身份，帝王家以此表征其地位。王才人自身身份不太高，但跟她密切相关的两个男人很耀眼：一个是丈夫朱常洛，一个是儿子朱由校。这二人全是皇帝，但又全是后话。眼前的王才人相当衰，丈夫的太子地位尚带着问号，儿子的前程更远得没影，最纠结的倒在眼前——丈夫的另一个侍妾李选侍太强势，老是欺负自己。

主子不好，奴才自然是坏。但这还不是最坏的，最坏的是万历四十七年（1619），王才人居然死了。辛辛苦苦二十年，魏忠贤一觉醒来，便有人通知他去做仓库保管员。

没有绝望的环境，只有绝望的心态。困境中依旧乐观的魏忠贤，终于成了幸运儿：一年之后，这个几乎倒霉透顶的老宦官，竟然被李选侍引为心腹。

接下来，万历皇帝朱翊钧驾崩了。泰昌皇帝登基，上台之后刚露了几次面，人也驾崩了。天启皇帝朱由校又登基……前后仅仅一个月，历史真实的节奏，有时快得人都反应不过来。

天启皇帝即位后，魏忠贤升任司礼监秉笔太监。五十多岁了，魏忠贤终于成了成功人士。这个成功，太令人意外。哪一个环节上少了一段幸运，魏忠贤都不会出现在历史舞台上，并且，与其精明，与其善恶，都没有太大的关联。从魏忠贤决定出门寻一个饭碗，到此时尽管真正穿上官服，他却没有了宏大的志向，只是谋谋生计，只是适从，最多是趁机弄点好处。

真是大梦一场！魏忠贤如果真要感谢什么，不仅是感谢主子，还得好好感谢朋友。

魏忠贤入宫后有一个爱好：好僧敬佛。宣武门外柳巷文殊庵的僧人秋月等，都成了魏忠贤的朋友。

从某种程度上说，圈子决定命运。如果没有秋月，同样就没有魏忠贤。徐应元、徐贵都是孙暹名下的宦官，魏忠贤与徐应元经常在一起吃肉、喝酒，与徐贵就不是走得近的朋友了。四川税监邱乘云过去也是孙暹的属下，魏忠贤听说那里钱多，便想到四川捞点好处。结果，这边人还没有出门，徐贵便在魏忠贤背后打了黑枪：他给邱乘云写了封黑信，将魏忠贤极力丑化一番。蒙在鼓里的魏忠贤，一到四川就被邱乘云关了起来，不给饭吃，准备将其饿死。

魏忠贤快咽气时，秋月和尚云游到邱乘云那里。获悉魏忠贤的事，秋月和尚劝邱乘云：那人是我朋友，其实挺义气的，救人一命，胜造七级浮屠。既然是朋友的朋友，邱乘云便放了魏忠贤，还给了十两银子当作回京的盘缠。

没有朋友，哪有魏忠贤的今天？

魏忠贤在宫里的另一个朋友，跟秋月比起来，那简直就是"春风"了。

三、女朋友

让魏忠贤在宫中春风得意的，是一个神奇的女人，名叫客印月。

最初的客印月，是北直隶保定府侯二的妻子，村里人称这个少妇为侯客氏，史家称之为客氏，因为客印月干的那些事，跟丈夫侯二攀不上关系。

客氏刚生下儿子，来了一帮官老爷。侯家祖宗八代都没出过当官的，哪来这么多官老爷？官老爷很客气，说侯家祖坟冒烟了，客氏要进宫当乳娘。

一个乡下妇女进皇宫当乳娘，报酬丰厚，还有公费添置新衣，面子上说多风光就有多风光。

这一年，应该是个喜庆之年，皇家大喜：王才人生下了朱由校，皇上有了皇长孙。皇上对长子挺厌恶，但孙子是孙子，"隔代亲"是人的本能，孙子的事就是天大的事。

明朝妃嫔生下孩子，制度规定：禁止生母喂养。这制度看起来挺荒唐，但也是皇家长期摸索出来的经验：首先，它淡化了皇子皇孙与生母的感情，利于阻止外戚干政；其次，嫔妃没有养育经验，乳母弥补了这个不足，避免了皇子皇孙夭折的风险。至于嫔妃自己奶孩子有伤雅观、不利于嫔妃保持身材与颜值，那都是微不足道的事情。

第三章　朋比为奸

　　因为关系到皇家后继有人，所以明朝宫廷挑选乳娘标准极为严苛：首先，乳娘本人要身体极健康，乳娘的丈夫、孩子中都不能有带病的；其次，乳娘要奶水充足，育儿经验丰富；最后，乳娘要亮丽，形容端庄，古人认为谁带大的孩子会长得像谁，不能让乳娘的形象影响皇子皇孙的形象。

　　层层把关，客氏顺利入选，她应该是综合条件出色。虽没有这方面的史料记载，但可以想象，客氏如果哪个方面不合格，就有一批官员即便不掉脑袋，至少也要掉乌纱帽。

　　客印月显然通过了"官方认证"。明朝的皇城东安门外稍北有礼仪房，民间称之为"奶子府"，皇家的奶妈就选养于此。奶妈由地方官员负责遴选，礼仪房则隶属锦衣卫。地方官糊弄老百姓的事很多，但糊弄锦衣卫则没那个胆。客氏入宫前各方面都很出色，是完全可以相信的。

　　入宫之后，客氏的表现也十分出色。两年后，客氏的丈夫去世了，她化悲痛为力量，坚守在自己的工作岗位上。要知道，对一个女人来说，死了男人很多时候犹如天塌了一样。

　　数年如一日，家里死了人都不请假，客氏对皇家是有贡献的。按照规定，朱由校长到六岁，客氏的"用工合同"就应该到期。如果执行规定，客氏会以一个"国家级优秀临时工"的形象荣归故里。但是，朱由校十六岁了，客氏仍旧在宫里。

　　有制度，没执行。当然，这也并非客氏一例，明季不少奶妈都被留在了宫中。制度成为一纸空文，有时又是寻常现象，只是客氏比较特殊。

　　《甲申朝事小纪》载："道路传谓上甫出幼，客先邀上隆宠矣。"这意思是说,天启皇帝刚刚懂男女之事,这个做奶妈的主动引诱他,使他以后没法离开客氏。

客氏是皇上的"情人"?《甲申朝事小纪》是一本清初文人笔记,著者王朝,在故事前面明确加了"道路"二字,言指所叙为道听途说、捕风捉影。况且,皇上最不缺的就是情人。

如果客氏真是皇上的情人,历史也可能完全被改写。天启皇帝是知道客氏与魏忠贤之间也是情人关系的,并且当面撞上过。敢同皇上争情妇,魏忠贤十个脑袋都不够砍。天启皇帝驾崩后,客氏死于非命。

《明季北略·客氏出宫》:"熹庙既崩,上命归私第,客氏五更衰服赴梓宫前,出一小函,用黄龙袱包裹,皆熹庙胎发痘痂,及累年剃发落齿指甲等,痛哭焚化而去。"

《明通鉴》:"先是大行皇帝崩,客氏将出外宅,于五更赴梓宫前,出一小函,用黄色龙袱包裹,皆先帝胎发、痘痂及累年落齿、剃发,痛哭焚化而去。"

这两则史料出处不一,但所记载内容高度一致,客氏的一举一动,充满着对天启皇帝的真情。客氏每日清晨进入天启皇帝寝宫——乾清宫暖阁侍候天启皇帝,每至午夜以后,方才回返自己的宫室咸安宫。一刻见不到朱由校,客氏身上就像没有魂。

这还不是一厢情愿,天启皇帝朱由校对客氏的情感更深。

天启皇帝从小经历曲折,一直备受冷落,缺少父爱和母爱,成为"始终长不大的孩子",饭菜也要吃客氏做的,一辈子在心理上断不了"奶"。后来在外廷大臣的逼迫下,天启皇帝不得不命客氏离宫,但当天晚上就难过得睡不着,只过了一天,又将客氏接回宫中。客氏与天启皇帝之间实际上是情同母子,生母王氏早亡,客氏事实上就像天启皇帝的娘。

乾清宫东设房五所,西设房五所,有名封的大宫婢就住在这里。天启皇帝即位后,客氏被封为"奉圣夫人",住所被安排到西二所。客氏搬家这天,天启皇帝亲自到场,内宫里面的头面人物卢受、邹义、王安、王体乾全部到场,他们有的为皇帝服务,有的为客氏服务,这就不是"大宫婢"的待遇了。第二年,客氏住进了咸安宫,这就是太嫔妃的待遇了。

野史上说客氏面似桃花,腰似杨柳,性情媚惑,长相漂亮,姿态妖淫,这些也不重要。当文官们都坚持客氏只是一个女佣的时候,只有皇帝身边的太监魏朝,看清了她俨然是天启皇帝"他娘"。

魏朝属于王安的属下,见客氏在后宫呼风唤雨,一边奉迎王安,一边巴结客氏。魏朝的方法很特别,给客氏送吃送喝,也将自己送上了客氏的床。攀上了客氏,就俨然成了皇上"他爹"。宫中的这种事,被称为"对食"。

所谓"对食",就是内宫里的宫女与太监相互结伴,生活上有个照应,情感上有个依托,形似夫妻,想有夫妻之实也没有办法。这种事历朝历代都有,但都偷偷摸摸的,因为宫中规矩不允许。明末宫中各方面管理趋于涣散,明朝前期偷偷摸摸的"对食",到这个时候就变成明目张胆了。

魏忠贤与魏朝曾结盟为兄弟，人称"大魏"与"二魏"。魏忠贤虽说是老大，却没有老二魏朝混得好。魏忠贤的心思，是想通过魏朝攀上王安和客氏，自己哪天也混出点名堂。魏朝不断在王安面前说魏忠贤好话，王安发现这家伙干事还行，慢慢对魏忠贤有了好感。魏朝又不断在客氏面前说魏忠贤好话，魏忠贤与客氏也熟悉了。

争权夺利，谁厚道谁输。魏忠贤与客氏越来越熟悉，一下子熟悉到了床上。客氏大喜：这大魏虽然也是阉人，但结过婚生过孩子，"假动作"比二魏熟悉太多，客氏看不上魏朝了。

魏朝那个气呀，说好的是兄弟，这不是朝兄弟心窝里捅刀子吗？有一天晚上，二人都在乾清宫值班，也都喝了一些酒。魏朝看见魏忠贤，一肚子酒变成了一肚子醋。二人先是互骂，接下来开始互殴。动静太大，把睡下的天启皇帝都吵醒了。

乾清宫里出大事了，司礼监掌印卢受，东厂邹义，秉笔王安、李实、王体乾、高时明、沈荫、宋晋等皆惊起，纷纷赶了过来。大内总管卢受一问，知道这二人争吵由客氏而起。既然因客氏而起，天启皇帝要是不做主，这二人结局就惨了：按照宫中规矩，卢受有权将魏朝、魏忠贤杖责至死。

天启皇帝在场，征求客氏的意见："客妳，尔只说尔处心要著谁替尔管事，我替尔断。"

魏忠贤憨猛好武，不识字之人朴实易制，客氏一下子倒向了魏忠贤这边。

王安这下脸上挂不住了，魏朝是自己名下之人，做出这般恶心事，让自己在众人面前下不了台。王安大怒，上前狠狠抽了魏朝一个大嘴巴,将其调离御前,勒令其告病往兵仗局调理。

魏忠贤这下痛快了,可以自由自在地躺在客氏的床上了。

魏忠贤这下又不痛快了。自由自在地躺在客氏的床上,望着风韵犹存的客氏,生理上的变态与心理上的变态烈焰翻腾。客氏的肉体弹动了一下,魏忠贤血脉偾张,紧紧抓住客氏,暗暗发誓:老子不能把女人打翻在床,一定将仇人打翻在地!

"决事于房闼,操权于床笫",两条丝绸裤裹在一起,庄严地搭在一把官帽椅上。谁也不会想到,这里将是明朝的又一个权力中心。这张拔步床稍一抖动,都足以引发朝廷的震动。

四、连环暗箭

王安甩向魏朝的这一巴掌,后果很严重,几乎抽塌了内宫的权力大厦。

让魏朝回家养病休息,是王安一气之下的救场之举,也是让忘乎所以的魏朝好好反省反省。但王安的这个举措,无意中撬动了内宫的权力架构。

天启皇帝对王安是相信的,王安做的事肯定是对的。事后又说起乾清宫夜间的新闻,天启皇帝也只将魏朝臭骂了一顿。这可是重要口谕,魏忠贤立即落实皇上的口谕,将魏朝发配凤阳守皇陵。问题的性质变了,魏朝由犯错变成了犯罪。

荣华尽失,魏朝这下清醒了。以自己对魏忠贤的了解,这个"朋友"做事是没有底线的,先夺了自己的女人、再夺自己性命的事，他同样能干得出来。活命要紧，也不指望哪天皇上发善心，再让老奴重回宫中。前往凤阳的途中，魏朝一逃了之，藏身蓟北深山中的一座寺庙。

但已经迟了，魏忠贤派出了杀手，杀之于解押回京的途中。

这一点大大出乎王安的预料，对魏忠贤也由不满升级到了仇恨。哪天寻到机会，得把魏忠贤这种烂货收拾收拾。

王安等到了这个机会。

卢受是万历朝留任的司礼监掌印太监，"一朝天子一朝臣"，卢受手中的大印都拎三朝了。让人交出大印，当然要有个说法，卢受交印的理由有些特别。

王在晋《三朝辽事实录》："张儒绅等系东厂差役，奴苴藉以行间，言官纠卢受通夷，事中格。"

卢受的罪名居然是"间谍罪"。如果真是里通外国，给后金（大清）充当间谍，卢受应该被处以死刑，但只是被发配到凤阳守皇陵。反正，卢受的"内相"位子是让出来了。

"内相"的位子是诱人的，有利益不争那是傻子。争权夺利，是一门玄学，成功上位的，在那个时候，往往都被人认为是德位不配的人。

但"内相"这个位子，还真没法争。天启皇帝年纪小，人还是挺机灵的。皇上想都不用想，司礼监掌印这个位子只能给王安。

王安给朱由校父子的帮助太大了。郑贵妃谋立自己的儿子当太子，一招接一招地找先皇的碴儿，王安见一招拆一招。"梃击"事件后，郑贵妃害怕了，担心先皇报复，王安反过来又劝先皇大度处之，抚慰郑贵妃，打消外朝大臣的疑虑。朱由校登基时，王安那是舍了命地要把李选侍赶出乾清宫。否则，天天被一个妇人管着，那多难受啊！这样又忠诚又能干的人不用，难道还用又坏又蠢的？

偏偏最想当官的，就是那些又坏又蠢的人。充其量只有一勺子不到的真知灼见，剩下的全是邪恶的口水，王体乾就是这种东西。

升官的门径各不相同，有人靠苦干出实绩，有人凭手段玩技巧，各凭天运。朝廷是国大事多，皇帝嗜好不同，在某些皇帝看来，不用能干的人，事情没人做；都用蒙头干事的人，皇帝当了也没滋味。王体乾善于玩技巧，并且相当成功。

王体乾的技巧还比较独门：专找女人。男人偏重事业，女人偏重情感，王体乾是个有自知之明的人。

泰昌元年（1620）天气渐秋，宫中的李花一齐开放，是白是红无不璀璨。李花盛开该是早春的景象，这时节的李花当是宫中祥瑞。还用问吗？这肯定是李选侍当封。李选侍收到的恭维，自然比李花还多。当然，后来不是这个结果，若干年后闯王李自成杀进宫来，李花被人发现是"草妖"了。

宫中最当红的女人李选侍，王体乾早就看在了眼里。王体乾不找李娘娘谈理想，直接下银子给实惠。李娘娘也不是白吃白喝，王体乾得到了典玺局印，这就进入太监行列，有了继续进阶的基础。天启皇帝即位，宫中最红的女人是客氏，外朝内廷都认为客氏要成为第二个李选侍,并且不是移宫,而是出宫。难道女人的路子要断绝了?王体乾不相信,成了客氏的又一个亲人。

果然又押对了,客氏没有出宫,始终当红。天启元年(1621)夏,王体乾执掌了尚膳监印。

尚膳监只是负责宫廷膳食与筵席的部门,王体乾只是个"招待所长",地位跟王安没办法比。但王体乾不这么想,大单位小单位,冷部门热部门,级别都是一样的,王安能提拔,自己就能提拔。要想升官,首先要有连自己都瞧不起自己的勇气。

王体乾携重礼找了客氏,客氏很直白:"银子好就等于人好。"她很爽快地答应下来。

答应后,客氏又有点后悔了。司礼监掌印太监,大内的"一把手"啊,这事怎么弄?总不能找皇帝说,王体乾给自己送礼了,你给他一个大官干吧。

客氏与魏忠贤商量,魏忠贤也觉得王体乾不合适。"那就你自己干。"客氏主意又换了一个。魏忠贤哈哈乐了:"我大字都不识一个,哪是干那个大材的料啊!"

魏忠贤知道自己能力的天花板,大内"一把手",跟外朝首辅一样,都是辅佐皇上的。朝廷大事,要是弄出一个乱子来,皇上一怪罪,啥好处都飞了。

魏忠贤这么想,也是这么做的。直至大权独揽,如日中天,魏忠贤都不坐掌印太监的位子。有麻烦事别人顶着,有好处自己拿大头,这才是最划算的。

那掌印太监就归王安那老头了?目前只能是他,魏忠贤肯定地回答客氏。

层次越低的人，反驳欲就越强。客氏将两胯在椅子上一张，指着魏忠贤道：那你我都有坏处！

坏处？魏忠贤一听坏处二字，紧张而又认真起来。

王安性格刚直，对手下要求严苛，虽说也舞文弄墨，遇事出手也是够猛的。客氏对王安颇为忌惮，甚至都有点心理阴影，生怕自己哪天像李选侍那样被轰出去。女人做事往往凭直觉，直觉往往非常准。王安哪有王体乾那么讨人喜欢呢？

很对，魏忠贤顿时对客氏佩服得五体投地。精明，娘子精明！

让王体乾上，就得干掉王安。这怎么弄？

既然参与竞争，就不能同情弱者。魏忠贤也不想在客氏面前显得窝囊，一拍胸脯：弄掉王安，这事包在我身上！

魏忠贤在宫里混这么多年，整人套路比客氏要熟。魏忠贤找来入宫不久的宦官陆荩臣，说："你姐夫不是霍维华吗？让他写个折子，弹劾王安，狠狠地弹！弹得越狠，你和他日后的好处就越多。"

陆荩臣一听，满口答应。王安对手下管得多，抚慰少，陆荩臣对王安心里早窝着火。

霍维华时任兵科给事中，是个执纪、监督的官员，这种不靠谱的事他怎么会干？但霍维华干了，而且比魏忠贤想象的还卖力。

天启皇帝上台，霍维华没有出上力，"拥戴之功"没他的份儿，提拔重用的好事轮不到他头上。小舅子把宫里状况在信中一说，霍维华发现机会来了。没有一棵大树，上吊都比别人难。

天启元年（1621）五月十二日，兵科给事中霍维华上疏弹劾王安，王安的命运滑铁卢就此开始。霍维华的奏疏这么厉害，到底弹劾了王安的哪些罪状？

顾秉谦《三朝要典》："长安道路之口，皆以为王安迫欲得之（司礼监掌印），以为大作威福之地"；"近又闻其告病调理，偃仰私寓矣，是果能居高持满引嫌自避乎，抑垂涎欲炙，示以必得乎。不然以两宫嘉礼之日，而王安栖迟外邸。又传闻其眺西山，一时啧啧之口，虽未敢尽凭，而亦有不可代为之解者矣"。

霍维华奏疏中，看不出有什么骇人听闻的东西，无非是讲王安自我膨胀、玩忽职守。

最后一点太重要了，要知道皇帝身边是不缺人的，你一旦离开必然有人紧跟上去，不存在还给你预留空间。王安的倒台，就是失去"圣心"。毕竟，皇帝只有十七岁，旁边人一说就改变主意是完全正常的。夸一个孩子深思熟虑、高瞻远瞩，面皮不厚黑如城墙，断断是不切实际的。

王安出游，导致其对宫中的掌控力骤然下降。王安还在谦虚，推辞不做掌印太监；霍维华说王安是个坏人，要严肃处理。小皇帝脑子转换了，随即同意了王安的辞请。

客氏清楚天启皇帝是个孩子，哪天这孩子要是主意又变了那就坏了。客氏继续在皇帝面前说道，王安的命运再次改变。

第三章　朋比为奸

顾秉谦《三朝要典》："外私家闲住司礼监太监王安，降做净军，发去南海子，看守墙铺。"

七月十二日，天启皇帝下令将王安充南海子净军。

南海子即上林苑，净军实际上就是准宦官，平时只干些打扫卫生、种菜种地之类的事。《东华录》说明朝有十万宦官，这说法实际上并不准确，是将阉割后当净军的人数也算了进去。王安当净军，那就相当于犯罪充军。

客氏觉得这样还不保险，盘算如何将王安干掉。魏忠贤一开始有点不忍下手，客氏再劝说，魏忠贤坚定起来，并且还要表现出不输于客氏的样子。魏忠贤安排王安的仇敌刘朝担任南海子净军提督。

刘朝，当初李选侍身边的人。王安能对李选侍下手，刘朝不能不下手重些，直接将王安给杀了。

没下限的样子，真丑！

宫中出了这么大的事，东林党为何不对密友王安出手相帮呢？原来，霍维华不是凡人，自己弹劾王安立首功，又鼓动同党主动进攻东林党大佬刘一燝，说刘一燝仰王安鼻息，周嘉谟又仰刘一燝鼻息，他们都是内外勾结祸害朝廷的同伙。

东林党都是有理想的人，理想就是有道理的想法。"夫妻本是同林鸟，大难来时各自飞"，官场怎比夫妻情，大难来时各自推。被弹劾的东林党人，关键时刻先要洗清自己，王安是死是活那是他自己的事了。

外廷官员如果施以援手，能不能救王安呢？有可能，但有点难。客氏与魏忠贤、王体乾当时最担心的，就是外廷官员施救。

《酌中志》："客氏密向逆贤曰：外边或有人救他，圣心若一回，你我比西李何如？终吃他亏。"

好在皇上还是个孩子，杀掉王安，动作必须快。外廷想获得宫内的详细信息，是相当困难的一件事。等外廷完全清楚时，再把利害跟皇上说明白，时间差已经够大了。而当时以刘一燝为首的外廷官员，正集中火力逼迫客氏出宫。

五、绝望同盟

客氏出宫与王安之死有关系吗？这二者之间，充满着阴谋，背后隐藏着惊天秘密。

任何阴谋，都无法经受时间的涤荡。天启元年（1621）四月二十七日皇帝大婚后，一场你死我活的斗争迅速展开：五月十二日，霍维华弹劾王安；五月二十九日，天启皇帝荫赏客氏之父客太平；六月二十四日，毕佐周上疏，请客氏出宫；七月十二日，王安被贬南海子；九月二十四日，王安被刘朝杀害；九月二十六日，客氏出宫；九月二十七日，天启皇帝又召客氏回宫。

四个多月里，王安惨死，客氏失而复得。王安与客氏过山车般的经历，从中获益最大的是谁？其实是魏忠贤与王体乾。

魏忠贤与客氏，皆因"从龙之功"受到天启皇帝的信赖，这是王安掌控内宫的最大威胁。世界上最稳定的关系，就是情感与利益所需，客、魏之间是这种关系的典型。要想撬动这种关系，就要借皇上大婚拆开客、魏。所以，毕佐周上疏请客氏出宫之前，王安已经在鼓动外廷官员驱离客氏。但是，王安的目的是维护自身的利益，刘一燝的目的是防止内宫干政。各有所需，失去合力。更重要的是，外廷官员纠缠太多，一再错失稍纵即逝的战机。

《天启起居注·天启元年五月》："谕内阁，朕大婚礼成。今有奉圣夫人客氏，扶侍朕躬，勤苦有年，褒锡（赐）宜加。卿等可传示该部，从优厚例查来看。"

天启皇帝的这道谕旨，是五月二十九日派司礼监文书官赵恩传达给内阁的。大学士刘一燝、韩爌不敢怠慢，立即将圣谕传示给了礼部。但是，礼部很快将这道旨意退了回来，理由是无此惯例。

这就怪了，历朝皇帝的乳母、保姆，都有相应的荫赏，这是皇家的恩典。明宣宗、明世宗、明穆宗的乳母都被封为"奉圣夫人"，其他皇帝的乳母同样有相应的封号；明太宗乳母冯氏的丈夫王忠被追封为后军都督府左都督，明仁宗乳母杨氏的丈夫蒋廷圭被追封保昌伯。怎么到天启皇帝这里，就说没有成例呢？

天启皇帝很生气，将内阁与礼部甩在了一边，直接下旨，封客氏的父亲客太平为锦衣卫正千户。

荫赏客氏的事未能阻止，廷臣转而要将客氏逐出内宫。

《明熹宗实录》："抑臣因中宫而兼为奉圣夫人客氏虑：皇上不忘客氏之功，荣以夫人之号，并荣其父以锦衣卫千户之职，其徽恩隆重，国家二百年来未有之创典。说者以此窥陛下之优礼客氏，并疑客氏之长恋宫禁。今中宫立矣，且三宫并立矣。于以奠坤闱而调圣躬，自有贤淑在，客氏欲不乞告，将置身何地乎？皇上试诘问诸廷臣：皇祖册立孝端皇后之后，有保姆在侧否？法祖揆今，皇上宜断然决矣。"

这是山西道御史毕佐周六月二十四日所上奏疏的主要内容，核心是指责皇上对客氏的荫赏，是"国家二百年来未有之创典"。

毕佐周这枪打得有点歪，天启皇帝指斥道："奉圣夫人封荫，累朝旧制，何云创典？"内阁大学士也认为，皇上给客氏封荫是"累朝旧制"，毕佐周有点胡搅蛮缠。

不过，毕佐周有一点讲对了，皇上厚待客氏会有后遗症，客氏不能继续待在宫中。面子给多了，狗都会觉得自己是狮子。天启皇帝上面是没有"女主"的，客氏受宠过度，如果又不离宫，很难保证不发生"太后"干政之类的问题。倘若如此，那还不如当初不赶李选侍移宫，毕竟这两个女人不在一个层面。底层女人干政，这将是历史上最糟糕的事情。

但是，大学士刘一燝等人不认为后果有多严重。客氏离宫了，就成了一个体面的乡下妇人，还能有什么问题呢？所以，内阁赞成皇帝优待客氏，并让其"奉身而退，荣封世荫，赐第锦归"。客氏荣归故里，内外廷官员对客氏的担忧自然就终结了。

事态并未像皇上和内阁期待的那样，毕佐周上疏后，九卿与科道官纷纷响应，要立刻将客氏赶出宫去。外廷群起而攻之，更令皇上大为反感。

《天启起居注·天启元年六月》："朕览奉圣夫人客氏面奏，屡恳出去，是朕慰留。尔有何权贿？勿生猜疑。尔侍朕勤苦，抚劳有年，且累代皇祖俱有圣母保护，今朕尚在冲龄，之宫年幼，特赖调护。既而恳辞，待皇考妣梓宫发引，神主回京奉安毕，择日出去。卿等传示各衙门，不得纷纭渎扰。"

六月二十六日，天启皇帝派文书官范吉祥到内阁传达圣谕。意思是说，等办完先帝安葬的大事，便择日安排客氏出宫。

按照礼制，安葬泰昌皇帝只需两个月就行了。时间不是太长，客氏出宫似乎大局已定。

接下来，天启皇帝也像是在做客氏出宫的准备。了断一段情缘，皇帝想到的仍旧是给赏赐。上次封赏客氏的父亲，这一次就封赏客氏的丈夫，但是客氏的丈夫侯二已死，就改封客氏的儿子。天启皇帝让礼部查检旧例，从优封赏。

对压根瞧不起的人，千万不要仇视，更不要打压，适当夸几句，让其拎着好处走人，从此一别两宽，人人皆仇敌肯定是下下策。但礼部再一次回复皇上：查无旧例。

礼部这是在欺侮小皇上啊！前宣宗、英宗、宪宗、孝宗、武宗、世宗朝，不仅封赐过乳母的儿子，还封赐过皇帝乳母的侄子、女婿与孙子，怎么到本朝就成了"查无旧例"呢？天启皇帝再次对礼部忽略不计，直接加封客氏之子为锦衣卫指挥佥事。

争斗有尺，退让有度。在鸡毛蒜皮的事情上计较，无法保证战略重点。

到了九月，天启皇帝承诺客氏出宫的时间已到，内阁大学士刘一燝等人催促皇上，请尊前旨让客氏出宫。言而有信，九月二十六日，天启皇帝安排客氏出宫。

但是，只过了一天，天启皇帝又派文书官王成德，到内阁传达了一道圣谕。

《天启起居注·天启元年九月》："谕内阁，朕前有谕，著择到九月二十六日午时吉，奉圣夫人客氏出去。朕思客氏，朝夕勤侍朕躬，未离左右。自出宫去讫，午膳至晚，通未进用。暮夜至晓，忆泣痛心不止，安歇弗宁。朕头眩恍惚。已后还著时常进内侍俸，宽慰朕怀，外廷不得烦激。卿等传示大小臣工知之。"

至此，客氏出宫的各方努力均告失败。权力场上有两大谎言：一叫威望，二叫本事。实际上，除了权力本身，一切威望与本事都等于零。王安认为自己在内宫有威望，也有本事操纵外廷与自己联手，通过驱逐客氏对王体乾与魏忠贤釜底抽薪，从而进一步掌控内宫。外廷也企图与王安联手，进一步左右皇帝。但最终，竟导致了皇帝与客氏、魏忠贤、王体乾之间形成超级联盟。

赶走了一个妇人李选侍，崛起了一个妇人客氏，谁都没有料到，最终真的迎来了一个不守妇道的王朝。

第三章 朋比为奸

想多了都是问题,做多了都是答案。东林党人洞烛了客、魏之奸,也发起了对客、魏的进攻,却没有锁定目标,不仅让对手成功逃脱,还牺牲了重要盟友王安。最令东林党绝望的是,预想的打击目标似与皇帝之间形成了同盟。东林党在与客、魏的斗争中,始终未能瓦解这个同盟。

真正严峻的局面来了,需要格外当心,更需加倍用力。王安被杀后,外廷反应激烈,且持续了很长的时间。叶向高到任后,东林党人仍鼓动其追究此事。叶向高说,这是皇帝的家事。最终,赶客氏出宫与保护王安这两件事,东林党人一事无成。

愚蠢是有罪的,层面越高的愚蠢越是罪孽深重。王安不明不白地丢了性命,东林党最终要为此付出更惨烈的代价。

叶向高也不完全是愚蠢,而是有其自己的主张。

第四章　东林意气

官场上高难度的竞技，没有任何胜算的一方，不如当看客，喝彩，喝倒彩，跺脚评论，把酒抒怀。

王安死于客氏与魏忠贤、王体乾之手，是毋庸置疑的，但叶向高的观点无疑又是最正确的：要把王安拎上"内相"的塔尖，是圣上的意思；又把王安甩到地狱的底层，也是圣上的意思。至于什么原因，那是另外一个问题。包括"矫旨"，也不影响问题的性质。

魏忠贤、王体乾以"矫旨"杀王安。什么是"矫旨"呢？不一定是假圣旨，而是程序不完备的圣旨，但一定是圣上的意思。魏忠贤传出的"矫旨"，史料上有无数个。如果全靠坑蒙拐骗过日子，那魏忠贤真的就是原来的"魏傻子"。

以小人之心度君子之腹是小人，以君子之心度小人之腹是庸人。公允而言，内朝的重大变故，这不是东林党想要的样子。若想改变，难度系数太高。绝大多数东林党人是高尚的，他们想努力建设一个理想的社会。

第四章　东林意气

一、正儿八经画张饼

对天启朝的未来，东林党人是以乐观开始的，因为他们认为自己谋划的是一个理想社会，给新皇帝朱由校策划的年号，叫"天启"。

"天启"在寓意上挺吉祥，"天启"在事实上不吉祥：南朝梁思帝萧庄的年号即叫"天启"，那是一个短命的王朝。

朱由校的天启朝要想长治久安，需要有合理的实现路径。这一点东林党人是有预先设计的，左光斗在"移宫疏"中给出的方案是："内辅以忠直老成，外辅以公孤卿贰。"为了证明方案的颠扑不破，左光斗在这两句话后面又加了四个字："何虑乏人？"

谋事在人，成事在天，东林党人很有人定胜天的雄心壮志。但是，东林党人没有认真研究"人"与"天"的关系。

明代的权力场，是在什么样的天空下运行的呢？孙中山曾这样评价过朱元璋："明太祖驱除蒙古，恢复中国，民族革命已经做成，他的政治却不过依然同汉、唐、宋相近。故此三百年后，复被外人侵入，这由政体不好的缘故。"

孙中山将明朝灭亡的原因，归结于"政体"。在已经过去的二百多年里，明王朝创造了"治隆唐宋，远迈汉唐"的盛世辉煌，也面临着朋党横生的官场毒瘤，这都与明太祖首创的"政体"相关。而明朝的政体，与汉、唐、宋是大相径庭的。起自布衣的明太祖朱元璋,是农民中的天才,也是天才的农民,他以异乎常人的想象与魄力,擘画了独一无二的明朝政体。

某些人说,中国传统政治是专制、皇帝是独裁,实则只能用来讲明、清。推之汉、唐、宋诸代,作为政治文明的成果,中央政府的组织,皇权与相权已经分开,并非一切由皇帝专制。朱元璋建立明朝,实行了与前朝的政治接轨。但洪武十三年(1380)宰相胡惟庸谋反案后,朱元璋废除了宰相,并永不再立。

这个改革是系列的,并不单纯是减少一个官位。唐代,实行中书、门下和尚书三省分职制,分别负责政事决策、审议和执行。作为三省长官的宰相,实际上是在为皇帝处理政事。宋代,门下省退处无权,宰相只剩下个中书省。到明代,朱元璋将中书省废去,只剩尚书省。但尚书省又不设尚书令(正长官)及左右仆射(副长官),没有长官,相应的机构就改由六部分头负责(叫六部尚书)。唐宋时六部中的第一个司称本司,如吏部的吏部司、户部的户部司,明代一改革,等于升本司为部长,六部成了各不相属的多头衙门。

"治大国若烹小鲜",锅碗瓢盆哪样不好使,换上操起来顺手的,朱元璋的改革是直奔主题——宰相制废除后,君主直接对部院等政务负责,但这并未必表现为君主直接参与政务管理,而在于君主对于一切政务拥有最终裁断权。这种最终裁断权,落实到现实政治层面,则为以诏旨形式的国家政令、法律、制度、政府官员任命以及军政大事等的决断与颁行,一切最终裁断于君主。除了皇上,没有人总成政事,也没有人能总揽官员。明朝的皇帝,真正坐上了独裁者的宝座。

第四章 东林意气

万事独裁，没有健壮的身体，当不了明朝的皇帝。明朝皇帝的日常公务，一天有三次朝，即早朝、午朝、晚朝。上完朝不等于下班，还有更多的事在那里堆着。据统计，洪武十七年（1384）九月十四日至二十一日，八天中内外诸司送到皇宫的奏章便有1160件，汇报的事情3291件。平均一天看150道奏章，一天要处理400多件事情，并且都是大事要事，这样的皇帝凡人真的干不了。

太祖朱元璋肯定是行的，因为他不仅脑子聪明，身体特棒：随便喝口白菜汤，照样拎刀上马向前进。他儿子朱棣也还凑合，毕竟跟他老子一道创业，宝座也是亲手打下来的，再传下去，恐怕找不到合格太子了。那些深宫里长大的花朵，经不起这般折腾。

但事实上，朱元璋、朱棣之后的明朝维持了二百多年。朱家后人做不到四肢发达，可以让脑袋灵光。太祖留下的"祖训"，规定绝不允许设宰相，但没有规定不准配"秘书"，也没有规定不准设立"秘书处"。

皇帝的秘书处即内阁，秘书即内阁大学士。他们都在内廷办公，像中极、建极、文华、武英四殿，文渊阁、东阁两阁，所以被称内阁学士或内阁大学士。内阁学士在朝廷上地位并不高，官阶只正五品，而六部尚书则是正二品。千万不要以为，内阁里的人真成了"宰相"，政治大权绝对在皇帝那里。

明代的"内阁"，是与"内宫"差不多的机构，旨在提高皇帝的幸福指数，是解决皇帝之所急、皇帝之所需。看看圣旨是怎么出炉的就知道了：内外章奏，大学士一一过目，然后每道上面贴张签条，签条上写出处理意见，再送给皇帝——这叫"票拟"，又叫"条旨"。后世官员喜欢给人写"条子"办私事，估计就是受这个"条旨"的启发。

内阁票拟之后，皇帝一看内容，没有什么新的意见，就把小条子撕了。但条子上的字，得亲自用红笔批下——这就叫"批红"，也叫"朱批"。正式的谕旨，就算文件生成了。

这样看起来皇帝是轻松了，但也轻松不到哪儿去，因为国家太大，哪天的事情都会有一堆。所以，后来的皇帝要保证幸福指数的稳定增长，就只能再革新公务处理方式：皇帝有事就交与太监，太监办好再送至内阁；内阁有事先送至太监，再由太监呈给皇上。皇帝倘若还嫌麻烦，干脆吩咐太监直接批了。

内宫的司礼监秉笔太监，就是负责替皇帝"批红"的，与皇帝亲自"批红"具有同等效力。东林党议论最多的"中旨""矫旨"，其实是指没有完成谕旨生成的完整程序，关键环节未经内阁"票拟"，都是皇帝圣意的表达，并不是民间所说的"假圣旨"。

皇帝亲自干宰相的事，也是一件有风险的事：宰相可以竞争产生，皇帝却是世袭的。万一新皇帝是个好吃懒做脑子又不好使的家伙，那不是误国误民误祖宗吗？但风险与收益也是成正比的：纵观明朝，就是到它断气的那一天，都没有出现皇权以外的哪一方，能够在体制内真正做大做强，天下也没有形成汉末、唐末的割据势力。"乱"是不可避免的，只有轻重之分。万乱之源，是皇权与相权的合一，形成制度性的独裁。

这个顶层制度，只有部院的权力具有相对的法定色彩，朝政

第四章 东林意气

的正常运行必须要有事实上的皇帝分权。至于皇上掏出来的权力分给谁，是内阁，还是内监，都是介于合法与非法之间。给谁多给谁少，看皇帝的爱好，看争夺的程度。明朝的党争，基本上都在内阁与内监、内阁与部院之间展开。有弄权的内阁，有弄权的太监。但每一个弄权者，不管是身败名裂，还是功成名就，结果都是一股风。

年幼，无从政经验，从这点上说，天启皇帝是无法称职的。但是，朱由校并不是历史上登基年龄最小的皇帝，也不是明朝登基年龄最小的皇帝，为什么只有他特殊到不能"称职"呢？左光斗"内辅以忠直老成，外辅以公孤卿贰"的谋划，不是不正确，而是无法实现。内辅与外辅不能同时，"何虑乏人"就意味着"必然乏人"。撇开外朝这一块有没有经天纬地的人才不说，皇室当中是找不到皇权代理人的。因为明朝又有一个与清朝完全相反的制度：严禁成年藩王滞留京城。这样，皇帝年幼时，只能在太后、太妃或太皇太后、太皇太妃中产生代理人，由她们来完成对皇帝的教导。

朱由校太特殊了：自己没有生母，父亲没有皇后，监护人李选侍被东林党赶走了；太皇太妃中，也是这种情况。天启朝像泰昌朝一样以"移宫"开局，东林党人使自己的主张沦为一张画饼。

杨维垣提出过一个与东林党针锋相对的观点："选侍逐则客氏进，无内主故也。"杨维垣是阉党分子，他看出了解决天启朝政的选择题不能没有李选侍这个选项，也看出了东林党的主张是一个悖论。

"移宫案"之后，官场争斗日益加剧，活在悖论中的东林党，自身也开始了胜败无常。

二、鸡毛掸子与教鞭

　　对"移宫案"的后果，杨涟、左光斗等东林党人应该是始料未及的。

　　天启皇帝朱由校身上的突出问题，通常被认为有两个：一是"文盲少年"，二是"问题少年"。

　　公允而言，单纯认为天启皇帝是个"文盲少年"，并且还比较愚昧，也不是太准确。天启皇帝的近侍太监刘若愚，在《酌中志》中是这样评价的："先帝生性虽不好静坐读书，然能留心大体，每一言一字，迥出臣子意表。"

　　天启皇帝不爱学习，这不算问题，绝大多数人年轻时，如果没人管着，都不会自觉地去看书学习。但天启皇帝是有读书天赋的，每次读书学习，还能有超出（迥出）成年人（臣子）的理解，这是相当不错的。

　　天启皇帝早年读书受到过影响，登基后的"在职进修"也是相当正常的。

　　明朝皇上的"在职进修"叫"经筵"，每年两期，每期三个月左右，分别称为"春讲"与"秋讲"。经筵地点通常在文华殿正殿，为皇帝讲课和陪同皇上一起学习、进修的大臣一大批，主要是七个方面的官员：

第四章 东林意气

知经筵事，就是经筵活动的总负责人，由内阁首辅担任。

同知经筵事，这是知经筵事的助理，由内阁大学生或各部尚书、侍郎担任。

经筵讲官，这是负责讲课的老师，由兼任翰林院编撰以上职衔的高级官员、国子监祭酒担任。

侍经筵官，这是陪同皇帝一道学习的官员。

展书官，负责为皇帝翻书的官员，由翰林院编修担任。

书写讲章官，负责誊写经筵讲章，由翰林院编修或中书舍人担任。

经筵执事官，这是负责后勤服务和安全保卫等方面的官员。

经筵的规格是极高的，给皇帝翻书的都是翰林院编修。学习的内容，主要是四书、五经，还有《贞观政要》《帝鉴图说》《通鉴纲目》等，涉及治国经验方面。通俗地讲，经筵是教皇帝"帝王术"，旨在提高皇帝治理国家的水平。当然，这里的"帝王术"是"道"，而不是"技"。那种如何任用奸佞小人控制朝臣、用苦肉计让朝臣对皇上感恩戴德之类的操术，皇帝只能自己揣摩，或在当太子观政时向老皇帝学习。

每次经筵活动结束，皇帝都会给知经筵事、同知、讲官们赏赐，请所有参加人员到东顺门大吃一顿。御宴"珍馐良酝"，"极尽丰盛"，吃不完还可以打包带回家。

经筵对皇帝来说是"在职进修"，经筵也是内阁和包括东林党人在内的文官团队手里的一把教鞭。使用得好，可以引导皇上成才，把皇帝引上一条正路。但这根教鞭很难把握，打人肯定是不行的，不打人又难有教学效果，这就是"教鞭悖论"。

天启皇帝的经筵活动是非常正常的,《明熹宗实录》《天启起居注》中都有明确的记载,其中天启元年五次、天启二年三次、天启三年五次。天启四年一次、天启五年两次、天启六年两次、天启七年一次。综上,天启皇帝在位期间不会少于十九次。天启元年(1621),东林党人孙承宗担任日讲官,认为天启皇帝的表现很不错。天启二年(1622)三月,"四朝元老"、通政使司左通政袁可立参加了"春讲"。这一个月中,每日一小讲,每旬一大讲,袁可立对天启皇帝的印象也是相当好的。

　　经筵对皇帝来说非常重要,但皇帝要是怠惰弃学怎么办?这很正常,百官可以上疏谏诤,这就相当于老师发发脾气。进谏要是没效果怎么办?告诉家长啊!家长教育孩子,最拿手、最管用的一招,不就操起鸡毛掸子吗?家长操鸡毛掸子是没有禁忌的,比教鞭用起来实用得多。

　　天启皇帝年少贪玩,最大的爱好就是干木匠活,且手艺颇精。凡刀锯斧凿、丹青髹漆之类,他都要亲自操作。其手工打造的漆器、床、梳匣等,均装饰五彩,精巧绝伦,出人意料。"上性好走马,又好小戏,好盖房屋,自操斧锯凿削,巧匠不能及。"明代工匠打造的木床多笨重,天启皇帝手工制作的木床,轻巧、方便,可以折叠。天启皇帝的工作效率还很高,他"又好油漆,凡手用器具,皆自为之。性又急躁,有所为,朝起夕即期成"。

　　值得关注的问题是:天启皇帝为什么在登基之后,更加沉湎于干木匠活?不当家不知柴米贵,他上任才一个多月,就掏出白银一百八十万两犒赏边关将士。这些钱,都是他的私房钱,不是国库里的财政经费。天启皇帝不是一个自私、贪财的人,但国

第四章　东林意气

家需要花钱的地方太多了。他皇爷爷在任时，紫禁城三大殿被烧毁，都在他手上重新修建。云南道御史王大年，"极言大工靡费之弊"，意思是这些重点工程预算瞎编，浪费公款。天启皇帝觉得有道理，亲自钻研木匠手艺，看谁还敢把自己当外行。

皇帝有爱好，这本身不是什么坏事，关键在于怎么引导。当然，引导孩子历来都是家长的事，其他人难以取而代之。

当然，工程怎么建，预算怎么编，最多只是工部尚书的业务。天启皇帝这一"钻研"，没有解决勤俭节约的问题，反而出现了"不良嗜好"。王体乾、魏忠贤的奸邪，就是利用皇上的"不良嗜好"，自己弄权捞好处。常见的情形是：当天启皇帝的木匠活干得正起劲，魏忠贤便不早不迟拿着一份"文件"过来，说这儿有份急件，您是不是放下工具，把"文件"给批一下？天启皇帝通常都是回答：正忙着呢，你批一下就行了！

魏忠贤等阉竖弄权，就是这么一步步发展起来的，与天启皇帝的"不良嗜好"确实有直接关联。

少年皇帝的"不良嗜好"，就没有办法解决吗？有，也常见，最简单、最有效的办法，就是操鸡毛掸子。

"幼主冲龄"的难题，在明朝出现过多次，都解决得较好，把问题遏制在最小的范围内。正统皇帝朱祁镇登基时，虚龄只有九岁。主少国疑，风险太多，好在内有太皇太后张氏操持，外有"三杨内阁"杨士奇、杨荣、杨溥主理朝政。如果没有太皇太后张氏，太监王振祸害朝廷将会更早、更严重。

太监王振的破坏力，应在魏忠贤之上：他读书出身，做过教官，心有异志，与魏忠贤走了相同的人生之路。王振服侍太子朱祁镇时，深受朱祁镇的喜欢，被称为"王伴伴"。正统帝即位后，王振千方百计把正统帝往邪路上引。每每如此，太皇太后张氏一句话就把王振给拎过来了，一通家法伺候，然后说了两个字："当死！"

太皇太后这边话方出口，那边刀已架到了王振的脖子上。教皇上学坏，危及大明江山，老太太不会玩一点虚的。坏人的坏水，是被刀子吓掉的。

王振出任司礼监掌印太监，弄权的野心一点也不比魏忠贤小。弄权的方法，也是替皇帝"批红"，或影响皇帝"批红"。这种事刚出现苗头，太皇太后张氏就把皇上和内阁大臣找来了。老太太坐着，手指站着的皇上说："这五个人，都是朝廷重臣，有什么事要与他们商量。他们赞成的事就做，他们不赞成的事不可以做！"

在老太太面前，皇帝也只能唯唯诺诺，否则就得当心老太太的鸡毛掸子。皇上在老太太面前都是如此，王振唯一的选择就是夹紧尾巴。像魏忠贤这等智慧寻常的太监，像客氏这种普通的奴婢，倘若遇上太皇太后张氏这样的人物，尾巴会夹得连一根毛都看不见。

狗夹紧尾巴是被吓出来的，人夹紧尾巴是被逼出来的。为了防止王振代皇帝"批红"时做手脚，太皇太后张氏每天都派人检查"批红"情况，发现与内阁票拟不一致，责罚的就是司礼监掌印太监王振。代替皇上"批红"，王振只能写"知道了""准拟"等字样，绝对不敢擅改内阁票拟的内容。

王振最终闹出大乱子，那是在太皇太后张氏与阁臣"三杨"

相继去世之后，没人再拿鸡毛掸子了。

宦官诱惑一个心智尚不健全的小皇帝是很容易的，想诱惑一个拎鸡毛掸子的成年人是太难了。天下都是他们家的，哪里找那么大的诱饵？

天启朝的缺陷太明显了，年幼的皇帝身边，缺少一个拎鸡毛掸子的人，无论是郑贵妃还是李选侍，都已经被东林党人弄靠边了。东林党人手里仅有的教鞭，也成为越来越没用的一根棍子。

未来的路越来越难走。东林党人并非不清楚未来，但自己选的路，含泪也要走完。

三、东林党的先手棋

王体乾与魏忠贤在宫中洗牌的时候，另一帮东林党人也没闲着。他们在一起喝酒，地点是京城的一处城隍庙。

酒过三巡，冯从吾、姚希孟等已有些酒意，红着脖子愤愤不平：万历年间，因建言而遭罢黜的同人太冤了。新朝不用这些正人，还用谁？必须一个个地起用，尽快起用！然后，众人的眼睛一齐扫向坐在首位的邹元标。

邹元标站了起来，带着几分苍凉的嗓音歌咏道："大鹏飞兮振八裔，中天摧兮力不济。余风激兮万世，游扶桑兮挂石袂。后人得之传此，仲尼亡兮谁为出涕。"

歌毕，举杯："干！"

邹元标（1551—1624），字尔瞻，号南皋，吉安府吉水（今江西吉水)人，万历五年（1577）进士，与顾宪成、赵南星合称"东林党三君"。

邹元标是清正刚直的。刚考中进士，邹元标被安排在刑部实习（观政）。这时，首辅张居正的父亲去世，按照制度他应辞官回家守孝，此谓"丁忧"。如果朝廷不同意官员依例丁忧，那就叫"夺情"。

赵用贤因反对张居正夺情，被廷杖八十，也就是当众扒掉裤子，狠揍八十大板。赵用贤身体肥胖，打下的一块肉有巴掌大。这汉子牛了，让老婆将这块肉腌制晒干，然后挂在客厅里。赵用贤这一壮举，赢得了普遍赞誉。

施杖的现场是恐怖的，《魏叔子文集》载："一人持麻布兜，自肩背以下束之，左右不得动，一人缚其两足，四面牵拽，惟露股受杖，头面触地，地尘满口中。"

目睹了赵用贤惨状的邹元标，这时还是一个"实习生"，并没有被吓倒，反而立即跟着弹劾张居正。邹元标的结果同样很惨：廷杖后遣戍贵州都匀卫，一条腿从此残疾了。直到张居正去世，邹元标才被复官。后因母亲去世，邹元标丁忧回乡，居乡三十年。邹元标一心讲学，几乎名扬天下。

天启元年（1621）四月，邹元标重返朝廷。古稀之年，邹元标不仅反思了自己，也反思了整个官场行为：以前论人言事，大多心怀偏见，偏见导致迷乱，迷乱导致固执，固执转而自私，公器沦为争斗的工具。邹元标向天启皇帝提出了"和衷"之议，让官员放弃门户之争，用天下万世之良心，衡量天下万世之人事，议论公平，国是平安。

第四章 东林意气

天启皇帝赞赏邹元标的主张,将邹元标提拔为刑部右侍郎、左都御史。邹元标推荐的涂宗浚、李邦华、叶茂才、赵南星、高攀龙、刘宗周等,也被朝廷迅速起用。

少一些东林意气,多一些东林精神,邹元标对东林的未来也有更深的谋划。城隍庙太狭小了,应该另辟一个讲会场所。邹元标的倡导,获得了在场者的一致赞同。

东林党由小到大,由弱到强,在于其能把握主动,善操"先手棋",一着到位攻击势起,不杀死对方也控制对手,迫使对方不得不被动应着。东林党的"先手棋",就是办书院,生成舆论场。

操控舆论,舆论造势,不是东林党的创造发明。用"金陵王气"吓唬秦始皇,用"篝火狐鸣"营造陈涉出场气氛,都是大博弈的前奏。但这些套路,不符合东林党义正词严的风格。用民谣、儿歌来压制对手,知识精英也不屑一顾。东林党鼻祖顾宪成,富有操控舆论的首创精神。邹元标"和衷"了许多,但骨子里的正气还是无从改变的。

邹元标进京后最大的谋划,就是接力顾宪成,在京城建一座东林书院式的"首善书院"。

首善书院在北京宣武门内,讲堂三间,后堂三间。规模比东林书院小很多,规格则远超东林书院。创建首善书院的,是都察院都御史邹元标、副都御史冯从吾以及十三道御史等,首善书院几乎就是都察院"部办"书院。参与首善书院建设与讲会的,还有高攀龙、余懋衡、曹子汴、钟羽正、方大镇、刘宗周、杨东明、李日宣、华允诚、李之藻、冯元飚、周宗建等,囊括了"四方之士"。

首善书院究竟讲些什么内容呢？御史倪文焕骂周宗建书院讲学时说："聚不三不四之人，讲不痛不痒之话，作不深不浅之揖，啖不冷不热之饼。"

倪文焕是阉党的人，周宗建是东林党的人，敌对双方骂起来，当然不会挑对方好的方面说，肯定也不会拣与对方不相干的东西说。周宗建在首善书院讲课，并非讲正儿八经的知识与学问，而是讲些"不痛不痒"的东西。首善书院的要义，是搭建一个平台，志趣相投的人在一起喝喝茶，聊聊天，议论议论时事政治。

当然，东林党人也并不是倪文焕说的那么不堪，而是对世风日下充满着担忧。激起节义、挽回人心，这才是首善书院的一个要旨，也是与东林书院一脉相承之处。参与首善书院建设与讲会的大理寺少卿方大镇，其父方学渐虽终生未仕，曾数度参与东林书院讲会；其子方孔炤，东林党成员；其孙方以智，继承东林衣钵的复社骨干。东林书院存续的数十年间，始终是一股令人无法忽视的政治势力，并由此成为朝野关注的焦点。东林书院考究学问是一个方面，议论朝政是另一个方面，这是它的特色，也是它吸引缙绅与士子的地方。

《东林书院志》："上自名公卿，下迨布衣，莫不虚己悚神，执经以听，东南讲学之盛遂甲天下。"

顾宪成等东林人努力并不是只在邀名，而是对王朝日益糜烂的政局和社会风气忧心，希望自上而下地重塑世人道德标准和

第四章 东林意气

行为举止，实现贤才出而治化昌的大明盛世。救世之举是要拯救世人的道德，这是顾宪成的基本观点。而亲往无锡为顾宪成摇旗的，就包括"清都散客"赵南星，"断腿节士"邹元标。

"风声、雨声、读书声，声声入耳；家事、国事、天下事，事事关心。"顾宪成亲书的东林书院依庸堂楹联，始终是东林书院的办院宗旨。东林书院的讲会内容不限于学术，而是"讽议朝政，臧否人物"，主讲嘉宾讲完《四书》一章后，会员即以此评价朝廷的是非、政治人物的好坏。顾宪成深刻影响东林弟子的一句语录是："天下之是非，自当听之天下。"

在传统社会，这是振聋发聩的一句话，也是石破天惊的一句话。

美国推理小说作家劳伦斯·布洛克说：一个人真正成熟的标志，是其认识到不确定的事物越来越多。一个组织真正成熟的标志，其实也是这样。

当时天下的聪明人，并非都在东林党内，东林党人的书院理论与实践，局外人看得是清楚的。首善书院建成后只有几个月，兵科给事中朱童蒙即弹劾创建者邹元标和冯从吾，率先对首善书院发难。这个时候，以魏忠贤为首的阉党还没有形成气候，朱童蒙也还不是阉党。

任何人结党，都是朝廷的大忌。天启二年（1622）十月，主盟首善书院的邹元标挂冠而去。一个月后，另一个主盟者冯从吾也跟着离京。

说好的"和衷"，说好的少一些意气多一些精神，做起来太难了。

四、东林长老与护法

"东林党三君"顾宪成、邹元标与赵南星,顾宪成早已故去,邹元标在天启朝昙花一现,剩下的只有赵南星。

邹元标愤然离职,不能简单地称之为意气用事,也不可归之于临阵脱逃。人生七十古来稀,面对复杂的明季官场,邹元标明显体力不支,只过了两年即病逝家乡。

作为东林党的长老级人物,邹元标的历练是丰富的,官场经验也是老到的。遗憾的是,邹元标没有将自己的"和衷"思想传递给赵南星。

赵南星的重要思想就是澄清吏治,天启朝给了他这样的权柄:天启初起用为左都御史,天启三年(1623)十月转为吏部尚书。

赵南星是一个严肃的人,刻板,但也是一个幽默的人。赵南星一生写了大量的优秀诗文,影响最大的却是一个小册子,叫《笑赞》。赵南星重出官场,最终讲了一个笑话。

党争不是战争,战争只需打垮对方就是胜利,党争只打垮对方是永远不够的。并且,即便是一家独大,也会不断地分裂。有利益就有矛盾,有矛盾就有斗争,官场需要有理想抱负、正直良善、清廉能干的正派官员担纲,但培养这样的队伍是需要时间的。邹元标要实现扶正祛邪的理想,缺少必要的时间与可行的

第四章 东林意气

路径。

东林党内部，并不缺乏可以弥补邹元标不足的长老，这就是叶向高。

东林长老中，叶向高是经历苦难、知悉苦难和面对苦难甚多的人。叶向高小名叫"厕"，当时倭寇大闹福建沿海，即将临产的母亲不得不逃难躲藏。一阵阵痛，叶向高的母亲顾不得许多，不得不在路旁的一个破厕所中，把儿子叶向高生了下来。嗷嗷待哺的叶向高，随即开始了颠沛流离的避难生活，所幸活了下来，更所幸社会安定下来，叶向高读书成功步入仕途。

接替刘一燝，二度为相的叶向高应该能比前任干得更好。

刘一燝也是不容易的。天启皇帝登基后，刘一燝接替方从哲担任内阁首辅，敏锐地关注到了魏忠贤这个隐患，但只发现了问题，没有解决问题。天启二年（1622），魏忠贤利用侯震旸、陈九畴等，疏劾刘一燝"结纳王安"，刘一燝连上四道奏章辩白，并且请求解职。叶向高说刘一燝"有翼卫功，不可去"，天启皇帝复加慰留，但刘一燝"坚卧不起"，又上十二道奏章求去，天启皇帝无奈，于是同意他辞官回乡。

天启朝问题的症结，刘一燝是从天启皇帝大婚的细节中看出端倪的。

天启元年（1621）皇帝大婚，遇上了一个不该出现的难题。皇帝大婚是喜事，能有什么疑难问题？

皇上的婚事其实与民间的婚事只是规模等级大不一样，礼制性质是差不多的，都得是"父母之命，媒妁之言"，行"三书六礼"：聘书，礼书，迎书；纳采，问名，纳吉，纳征，请期，迎亲。

天启皇帝的婚事，难题就来了：谁代表男方家长签字盖章呢？

在天启元年（1621）二月，河南祥符张氏被选为皇后，必须有一位长辈出面"主婚"。天启皇帝的祖父万历皇帝和嫡祖母王氏、生祖母王氏，父亲泰昌皇帝和嫡母郭氏、生母王氏，都已经去世，没有一个长辈可以主持皇帝与皇后的婚事，这在大明朝还从来没出现过。

其实，天启皇帝大婚的"男方代表"是有的，比方说他的养母李选侍、泰昌皇帝的宠妃。如果李选侍的资历低了点，可以上推一辈，那就是郑贵妃、万历皇帝的宠妃。

一个父辈的，一个祖辈的，似乎挺好的。但是，那问题就大了，几十年的"国本之争"就白争了，两次移宫也白移了。

刘一燝与司礼监、礼部官员都头痛，合礼不合理，合理不合礼，弄出来的东西必须是合礼、合理的。选来选去，脑袋都想破了，最终想起了一个人：万历皇帝的嫔妃、太皇太妃刘昭妃。

顾大韶《王安传》："熹庙大婚礼，当以贵妃主婚。（王）安与廷臣谋曰：主婚乃兴政之渐，不可长也，奈何？或献计曰：以位则贵妃尊，以分则穆庙某恭妃长，盍以恭妃主之？安曰：奈无玺何？或曰：以恭妃出令，而以御玺封之，其谁曰不然？！安从之，郑氏是以不复振。"

这是一段充满刀光剑影的文字，权力上的争斗无处不在。刘

第四章　东林意气

一燝、王安等内外廷官员形成的共识，是将郑贵妃永远排斥在权力场之外。

刘昭妃是万历皇帝最早的一后二妃之一：王皇后已逝，杨宜妃离世，只剩下她。明代皇后以下皇帝侍妾封号排序是：皇贵妃、贵妃，然后才是各种封号嫔妃。刘昭妃与郑贵妃比，显然不在一个层次上。说刘昭妃资历最深，关键是看怎么说。论资排辈，也是有不同排法，哪有什么绝对的"老资格"？

刘昭妃是有优点的：为人慈厚，生性淡泊，与世无争。这些其实并不重要，刘昭妃最让人放心的地方，是其一生无子，也没受宠过，与权力场没有瓜葛——连潜在的都没有。而在民间，一般是不会选这种长辈主持喜庆典礼的，老百姓普遍图吉利。

但权力场不讲究这些子虚乌有的东西，反正皇上很满意，东林党也满意，个别不满意的也不敢不满意。

刘昭妃随即被尊封为"宣懿太妃"，迎居皇太后应居的慈宁宫，执掌皇太后玺绶，成为主持天启皇帝婚典的家长。

内宫也是权力场，甚至是最大的权力场。如果权力场上有人连你都不如，又恰恰处在你的头顶，你一定要知道，任何羡慕嫉妒恨都是你的错，你太多的无知淹没了你的知识。

刘一燝解决了皇帝大婚中的一时难题，叶向高看出了皇帝大婚中的根本问题。因为看得太清，叶向高反而忧心忡忡。

东林长老中，最终最了解、最理解张居正的是邹元标与叶向高。说驾驭也好，说管控也罢，首辅张居正将百官牢牢地掌握在自己手心。张居正还说，自己不是"宰相"，而是"摄政"。能够做到这一点，因为有李太后代表皇室授权，有冯保这样的"内相"配合。

掌管皇太后印玺的"宣懿太妃",是本朝的李太后吗?答案是否定的。"内相"位子上的王体乾、操控内宫的魏忠贤是本朝的冯保吗?答案也是否定的。叶向高与张居正唯一相同的,只有内阁首辅这个位子。

"东林诸子,奉福清(叶向高)为伦魁,沙汰江河,和调水火,海内服其公忠。"钱谦益对叶向高的评价是公允的。

"向高有裁断,善处大事。""向高为人光明忠厚,有德量,好扶植善类。"《明史》对叶向高的分析也是客观的。

能不能有所作为,再度执掌内阁的叶向高还是有信心的。

因为,东林党是一个群体。东林党除了"长老",还有"护法"。

杨涟、左光斗、周朝瑞、袁化中、魏大中、顾大章被称作"东林六君子",也是冲在东林长老前面的"六大护法"。

杨涟、左光斗,以"好斗敢死"著称,拼出了东林党的新局面。岳飞曾说:"文臣不爱钱,武臣不惜死,天下太平矣。"杨涟与左光斗,文武兼备,有着高尚品德与牺牲精神。

周朝瑞,字思永,临清(今山东聊城)人。万历三十五年(1607)进士,初授中书舍人,泰昌朝升为吏科给事中。周朝瑞性格耿直,一上任就同宦官势力干上了,刚当四天吏科给事中即遭贬官外调。泰昌皇帝病故,周朝瑞的处分也就算了。

袁化中,字民谐,武定(今山东惠民)人。万历三十五年(1607)进士,曾任内黄、泾阳知县,政绩突出,被重用为御史,掌河南道。十三道御史中,河南道的监察对象是司礼监、尚膳监、尚宝监、直殿监、酒醋面局、尚宝司、中书舍人、钟鼓司、礼部、翰林院、都察院、国子监、光禄寺、太常寺、鸿胪寺、太医院、钦天监、教坊司、羽林左卫、留守前卫、留守后卫、神武左卫、神武右卫、神武前卫等。袁化中耿直清廉，勇于扶正压邪，宫中太监要想过袁化中这一关，不是那么容易的。

魏大中，字孔时，号廓园，嘉善（今浙江嘉善）人。万历四十四年（1616）进士，历任行人司行人，六科当中魏大中干过工、礼、户、吏科给事中，天启朝晋升为都给事中。魏大中为人狷介刚毅，有澄清天下之志。魏大中斗过大学士沈潅，提出过要诛杀首辅方从哲。攻击"骨鲠之臣"魏大中的对手也多，但他持议峻切，身正不怕影子歪。"邪党侧目，奸人谗嫉"，那都不是魏大中考虑的事。

顾大章，字伯钦，常熟（今江苏常熟）人。万历三十五年（1607），顾大章与左光斗、周朝瑞、袁化中同榜考中进士。"东林六君子"中，顾大章是唯一的非科道官。天启元年（1621），顾大章任刑部员外郎署山东司事。

六科给事中与十三道监察御史，皆称"言官"。"六科"辅助皇帝处理奏章，掌侍从、规谏、补阙、拾遗，稽察吏部、户部、礼部、兵部、刑部、工部六部事务，纠其弊误；"十三道"对应十三布政司（明代十三省），除监察本布政外，稽察范围实现了所有官署的全覆盖。理论上讲，"六科""十三道"的顶头上司都是皇上，给事中与监察御史在官场既以小博大，又游刃有余。东林党中的言官，对包括阉党在内的其他朋党有足够的威慑力。

天启初年的"众正盈朝"，不是一个抽象的形容词，而是东林党货真价实的官场实力。阉党的党争工具《东林同志录》中，将东林党人作了分类汇编，计有"政府"叶向高、刘一燝、韩爌、吴道南、孙承宗、朱国祯六人，"词林"孙慎行、缪昌期、文震孟等十九人，"部院"李三才、赵南星、王纪、高攀龙、邹元标、曹于汴、周嘉谟、张问达、杨涟、左光斗等五十七人，"卿寺"顾宪成、于玉立等七十三人，"台省"魏大中、袁化中、黄尊素等七十六人，"部曹"王象春、方孔炤、袁中道等四十一人，"藩臬郡邑"顾大章、钟惺等二十六人，"赀郎武弁山人"吴养春、汪文言等二十一人。

另一份《东林籍贯》中罗列的东林人士，有北直隶（相当于今北京、天津、河北大部和河南、山东局部地区）八人，南直隶（相当于今江苏、安徽、上海）四十一人，浙江十一人，江西十六人，湖广二十人，河南七人，福建五人，山东十三人，山西十五人，陕西十八人，四川五人，广东一人，云南一人，贵州一人。

东林党的实力没有问题，战斗力也没有问题。但是，战斗力也是破坏力，官场上的每一个失败者，每每有过胜利者的狂欢。

第五章 门户山头

江湖，看上去都是美的。白荡湖，伸展在南直隶安庆府（今安徽安庆）东的群山之间。

白荡湖入江前总是一阵咆哮，一座山横亘突兀而出，这座山名叫作"凼山"。这山看起来像两节藕，读起来跟"藕"字一个音，但必须写作"凼"。《新华字典》还真收录了这个"凼"字，释义又只有一项，地名山名都是"凼山"。

逆流而北的第二座山，叫"拔毛山"，朱元璋与陈友谅曾激战于此。山中能拔出什么毛呢？据说是乌金，比黄金还金贵。后来一家国有公司来开采，冶炼之后只是铜。

再往北的第三座山，名叫"浮山"。悬于湖面的浮山四面环水，山石真能浮于水面？一点不假，浮山之石投入水中，溅起水花后消失无影。不一会，山石会自己钻出水面，像顽童一般潜出水面还眨巴着眼睛。

方圆不过数十里，江湖之上尽显神奇。

第五章　门户山头

一、出山谋官

阮大铖闲居浮山已很有一阵子了，夜宿僧寺，日坐洞中，读读书，作作诗。山幽鸟鸣，阮大铖却很难安静下来。官场中人的浮躁，大多源自环境，不一定与操守修行有关。

阮大铖（约1587—1646），字集之，号圆海，安庆府桐城（今安徽枞阳）人。万历四十四年（1616）进士，初授行人司行人。几年之后，父去世，阮大铖依例丁忧回家。这都几年了？阮大铖居然一下子没想起来。

家丁气喘吁吁地过来，还一头汗珠。阮大铖道：蠢啊，挑两块好看的就行，你弄这么一大袋石头干吗？

家丁还在喘气，阮大铖自己扒开袋口，细细挑选浮山的石头。

自打接到左光斗的来信，阮大铖就急不可耐地要赶赴京城。礼物肯定是要带的，带什么呢？左光斗号浮丘，浮丘指的就是浮山。左光斗好多年没回老家了，带一块浮山的奇石给他，还是蛮有意义的。

送礼，不是花钱越多效果越好，关键是要打动人心，"心外无物"。

阮大铖科考的殿试成绩不太理想，只中了三甲第十名。没有进入二甲，对明朝官场上的人来说，这是相当致命的，意味着不能成为庶吉士，几乎不可能发展到内阁，上升到权力的顶层。阮大铖做的京官"行人"，级别很低，只是个小科长（正八品）。当然，对朝廷来说它又是重要的。行人司的职能，国内事务方面主要是颁行诏敕、征聘贤才、奉旨吊祭、奖励官员，还有奉旨招抚、册封土官、参与军务、伴送使者、奖励边疆功臣等；国际事务方面，主要是册封国王、奉旨诏谕、吊祭、赏赐，护送使节回国等。看上去风风光光，未来有什么盼头呢？

官场的起点，决定着未来与发展空间。这种官场境地，对极具上进心的阮大铖来说，始终是一块心病。

能有什么妙法，开辟升官门径呢？按照道理，行人可升迁为十三道御史，或是六科给事中。科道官，那就比较热门了。可是，这要有人推荐。坐着干等，肯定是用处不大的。官场玩厚黑，是后人的发明，并且是个不成功的发明。不少人将李宗吾的《厚黑学》奉为官场圭臬，林语堂先生亦言："世间学说，每每误人，惟有李宗吾铁论《厚黑学》不会误人。知己而又知彼，既知病情，又知药方。西洋镜一经拆穿，则牛渚燃犀，百怪毕现。受厚黑之牺牲者必少。实行厚黑者，无便宜可占，大诈大奸，亦无施其技矣！于是乎人与人之间只得'赤诚相见'，英雄豪杰，攘夺争霸，机诈巧骗，天下攘攘，亦可休矣。"

其实，《厚黑学》无非是一部批判之作，对官场所作的解读也是浅表性，林语堂的赞赏也是非专业的。

天启朝东林党人大升官的背景下，阮大铖成功换岗，到了户科给事中的位子上。但阮大铖高兴不起来，因为朝廷的工程建设存在浪费，阮大铖被罚俸半年。钱倒是小事，关键是处分影响官场进步。好在有东林党同人的帮忙,天启二年(1622),阮大铖转为吏科右给事中。父亲一去世,这升官的事又给耽误了。

纠结中的阮大铖,收到了左光斗的密信。才看完几个字,阮大铖顿时心花怒放。左光斗在信中说:我帮你谋到了一个位子——吏科都给事中。

吏科都给事中,这官名特不好念,但特别好使。按照明朝的政治制度,吏、户、礼、兵、刑、工六部之外,设有对应的六科。六科不是六个科长,也不是六部的二级机构,你要问他们的顶头上司是谁,别紧张:是皇上!

科道官是尚书都管不了的特殊官吏,每科各设都给事中一人(正七品)、左右给事中各一人(从七品)、给事中四至十人不等。六科给事中的职责是"掌侍从、规谏、补阙、拾遗、稽察六部百司之事",以皇帝名义发出的制敕,给事中要对之进行复核,有不妥之处给事中可以封还,这叫"封驳权"。皇帝的圣旨,从内阁草拟,再由皇帝审阅,最后一道关便在都给事中这里。

吏部与吏科,主要是管干部人事的,所以更是狠角色。吏部尚书如果拿出了官吏任免调整的初步方案(选任文官),必须与吏科都给事中一同向皇帝请旨。这政治待遇,一般的官员都享受不到。官员赴任,亦应先赴吏科在文书上签字,该科都给事中要是哼哈一句,或者头天晚上被老婆踹了,今天坐在办公室印堂发黑,那来签字的腿脚就该抽筋了。坐上这个位子,意味着什么,大可自由想象。

得益于左光斗等东林党人的荐举,阮大铖在天启朝进入了升官的快车道。升官不一定要一次升多大,有些冷门位子级别不低,坐上去之后,估计就定型了;有些位子,级别不高,但态势大好,升转的空间很大。吏科都给事中,吏科的长官,阮大铖看重这个位子的潜能。

左光斗为什么要推荐阮大铖呢?疑似答案:同乡。

左光斗的老家属安庆府桐城东乡,阮大铖的老家属桐城南乡,相隔不过十几里地。不仅二人是同乡,两家也一直很有交情,交往频繁。

但是,认为左光斗是因为老乡关系才给阮大铖写信,那肯定就错了。二人其实志同道合,都是东林党。阮大铖与左光斗相互倚重,根本原因就在这里。除此之外,阮大铖特别相信左光斗,是因为左光斗讲义气、豪爽,言必行,行必果。诚信到什么程度呢?

左光斗有次回乡,看完浮山到朋友方大铉家喝酒,见其六岁的儿子方文在一旁玩耍,随口问道:"你读过什么书?"方文答:"杜诗。"左光斗来了兴趣,让方文背诗,这孩子背一首,左光斗喝一杯,喝到高兴处,他大腿一拍:女儿给你!说给还就给,左光斗的长女就这么许配给了方文。

阮大铖急急奔至京城,赶到左光斗家时吓了他一跳。左光斗说:这么晚了,你来也不先打声招呼?阮大铖说,我不是来得晚,关键是还没有吃晚饭呢!

左光斗哈哈大笑,说:你真是个直肠子,肚里有什么藏也藏不住。左夫人袁氏见状,连忙去准备饭菜,阮大铖说:别那么麻烦,来壶老酒就行了。

阮大铖酒量特大,风格又猛,喝得左光斗是晕头转向。等到

第五章 门户山头

阮大铖起身告辞，左光斗坐在椅子上已经起不来了，红着脸对阮大铖摆手道：圆海啊，实在失礼了，我就不送你了。

等阮大铖要出门，左光斗又喊了起来：圆海，君子之交淡如水，你是知道我的，你那袋子里都是些啥？带回去。

阮大铖呵呵一声转了回来，说刚才只顾喝酒了，袋子里不是什么东西，只是一点家乡的特产。阮大铖上前解开袋子，拿出一挂，说这是干鱼；又拿出一包，说这是干竹笋；然后，拿出一个精致的盒子。

这是啥啊？左光斗不放心地问。

阮大铖笑了，说：这个啊，你肯定喜欢的。

盒子里只是一块浮山石。来京之前，阮大铖精心挑了一个檀木盒子。左光斗见到浮石真的乐了，说："圆海啊，你真是心细，这浮石我上次准备带一块来京，后来又把这事给记了。那好，你这些东西我都收下了。"

阮大铖一边把礼物一件一件收回袋子，一边将脑袋凑向左光斗：你信中说的事，没什么变故吧？左光斗一仰脖子：没事！

这下，阮大铖彻底放心了。

出了左光斗家大门，拐了一个弯，阮大铖站稳身子，把脸凑向风，让风吹了一次，又吹了一次。

戴在头上的叫帽子，摆在柜台上的叫商品，眼前的琳琅满目不等于自己光彩照人。

这风一吹，阮大铖又不踏实起来了。

二、升官的把戏

左光斗一而再再而三地承诺，阮大铖心里却始终不踏实，是他把吏科都给事中这顶帽子看得太重，同时摸不清这升官的规矩。必然？偶然？阮大铖琢磨这么些年，都没有找到究竟是哪个道道。

当然，也不全是一头雾水。排队，站队，撞大运……哪个办法好使，那都是升官之后才知道的。

明朝的官员升迁，本来是有规矩的，主要是论资排辈。大家站好队，先来后到一目了然，不必争。排在后面的人也不必着急，这次提拔没轮上，下次一准就是你。左光斗信心满满地推荐阮大铖聘任吏科都给事中，道理就在这个地方。

左光斗给阮大铖写信时，原任吏科都给事中程注，被提拔为太常寺少卿。按照成例，空出来的吏科都给事中这个位子，要以年资为序，在六科官员中提拔一个。资历排在最前面的，是礼科给事中周士朴。

周士朴（？—1642），字丹其，归德府商丘（今河南商丘）人，万历四十一年（1613）进士。

阮大铖是万历四十四年（1616）进士，周士朴比他正好高一届。先提拔周士朴，后提拔阮大铖，这很正常啊，总不能让阮大铖插队吧？

第五章 门户山头

不是阮大铖插队了,而是周士朴站错地方了。周士朴不是东林党,又不爱交际,而提拔必须有人荐举,就是给提名,这基本上就是个程序上的东西,但必须有。过不了"提名关",提拔的程序就启动不了。

就算过了"提名关",周士朴同样没戏。为什么?看他的名字就知道了——"朴",世俗中"呆"的别名,缺少招人喜欢的地方。招人厌恶的地方,周士朴倒有,《明史》载:"士朴性刚果,不能委蛇随俗,尤好与中官相撦柱,深为魏忠贤所恶。"

周士朴的个性"刚果",钻营方面欠火候,投机方面也不行,既没投靠上东林党,还把阉党给得罪了。

《明史·周士朴传》:"中官王添爵选净身男子,索贿激变。守陵刘尚忠鼓陵军挟赏。刘朝等假赍送军器名,出行山海外,势汹汹。织造李实讦周起元。群珰索冬衣,辱尚书钟羽正。士朴皆疏争。"

好一个"皆"字,周士朴几乎就是宦官的天敌。即便只有魏忠贤这一个对头,周士朴提拔的事也彻底没戏。如果周士朴找吏部讨个说法,分分钟就可以编一个理由给他。

排除了周士朴,把阮大铖给排上去,接下来还要看用什么办法:如果六科官员都排队,排在队伍前头的是工科右给事中刘弘化;如果只将吏科官员排队,排在队伍前头的便是吏科右给事中阮大铖。

刘弘化,字贰公,号衡麓,长沙府湘潭(今湖南湘潭)人,万历三十八年（1610）进士。刘弘化职级不比阮大铖高，但他入仕早了两届。

两个均是第一名，刘弘化有资历优势，阮大铖有岗位优势，提拔谁都行，这事不好弄。并且，刘弘化与阮大铖都是东林党人，自家人就不宜厚此薄彼了。

但是，这两个人对东林党都不太像死心塌地，在东林大佬的眼里看法不一。刘弘化属于消息灵通人士，也是有自知之明的人，知道吏科都给事中的位子有人在争，自己可能争不到，关键时刻冲一把的意义不大。

就算争到了又怎么样呢？春节前，刘弘化接到了一个不好的消息：父亲病重，好起来的希望不大，剩下的时间估计不多了，要么家里人也不会不断地来信。父亲一旦病故，自己争到的官帽子可能还没焐热，接着就要按规定丁忧，辞官回乡为父亲守孝。

想起这件事，刘弘化心里就窝着一团火。为了发泄自己的不满，给东林大佬私下的盘算添堵加麻烦：在左光斗给阮大铖写信的同时，刘弘化也给阮大铖写了一封信，告诉他吏科都给事中出缺，怂恿阮大铖速速来京递补。

顺便，刘弘化透露了其中的猫腻，让阮大铖心中有数。刘弘化在信中叮嘱：你得争，但要当心，这顶帽子不一定归你。

官员升迁中的各种难题，对做干部工作的吏部官员来说，又是司空见惯的，原则不原则，都会有熟练的套路与技术处理措施。别人看了总觉得哪儿不对，但又说不出个所以然来，这就是有层面的官场"道"与"术"了。

早期的东林党大佬孙丕扬，当吏部尚书时，时常因为给别人发"帽子",弄得自己头痛。凡是想挣大钱又想得五星好评的卖家,没有一个不焦心劳思。

孙丕扬(1531—1614),字叔孝,号立山,西安府富平(今陕西富平)人,嘉靖三十五年(1556)进士。

从地方到京城,孙丕扬历练过的岗位太多,遇到棘手的事、难剃头的人也太多,这并不等于就掌握了包治百病的灵丹妙药。万历二十二年(1594),六十二岁的孙丕扬出任吏部尚书。这位老尚书,大胆创建了"掣签法",以一招应百招:官员升迁,筛选一批符合条件的。这个拟提拔、重用的官员名单,数量比较足,也是有原则的,谁想提提意见,一般不好找碴儿。

然后,无论贤愚清浊,孙丕扬让他们一概抽签上岗,听天由命。抽到了是运气好,抽不到是运气差。运气,是治愈所有失败者的精神良方。

孙丕扬的这个发明,被后人骂了几百年,并且怎么骂都有道理。组织人事工作这么神圣,孙尚书却使上了民间分鱼虾、分地瓜的招数。其实,孙尚书是个廉洁清正的人,《明史》评价:"丕扬挺劲不挠,百僚无敢以私干者。"

出此下策,孙尚书实属无奈,因为请托送礼的太多,出面打招呼的太多。这位倔强的秦人,谁都不怕,唯独怕宦官。宦官没完没了地托他给亲信安排肥缺,他安排吧不是,拒绝又不敢,只好采用随机性极强的"抽签"。

宦官理论上属于弱势群体,可实践上属于惹不起的特殊群体。他们天天在皇帝身边转,哪天把皇帝头转晕了,吐一滴口水就够孙尚书喝一壶。所以,孙丕扬敢于担当,公正无私,带头放弃自己手里安排官员的权力，放弃肥缺的分配权，从宏观上灭了一个灰色产业，从微观上切断了一帮人的财路，取消了灰色权势集团的肥缺索取权，任何人都不能凭自己的好恶安排官员，一切凭当事人的手气。抽签选人，孙尚书以其独样创举，来保障官场秩序的建立。

公正地讲，那时东林党还比较窝囊，孙丕扬想硬也硬不起来。

天启朝的东林党是硬气的，吏部尚书赵南星也是硬气的，官员升迁还用那么窝囊的办法吗？阮大铖对赵南星心里没底，对赵南星与左光斗之间的关系心里也没底。玄乎，就玄乎在这个地方。

升官的诀窍太多，玄机太多，阮大铖总是放心不下，忍不住又找了一次左光斗，暗示左光斗是不是留点心，防止半道出什么岔子。

难道，煮熟的鸭子还会飞？左光斗道。

难道，煮熟的鸭子不会飞？阮大铖想。

三、难道不是一条道

不过，阮大铖这一提醒，左光斗觉得还是有些道理，找人沟通一下更为稳妥。找谁呢？高攀龙。

高攀龙（1562—1626），字存之，南直隶无锡（今江苏无锡）人，万历十七年（1589）进士。

第五章 门户山头

天启朝左光斗的声望很高，但高攀龙的热度更大，原因就在于东林党的群体影响力。这个时候的高攀龙，还不是东林党的核心，但他一直是东林党人的中心。

以高攀龙的官场经历，也没机会有所作为。高攀龙考中进士后父亲去世，丁忧结束后，被任命为行人司行人。年轻气盛的高攀龙，直接跟首辅王锡爵干上了，顺便把皇上牵扯了进来。万历皇帝那个气啊，直接将高攀龙贬为广东揭阳典史。伤害性不大，侮辱性极强：典史，属于不入流的文职外官，让心高气傲的高攀龙见了县长都得点头哈腰！

高攀龙实在受不了，上了几天班，说家里有事，请假回家。

能请假几十年，这就是高先生的功夫。高攀龙在家并没有闲着，跟着顾宪成办东林书院。顾宪成去世后，高攀龙成了东林书院的掌门人。这几十年，高攀龙是从不宕机的顶流。

天启皇帝登基后，啰鸾宫起火，又出现"黑气斗日"之异象，这可不是什么好兆头。什么原因呢？东林党人认为：以高攀龙为代表的官员太委屈了，老天已经看不下去了，必须尽快起用！

于是，"起原谪广东揭阳县典史高攀龙为光禄寺丞"，"升光禄寺寺丞高攀龙为本司少卿"，"升光禄寺少卿高攀龙为太常寺少卿"，"升大理寺右少卿高攀龙为太仆寺卿添注"。天启四年（1624）八月，左都御史孙玮去世，高攀龙直升为左都御史。

仅仅四年时间，高攀龙蹿升了好几级。

但眼下的高攀龙，还不是左光斗的顶头上司。左光斗认为请高攀龙出面说句话，阮大铖的位子应该就十拿九稳了。

更重要的一点，阮大铖是高攀龙的弟子。受高先生的影响，还是在上学期间的阮大铖成了东林党。

阮大铖十七岁即中举，但就是没考中进士。那十几年的时间里，阮大铖除了做学问，便是游历，反正家里不差钱。他来到东林书院，拜在了高攀龙的门下。高老先生是东林党领袖，也是阮大铖加入东林党的引路人。

见左光斗来推荐阮大铖，高攀龙挺高兴，说阮圆海的诗写得挺好，真是青出于蓝而胜于蓝啊！左光斗一听，觉得这下有戏了。

高攀龙又话锋一转，说吏科都给事中可是位卑权重啊，一定要物色一个最合适的，不能因为阮大铖是他高攀龙的弟子就……

高先生是个高尚的人，高尚的人是容不下私心的。高先生的弟子也多，想蹭流量的肯定也不是一个两个。

看来，还是直接跟赵南星商量吧。

左光斗原以为赵南星应该不熟悉阮大铖，却没想到赵先生说，阮大铖确实是个才子，以后要是有机会，我真想到你们家乡去看看。然后，赵南星吟起了一段诗：

结室面东湖，风来湖水香。
随意采菱舟，禽缘洲渚傍。
……

这不是阮大铖的《郊居杂兴》吗？赵先生居然知道。

左光斗不是一个绕弯子的人，直接说起阮大铖任职的事。赵

第五章　门户山头

南星沉吟了，皱着眉问左光斗："你这个老乡，你知道他的性格吧？"

"挺豪爽的。"

"太豪爽了，"赵南星接过左光斗的话，"沉不住气，话多。"

见左光斗没说话，赵南星干脆将意思说到底："癸亥京察到了最关键的时候，哪个细节都不能出错。吏科都给事中这个位子，还是魏大中更合适些。"

原来，吏科都给事中的人选，赵南星已经明确到这个程度了。

魏大中升迁到礼科左给事中的时间并不长，又转升到吏科都给事中的位子上，拿到台面上不太好说，但赵南星也是为大局着想，并且说的也是实情。但是，魏大中提拔了，阮大铖这块怎么摆平？

赵南星说："以后有的是机会。"

官场上的"以后"，等于没有"以后"。

这下左光斗真的急了，他面红耳赤，一声不吭，在赵南星面前走来走去。

赵南星想了想，转而对左光斗说："这样可好，阮大铖转升工科都给事中吧！"

"这也太不合常例了吧？"左光斗这下忍不住了。

赵南星不是孙丕扬，这是东林党执政的时代，哪个场子赵尚书都要有体现自己的意图。赵南星对着左光斗哈哈大笑："我说你呀，阮大铖太灵活了，你又太呆板了！什么叫常例？给鬼弄个什么样的纸屋，扎纸匠的想法，就是常例。"

赵南星不愧是段子手，再严肃的事情都能整出幽默感。

阮大铖的思想工作怎么做，赵南星交给了左光斗。"沟通一下，阮大铖那性格，到工科也许比谁都干得好。"赵南星道。

左光斗觉得是这么个理，回去便把阮大铖给找来了。两人一边喝酒，一边聊事。阮大铖得知自己被安排了工科都给事中，还真不知道怎么说好。吏科居首，工科居末，坐上吏科属于提拔重用，推上工科只是提拔，而重用是官员提拔的隐形台阶。实实在在的差别啊！当听到吏科都给事中安排给了魏大中，阮大铖一下子就炸毛了。

魏大中是谁？阮大铖的"同学"（同年）。

万历丙辰科，共录取进士三百四十四名，这当中吓人一跳的人物还真不少："爱国"时一筹莫展、"叛国"后运筹帷幄的洪承畴，剿贼如神、终被贼咬的陈奇瑜，把部下培养成"亡明之天下者"、把儿子培养成"风流才子"的侯恂，等等。阮大铖中的是三甲第十名进士，魏大中中的是三甲第十三名进士。

这就有意思了，阮大铖与魏大中是"同学"，排名很靠近。明季官场之上，同学看同学，尤其是提拔重用的时候，那全是"哲学"：如果是同学与别人竞争，那谁胜出都不对，绝对应该是自己的同学；如果有同学与自己竞争，那别人谁胜出都没关系，绝对不能是自己的同学。

吏居第一，而工居最末。让魏大中取代自己干吏科都给事中，阮大铖无法忍受。但是，阮大铖这次居然忍住了。

左光斗安慰道："干，两个位子差不多。"

阮大铖回应道："干，两个位子差不多。"

没有意义的争论，非要坚持争论，那是民间漫骂的情形。

难道事情就这么定了？难道真的没有办法了？

阮大铖太不甘心了，怎么也咽不下这口气，板牙狠狠地嚼着一块肉，脑子飞速转运着。

难道，"难道"就不能是一条道了？

四、难道也是一条道

人生最大的虚度，就是在烂路、烂事上纠缠，它能耗光你所有的能量。遇到烂路、烂事，应及时抽身，立刻止损。及时止损的关键，在于"及时"。从左光斗家出来，阮大铖半道上就想出了一个道道。如果不是夜有点深，阮大铖会连夜赶过去。

阮大铖想到另一位老乡，也是老乡中最大的京官：礼部侍郎何如宠。

何如宠（1569—1642），字康侯，号芝岳，南直隶桐城（今安徽枞阳）人，万历二十六年（1598）进士。

阮大铖的老家与何如宠的老家离得更近，隔着湖彼此都能看见，阮、何两家关系一直密切。何如宠同样是东林党人，乡党加同党，这是官场中最好使的人脉关系。

但是，这些都不是阮大铖动念头的关键所在。

二十多年的宦海生涯，何如宠的经历很特别。进士及第后，何如宠进入翰林院，授庶吉士。天启二年（1622），国子监祭酒何如宠，起升礼部右侍郎，兼翰林院侍读学士，协理詹事府事。

何如宠不断地升官，不停地换岗位，都是围着皇上转，现在已是第三个皇帝了。

如果请何如宠找一下皇上，事情岂不峰回路转？苦思冥想，阮大铖痛苦地把自己给否决了。

《明史》结论说，何如宠"操行恬雅，与物无竞"。"无竞"到什么程度呢？何如宠回老家探亲，有天晚上在朋友家吃完饭返回，走进一道巷子时，遇到一个酒鬼，家仆打着灯笼也没在意。酒鬼冷不丁飞起一脚，家仆手中的灯笼一下子就被踢飞了。这下家仆就不干了，扯住酒鬼让其赔偿，何如宠上前制止了。

街坊看见后跑到酒鬼家，说："你们家这祸事闯大了，知道踢的是谁吗？你一个老百姓，还是乡下的老百姓，朝廷高官捏死你，也就是捏死一只蚂蚁。"

酒鬼的父亲吓傻了，酒鬼也被吓醒了。第二天一大早，酒鬼的父亲领着儿子上门请罪。何如宠出来笑呵呵地问他们什么事，然后说了一句话："昨天我根本就没有出门。"

这是咋回事？有一种修养就叫人畜无害，招惹麻烦的事从来不干。何如宠要是帮了自己，也就得罪了赵南星，同时让左光斗没了面子。阮大铖把自己的想法否定了，做鬼掐不死人，做人升不了佛，这种人不是关键时刻能求的人。

只要步履不停，目标便会相遇。一条道走到黑，更是不可能的事。阮大铖不想止步，又不知如何迈步。

不可能，不甘心，谁能帮自己这个忙呢？水克火，火克金，金克木，照亮官场大道的不是太阳和月亮，而是金子和银子。阮大铖一咬牙，决定找一个认钱不认人的人。

第五章　门户山头

这个人，就是魏忠贤。

阮大铖自视甚高，打心眼里瞧不上魏忠贤这种人。跟一个粗俗的阉人做朋友，阮大铖觉得那也太没品质了。投身需要资格，投靠不需要。有些瞧不上的东西，它就是那么实用，你不得不去做。

答案面前，阮大铖还是有些犹豫：让一个阉人决定自己的命运，这是一个重大抉择。东林党死活不让自己去吏科，左光斗也找自己谈话了，再这么纠缠下去明显没有实际意义。要想有出路，必须换思路。

思路与出路，只能在魏忠贤那里。阉党与东林党的思路，那是不一样的。东林党的思路，是朋党能为组织干事业，朋党的事业做大了，也就不愁某个朋党的利益，到时大家都有好处；阉党的思路，比较直奔主题，通常连"前戏"都省略，只看是朋党能为组织做多大"贡献"，银子到手了，还有什么样的事业不能有？

一个高举理想的大旗，理想底下夹着利益；一个高举利益的大旗，利益下面夹着理想。差不多，能有什么区别？阮大铖横下一条心，要到魏忠贤那里使些银子。

先给别人好处，再说出你的需求。行贿理论上的可行性，在于靠行贿提拔最安全，对方受贿后会把你当作自己人，彼此成为利益共同体，从而给予你重用与庇护。依附一个自己都瞧不起的人，阮大铖感到有点悲哀。

"有官万事足，无子一身轻"，不改弦易辙，谁能保证不会被折腾到死？

两利面前得掂量，两害面前也得掂量。不得已，那就干吧！

可是，事当临头，难题又出来了：阮大铖根本就不熟悉魏忠贤，这门也是进不去的。阮大铖想到了朋友傅继教，他跟魏忠贤肯定很熟悉。

傅继教官不大，是东缉事厂（东厂）的理刑百户，但人脉特殊。东厂首领都由宫中太监担任，傅继教有机会直接与魏忠贤打交道。听阮大铖上门这么一说，傅继教也有点为难了：自己跟魏忠贤的关系也不是太近，找他办事，他不一定太贴心，钱若花出去了没有效果，那还能把钱再要回来？

有没有与魏忠贤关系很特别的呢？傅继教说有，我哥们傅櫆他特神通。

傅继教说的话，其实也是半真半假。他与魏忠贤是熟悉的，只是觉得魏公公是皇上身边的红人，贸然找他替人办事，自己没有那么大面子。自己与阮大铖是好朋友，万一事情办砸了以后不好见面。

傅櫆，抚州府临川（今江西临川）人，刑科给事中。

傅继教带着阮大铖找傅櫆，这下子果然找对人了。傅櫆特爽快，说这事好办，现在把兄弟傅应星找来。

傅应星可不是凡人，御史李乔崙在弹劾魏忠贤的奏疏里说，傅应星是魏忠贤的亲儿子。其实他是魏忠贤的亲外甥。傅应星本是乡下一农夫，也没啥文化，沾舅舅的光，升为礼部仪制司员外。

走后门的事在办公室里谈是不合适的，傅继教在巷子里找了家酒馆。四个人坐在一起也不谈事，一边海阔天空地闲扯一边喝

第五章 门户山头

酒。傅应星酒量不是很大,喝起来倒挺勇猛。阮大铖恭恭敬敬站起来,又敬了傅应星一杯,傅应星一手按着桌子,一只手去拿酒杯,拿了几次都没拿起来。傅应星嘴巴不利索了,说:"兄弟你有什么事就直接说吧,这酒我实在是干不了啦!"

傅櫆趁机把事情说出来,傅应星满口答应:"这事,包我身上。我要是办不成,我就是孙子!"

说完,傅应星居然把酒杯又端起来了,一仰脖子,杯中的酒喝得一滴不剩。

万丈红尘三杯酒,千秋大业一壶茶。有些事困难得不得了,严肃得不得了,三杯酒下肚,天大的事也能变成小儿科。一辈子不一定能实现的愿望,三杯酒的工夫就可解决得稳稳当当,这就是酒文化的魅力。

傅应星的表态,还真不是酒话。没过几天,傅应星便约好了时间,亲自把阮大铖带到了魏忠贤府上。

凡是能用钱解决的问题,都不是问题。路子找对了,出手一定要狠。魏忠贤见到阮大铖的礼单心里很满意,见到阮大铖聊起来心里也满意。魏忠贤吃了没文化的亏,觉得阮大铖是个有文化的人,以后不送礼也要找几个这样的帮手。

聊到水到渠成,阮大铖开始诉说委屈。魏忠贤也听懂了,这吏科都给事中的帽子,确实该轮到阮大铖头上。"谁这么没良心,干这种缺德事?"魏忠贤问。

阮大铖眨了一下眼,说背后使坏的主要是两个人:一个是杨涟,一个是左光斗。

阮大铖这话说的,杨涟根本没掺和这件事,左光斗对这件事是铁了心地在帮忙,而打翻这件事的实际上是赵南星。

在魏忠贤面前,阮大铖不提赵南星一个字,这就是策略。魏忠贤是皇上的红人,赵南星是朝中的重臣。请人家出来给你帮忙办事,你还给人家弄个重量级的对手,一准会把帮忙的人给吓缩回去。

无耻与冷漠,可以省去百分之八十的麻烦。官场资源永远是有限的,好东西需要靠抢,只有弱者才会坐等分配。眼下魏忠贤对赵南星的态度还非常微妙,犯不着为阮大铖的事得罪赵南星。如果是得罪杨涟与左光斗,魏忠贤也不感到无耻和困难。

果然,一听是杨涟和左光斗作梗,魏忠贤跟着就来气了。"翻了天了,"魏忠贤道,"我倒是要看看他们有多大能耐!"

这一刻,阮大铖终于开心了。

离开魏忠贤的府上,阮大铖悄悄递给守门人一块银子。守门人赶紧摆手,说这个小人可不敢收。守门人知道,来拜访魏忠贤的人,都是有来头的人。阮大铖脸上堆着笑,说:"这是一点小意思,也是给您添麻烦,请把在下的名刺找给我,在下要去看另一个朋友。"

名刺,即通名帖,跟现在的名片差不多。收回名刺,也跟找物业删除小区录像差不多。

阮大铖在悄悄地行动,赵南星、左光斗等并不掌握。

阮大铖的机灵,就是熟知官场门径。在封建社会里,当官首先就要立志当一个风尘女子,还又不能像杜十娘那样对李甲专注用情。经过这一番后台运行,魏忠贤这道程序终于启动了。

正常情况下,东林党的人事安排方案,皇上是不会具体过问的。报上去的名单在皇上那里通过，不会存在什么问题。可这一次出了意外，魏大中担任吏科给事中的请示，皇上就是没有批准。这叫"留中"，就是皇上压下文件，不签字退回。

东林党仍旧蒙在鼓里，继续按部就班具疏题补阮大铖为工科，那肯定也是迟迟批不下来。东林党的当事者正在奇怪时，吏科出缺日久不补的事已经传遍部院，议论纷纷，缘由也通过小道消息传出来了。东林党领袖总算看明白了，只好尴尬地重新题补阮大铖为吏科。果然，当天晚上天启皇帝的批示就从宫中送出来了——呼风唤雨的东林党，也有自己说了不算的时候。

不过，东林党领袖并没有感到意外，他们对官场的内幕太熟悉了——这个人事安排，肯定是另外一个朋党的意见起作用了。这个能与东林党叫上板的朋党，除了阉党，不会有哪股势力有这个能力。而阮大铖，一准与阉党攀上了关系。

赵南星对阮大铖恨得咬牙切齿。其实，这个时候的赵南星不应该只感到痛恨，而是要意识到危险。

内讧，分裂，背叛，这已是东林党的不祥之兆。

第六章 文武之道

阮大铖投靠阉党，对东林党来说是一个重大的危险信号。

东林党的队伍是庞大的，少一个人并不影响总体实力。问题是，少的这一个不是消失了，而是添加到了对手的一方。

这还不是最重要的。魏忠贤本是市井无赖，客印月本是乡妮村妇，放到再高的位子，实质还是市井无赖、乡妮村妇，强项依旧只是耍横撒泼。当知识精英混入这支队伍时，这支队伍的性质想不改变都难。

拖笔弄墨，东林党澄清天下的理想没有变，格斗对手的操术没有变。魏忠贤在变，变得让人感觉他一点没有变。

第六章　文武之道

一、黑色幽默魏家军

人有知与识的天花板，魏忠贤的出身与见识，决定了他高大上不起来。魏忠贤想怎么变，也是挺难的。即便装得威风凛凛，别人看他还是像街头杂耍。

魏忠贤打小就与人斗狠，那时人单势薄，耍过威风，也吃过亏。现在手下人多起来了，多到什么程度呢？

《东华录》："明季宫女至九千人，内监至十万人，饭食不能遍及，日有饿死者。"

明末宦官有十万人？怎么看都不像。现在的故宫只有九千多间房，就算皇帝高风亮节，一大家子一间房不住，故宫里的一间房里也要堆上十几个人。怎么可能？

实际上，《东华录》的记载又是可信的：人家并没有说，这十万宦官都在皇宫里。明代的宦官群体，全国各地藩王府里的宦官数占了大头，其次是放在京城郊外的净军——准宦官队伍，另外还有外派到各地的太监及宦官。真正留在皇宫里的宦官，只是其中的一小部分。

毕竟，宫中的宦官也是人力资源。浪费总是可耻的，不如盘活人力资源。朝廷现在四处打仗，内阁与兵部都向皇帝说缺兵。

魏忠贤想在皇帝面前表现一下，把宦官练成"魏家军"。

宫中练兵？不稀奇，著名军事家孙武就干过，并且还是拿宫女来练。唐太宗李世民也干过，效果那是相当好。军事家有几个超过孙武的，皇帝有几个超过唐太宗的？魏忠贤不识字，是个粗人，但好故事也是听过不少的。

魏忠贤如果真的是弱智，冒冒失失地在宫中练兵，东林党也就不必日夜操心了，因为这种事属于死罪。

魏忠贤也学了点宫中规矩，知道练兵是大事。开练之前，魏忠贤跑去请示天启皇帝，皇帝听后比魏忠贤还高兴。辽事经常弄得皇帝心烦气躁，一问都是缺钱缺兵。宫中能练出兵，又管用，又好玩，根本就没有不同意的理由。

这下子魏忠贤更来劲了，一下子就组织起了几千人。

练兵的场地是现成的：宫廷之内有个校场，是明武宗时操练宦官时设立的，武宗死后就停了，后来世宗、神宗时期又用过一阵子。万历后期，这种"内操"停止，校场荒废，魏忠贤将其作了整修。

操练之前，魏忠贤要身先士卒，先露一手。

宦官大多长得病恹恹的，排在一起哪儿像军人呀。魏忠贤不一样，自我阉割得迟，长得人高马大。年轻时他没有马骑，骑牛、骑驴那可全不在话下。什么玩弹弓、砸场子，也是自然熟。如今坐上高头大马，他仿佛回到了青春时代。

小宦官递过缰绳，魏忠贤飞身上马。又一个小宦官递来弓箭，魏忠贤一手接过，打马飞奔，开弓搭箭。只听"嗖"的一声，宦官们吓倒一片。这要是战场杀敌就好。

第六章 文武之道

还好，箭头只飞过宦官们的头顶。然后，不偏不倚，正中靶心。顿时，排山倒海般的喝彩声响彻皇宫。

凡是才华，都是与生俱来的。舞枪弄棒，魏忠贤真的有这个天赋。

众人呼喊，魏忠贤更是爽，透彻浑身地舒爽。

太好玩了，魏忠贤不能一个人享受，首先想起了天启皇帝。要说魏忠贤对皇上，那种热爱与忠心，绝对是发自内心的，装都装不出来。

魏忠贤赶紧去找皇上，将自己的成果放大，绘声绘色。皇上正被送来的奏折弄得打瞌睡呢。这帮文人什么事都写一大通，越是烦心事写得越长。听魏忠贤这么一说，皇帝仿佛一下子从阴间回到了阳间，恨不得立刻飞身过去。

魏忠贤早已备好了御辇，天启皇帝急不可耐地坐了上去。魏忠贤正要喊起轿，皇帝一挥手打断了，说要再备一乘轿子。

要两乘轿子干吗呢？皇帝说：那么好玩，让皇后也去开心开心。

魏忠贤立即吩咐备一乘凤辇。皇上说好，皇后说好，那才是真的好。

皇后张氏（1606—1644），开封府祥符（今河南祥符）人，秀才张国纪之女。明代的皇后、嫔妃，基本上都是平民女子，不允许选自豪门大族、达官权贵之家。这是明太祖朱元璋留下的祖宗家法，好处就是不会出现外戚干政。父亲是个读书人，张皇后这个出身已经算是够高的了。

天启皇帝来到内操现场一看，太壮观了。于是亲自为将，一列宦官三百人,张龙旗列队于左;一列宫女三百人,张凤旗列队于右。皇上越玩越开心,皇后一看就皱起眉头。

张皇后性格文静,自幼读书,入宫后经常看看书、写写字,不喜欢这种舞枪弄棒的事情。见皇上玩得这般失态,她心里的气全撒到魏忠贤头上,板着脸一声不吭。魏忠贤陪着皇上玩得一发不可收,张皇后实在看不下去了,借口身体不舒服提前回宫了。

魏忠贤虽说是个粗人,心思还是蛮细的。张皇后的反应,魏忠贤全收到心里去了。晚上回来跟客氏说,客氏一脸不屑,说别提那个东西,皇上现在喜欢她,过几年一长胖,没人喜欢她这个丑货!

张皇后长得清爽秀丽,修长丰满,是天启皇帝亲自看中的美女。当然,没有客氏年轻时长得苗条。

魏忠贤听了客氏的话,不住地摇着头,说:"什么几年之后啊,张皇后现在这态度,几年之后还有我们?"

客氏说,对呀,想想办法治治她!

于是,魏忠贤与客氏准备联手整皇后。

魏忠贤在狱中物色到了一个重刑犯,名叫孙二。魏忠贤以出狱和重金为诱饵,让孙二编造张皇后为自己所生,后来送给了张国纪当养女。接着客氏在宫中放风,说张皇后是罪犯的女儿。然后谣言"出口转内销",客氏悄悄告诉天启皇帝,说外面传得很凶,这个皇后是杀人犯的女儿,皇上可得当心哪!

天启皇帝听了几次,将信将疑。天启皇帝对张皇后是真喜欢,有一次,在坤宁宫还是忍不住问张皇后:"你是重犯孙二之女吗?"张皇后道:"皇上若信浮言,妾岂敢久辱宫禁?愿早赐废

第六章 文武之道

斥，避贤路。"天启皇帝笑笑："开个玩笑呗！"这事，也就这么过去了。

魏忠贤与客氏还继续照着计划往下做，见皇上没对张皇后采取什么行动，便亲自出马了。魏忠贤将张皇后出身的细节又丰富了一点，一边讲一边请皇上留心，早作决断。天启皇帝一下就怒了："你要是再胡说八道，朕撕烂你的嘴，砍掉你的头！"

魏忠贤一下子被骂蒙了。皇上对自己一直蛮好的，怎么说变脸就变脸呢？

关键时刻，王体乾救了魏忠贤一命。

王体乾找到魏忠贤，轻声问："张皇后的事，是你们放的风吧？"

魏忠贤瞪起眼："你什么意思？"

王体乾说："皇上对至亲骨肉是什么态度，难道你不知道？这个事赶紧叫停！"

魏忠贤如梦初醒，鼻尖上都渗出一滴汗，然后神不知鬼不觉地叫人把孙二灭口了。

上帝欲使其灭亡，必先使其疯狂。魏忠贤若是真的这么疯狂地玩下去，说不准哪天真的被天启皇帝给剁了。

谣诼张皇后的计划叫停了，宫中内操的事还得继续，并且还要玩出新花样，让皇上更加开心。奉迎的最高境界，不是让对方有舒服感，而是让对方有成就感。魏忠贤能博得天启皇帝持久的信任，根本点其实在这里。

魏忠贤让心腹刘朝去找大学士沈㴶，让其为内操谋划谋划。沈㴶说，这个容易，要人给人，要枪给枪。

沈㴀，一名沈纮，字铭镇，湖州府乌程（今浙江湖州）人，万历二十年（1592）进士。

沈㴀这人的路子特别野：与大学士方从哲既是同乡，又是密友，同为浙党；与齐党领袖亓诗教，同样关系密切；曾在内书堂教导宦官，魏忠贤、刘朝都是他的弟子，现在也成密友啦！

当年，浙党、齐党一齐发力，万历皇帝同意沈㴀入阁。圣旨还未发，皇上驾崩了。泰昌皇帝发了圣旨，沈㴀还未接到，泰昌皇帝又驾崩了。直至天启皇帝登基，沈㴀才如愿以偿。历经千辛万苦，沈㴀也是够难的。

沈㴀从兵部要了一批火铳，调拨给魏忠贤的"魏家军"玩。火铳即火枪，再大一点就是火炮，这在明代属"高科技"武器，只有"神机营"这样的高科技兵种才能使用。沈㴀同样是一位高人，他知道玩火铳的并不只是魏太监，肯定会有天启皇帝。仅仅为一个太监顶压力、冒风险，沈㴀犯不着这么铁心。

火铳这玩意玩起来确实过瘾，杀伤力大，震耳欲聋，刺激！魏忠贤玩过之后，自然又想到了皇上。凡是有好玩的，魏忠贤都会想到皇上，这也是他发自内心的。

魏忠贤叫来负责御前暖阁的宦官王进，让他演示给皇上看。天启皇帝凑在王进身旁，只听"轰"的一声巨响，火铳炸膛了。

王进一声惨叫，倒在地上。一块肉挂在皇上的脸上。在场的人呆若木鸡，魏忠贤的眼泪都下来了。

魏忠贤连忙上前，一摸皇上的脸。肉掉下来了，皇上的脸好好的。

王进的左手被炸飞了，那一块肉是王进的。

魏忠贤破涕为笑，说："我就知道皇上洪福齐天。"天启皇帝本来还有点紧张，魏忠贤这一说，顿时有了真命天子的感觉，立刻无比开心起来。

不过，再这么肆无忌惮地往下玩，总有一天要出天大的事。

魏忠贤如此闹腾，外廷大臣实在看不下去了，河南道御史张捷、浙江道御史彭鲲化、广西道御史宋师襄、给事中刘懋等，纷纷上疏请罢内操。内阁首辅叶向高上疏说：内操这种事是违反祖宗之法的，数千名全副武装的甲兵聚集在宫内，即使今日无可忧虑，日后终究是个隐患，要防微杜渐啊！

无论是激进的批评，还是平和的建议，天启皇帝基本上都是一个态度：先说"朕知道了"，再说"朕不是说过了吗"，再后来，干脆连一个字都不说，所有奏疏一律留中。

对魏忠贤鼓捣的内操，大臣们抨击的矛头，都集中在太监刘朝和大学士沈㴶的头上，魏忠贤则毫发未损。

魏忠贤又胜了一局，但这还不是最大的一局。

二、毛骨悚然刀把子

对自己操练的这支"魏家军"，魏忠贤应该连自己都没有信心。如果太有信心，那就是东林党之福——以后一旦双方正面冲突时，阉党绝对会被东林党揍得落花流水。

入宫多年的魏忠贤，其实也在一直长能耐，从街头混混逐步"修炼"成弄权的行家。除掉王安后，内宫权力重新洗牌，魏忠贤抢到最重要的一个印把子：东厂提督，简称厂督，世称督主。

督主这个职务魏忠贤可以当，也可能不是他的。大内的"一把手"是司礼监掌印太监，秉笔太监只能算个"二把手"，或继续往后排，因为秉笔太监有好几个。通常情况下，提督东厂的都由"二把手"担任，如果"一把手"很跋扈，提督东厂的就会是掌印太监。万历朝著名的太监陈矩，就是以司礼监掌印太监的身份提督东厂的。

王体乾是不敢与魏忠贤争权的。干"一把手"而又甘居"二把手"之下，这就是王体乾的狡猾与奸诈。

魏忠贤当督主，有什么意义和价值呢？太多了：首先是手上有了"刀把子"，与文官斗智不占上风时，可以名正言顺地动刀子，不必与文官费口舌。更重要的一点，当了督主，差不多就是半个"皇上"，或比例大一点，或比例小一点，究竟占多大"股份"，那要看谁当皇上。如果皇上是位雄才大略的霸主级人物，督主的"股份"可能归零。

魏忠贤提督东厂后不久，便感到了这当督主的威风。有天夜里，京城四个老百姓在一直喝酒。酒酣耳热，有一个人骂起了魏忠贤，其余三个人紧张得大气不敢喘。还没骂完呢，一帮东厂侦缉差役便破门而入，把四个人全给抓了回去。

魏忠贤亲自审问："谁开口骂的？"骂人的只好承认了。"这三个呢？"魏忠贤又问。差役说这三个没说话。

魏忠贤呷了一口茶，指了一下那个骂人的："将他剥皮。"

场面太血腥，另外三个人吓瘫在地。

魏忠贤高兴起来："这三人还不错，每人赏点银子。"

三个人早已魂不附体，银子几次从手上掉下来，魏忠贤见状开怀大笑。

骂人几句都能判死刑？可以的，这是东厂的办案风格。

明朝最黑的两个机构，就是东厂和锦衣卫，黑暗程度简直难以想象。

锦衣卫，全称"锦衣亲军都指挥使司"，前身为太祖朱元璋时所设御用拱卫司。洪武二年（1369）改设大内亲军都督府，洪武十五年（1382）正式更名锦衣卫，作为皇帝侍卫的军事机构。

千万不要以为，锦衣卫只是皇上的警卫部队。这是个实质性的特权部门，它的好多特权，你可能闻所未闻。锦衣卫掌管刑狱，有巡察缉捕之权，下设镇抚司，从事侦察、逮捕、审问活动，可以逮捕任何人，包括皇亲国戚。

你没有看错，锦衣卫可以抓皇亲国戚。老百姓或其他什么高官，就不用再提了。也可以简单地说，锦衣卫可以抓皇帝以外的任何人。

凭什么抓人？不用凭什么，皇上知道就行。

人抓进来了怎么办，总要给个理由吧？这个真没人说得清楚。锦衣卫干什么，最大的特点是不公开，怎么捉人，捉进去之后怎么收拾，司法部门也管不着。如果动作太猛弄出人命，那就通知一声亲属，给一点"埋尸银"，让他们过来料理后事，这事情就算结了。

这也太恐怖了吧？但是，锦衣卫跟东厂比，那又差远了。

锦衣卫与东厂有相似之处，两家的性质也是差不多的，都可以任意逮捕官民，刑讯，判决，执行。并且，判决就是终审，逮进去的人没有申诉的机会。东厂与锦衣卫统称作"厂卫",厂卫的直接领导都是皇帝,但锦衣卫给皇帝报告要用书面的奏疏,还算有点程序上的规范。东厂不需要,什么事直接跟皇上说。东厂拿人之类的事,只需一张"驾帖"就行了。

驾帖是秉承皇帝的意旨,由司礼监出帖并加盖印信,拿到刑科给事中那里签个字(佥签)就行了。后面这一道手续,基本上就是走形式。在各大小衙门逮捕嫌疑人,以及处决死刑罪犯时,出示一下驾帖就可以。

以驾帖逮捕嫌疑人,依据是来自皇帝旨意,没有事实和法律依据方面的要求。

提人仅凭驾帖,而驾帖的手续又太简单,其他官府也没办法查验真伪,如果遇上别有用心的人执掌东厂,那问题就大了。遇上魏忠贤这样忘乎所以的人,皇帝没有旨意他也发一张驾帖,官府与官员又不敢拒绝,后果就十分可怕。自由度太大,东厂又可以监督锦衣卫,东厂权力便在锦衣卫之上。

厂卫这种机构的弊端,明太祖那个时期就很清楚,但方便办大案要案。"蓝玉案"之后,明太祖朱元璋认为大局已定,便下诏"内外狱无得上锦衣卫,大小咸经法司"。时事多变,明成祖朱棣起兵抢夺了建文帝的宝座,杀人又不能依法进行了,锦衣卫便重新派上用场。锦衣卫的事业,也重新灿烂辉煌了。

永乐十八年(1420),设立东缉事厂,即"东厂",权力在锦衣卫之上,同样只对皇帝负责,可不经司法机关批准,随意监督缉拿臣民,由宦官提督担任。成化十三年(1477),明宪宗为加强特务统治,设立西缉事厂,即"西厂",由宦官汪直提督厂

第六章 文武之道

事，其权势超过东厂，引起朝野反对，后被迫撤销。武宗时又恢复西厂，刘瑾倒台后西厂又被撤销。明武宗时还设大内办事厂，即大内行厂，简称内厂，刘瑾以谋反罪被杀，西厂、内厂彻底撤销了。

无论风云变幻，东厂则始终红火。到魏忠贤这时候，东厂不仅是"重案组"，更是明晃晃的刀把子。游离于法律之外，皇上发话，可以随便捉人。至于后面接着怎么审，再怎么判，全是东厂自己的事。你要是找人说情，除非找皇上。专制社会，无法无天的机构，只有无法无天的人可能对付。

厂卫办事的基本原则是根据需要，当年朱元璋是何等聪明的人，他知道跟他一起打天下的人多少都有点能耐。既然能将别的"皇帝"打跑，那么，再把自己打下台，也不是一件多难的事。所以，朱元璋为了千秋伟业，把辅佐自己打天下的文武功臣基本扫净，也就多少在情理之中。胡惟庸、蓝玉两案株连四万，这类案子，多查无实据，如果交给朝官们按法办理，最后不知弄出什么结果。这些案子交给厂卫来办，自然就是心想事成。

就社会面而言，明朝还是一个法制社会，实体法与程序法都是有相应法律规定的。执法者胡作非为，违反法律规定，是要承担相应法律后果的。那种主审官一上来就先揍人犯几十大板的情形，都是影视剧里瞎编的。

《大明律·刑律·凌虐罪囚》："凡狱卒非理在禁，凌虐、殴伤罪囚者，依凡斗伤论……因而致死者，绞"；"知而不举者，与同罪；至死者，减一等。"

什么意思呢？依照《大明律》办案，执法官是不能乱用刑、乱打犯人的。打板子是笞、杖的俗称，属于刑罚的一种，如果罪犯的判决结果只够打三十板，你已经打了他八十板，超出的五十板怎么办？

执法官不敢冒法律风险，因为《大明律》规定中也写得很清楚，你把犯人打伤打残，你也犯了"故意伤害罪"（斗伤罪）；如果把犯人打死了，你也是死罪。后面跟进的一条更狠：所有参与审案的官员，如果发现主官的不法行为不举报，那要承担同行罪责。万一主审官把犯人打死了，你不举报就得充军。

办案官员的这些风险，对厂卫来说根本就不存在。所以，明代官民有一个非常奇怪的观念：人人都怕"牢狱之灾"，官民最怕的是厂卫。

瞿式耜《陈时政急著疏》："往者魏崔之世，凡属凶网，即烦缇骑，一属缇骑，即下镇抚，魂飞汤火，惨毒难言，苟得一送法司，便不啻天堂之乐矣。"

瞿式耜是东林党人，他的意思是说：如果官民被厂卫抓捕了，最后转到刑部去正式审判，不管是什么判决结果，他们都会感到自己从"地狱"到了"天堂"！

把刑部大牢看作人间天堂，这是怎样的人间啊？

亲掌东厂，是魏忠贤在权力场迈出的重要一步。跟历史上的大奸巨恶相比，魏忠贤没有曹操、王莽之流的跋扈之"才"，也没有李林甫、元载、秦桧、严嵩之流的阴险之"智"。但手上有了刀把子，现在的魏忠贤就不是过去的魏忠贤了。

形势险恶，东林党人将作出怎样的应对？

三、明枪暗箭战疆场

又是办内操，又是提督东厂，魏忠贤对军队也产生了兴趣。

几乎每天都有边镇军情传入内宫，魏忠贤并不清楚朝廷这方面的压力有多大，只知道有大量的银子流向了军队。花银子多的地方，好处肯定多。至于边镇的事有多大，以目前的见识，魏忠贤还想象不出来，因为这事实在是太大了。

——万历四十六年（1618），努尔哈赤关外起兵，告天灭明。从此，后金（大清）与大明之间的军事冲突不断升级。天启皇帝登基后，最头痛的就是这件事。至于内地各省的兵变或老百姓造反，基本上不叫什么事了。天启皇帝经常派遣太监到边关察看军情，让他们将了解到的情况直接报告自己，这叫"较事"。

魏忠贤盯上的事，想不插手都难。于是，魏忠贤安排亲信党羽刘朝，领着四十多人的宦官队伍，携带甲仗、弓矢、白金、文绮等，来到山海关慰劳将士，实际上就是来察看军情。

前来送钱、送物，军队应该很欢迎。事实上，正好相反。宫中一下子来了这么多人，军事训练都停下来，以便接待"慰问团"。更坏的影响还在于，将领本来要将心思花在训练军队和研究敌情上，这下子来的都是皇帝身边的人，不花心思搞接待，万一他们回去跟皇帝瞎汇报，肯定只有坏处没有好处。所以，武将文吏一听中官要来，都十分忧虑恐惧。大学士孙承宗上疏强烈反对，天启皇帝对此没赞成也没反对，魏忠贤插手军队的企图同样没有了下文。

插手军队不成，魏忠贤反而收获最大。在阉党与东林党的大战中，阉党最厉害的撒手锏恰恰来自军队，这就是"广宁（今辽宁北镇）失陷案"中的案中案——"熊廷弼行贿案"。

熊廷弼（1569或1573—1625），字飞白，号芝冈，武昌府江夏（今湖北武汉）人，万历二十六年（1598）进士。

"惟楚有材"，熊廷弼书读得好，箭也射得好，还长得人高马大，是个天生的军事奇才。万历三十六年（1608），熊廷弼巡按辽东。万历四十七年（1619），萨尔浒之战中明军惨败，熊廷弼代杨镐为辽东经略。

经略，明朝因战事需要而设置的重臣，负责区域内的政事、军事，节制巡抚与总兵。

泰昌、天启改元，东林党人因拥戴之功纷纷升官，熊廷弼没工夫也没精力介入朝中党争。但是，姚宗文还是给熊廷弼惹了大麻烦。

姚宗文本是户科给事中，属于浙党，因丁忧离职回乡。期满回朝，这时的浙党已是东林党的手下败将，姚宗文申请复官，便没人理会。备受冷落的姚宗文，此时想到了熊廷弼。

熊廷弼是楚党，浙党与楚党长期是友党，熊廷弼又位高权重，姚宗文便给熊廷弼写信。如果熊廷弼帮自己说句话，补官就不会是什么大事，毕竟过去是朋友，并且一道干过抨击东林党的事情。

第六章 文武之道

熊廷弼此时若在朝中,按照其性格,说不定还真把姚宗文谋官的事给办了。但远在辽东,这种大事哪是上疏就能搞定的?没有下文,姚宗文对熊廷弼格外怨恨。

只要心思放到谋官上,总有心想事成的时候。姚宗文在钻营上很有一套,终于复职于吏科,并且被派到辽东来检阅兵马。

你不帮我忙,我就找你碴儿,姚宗文不断在熊廷弼身上挑刺。姚宗文一回朝,就把熊廷弼的问题打包上奏了。

官场就是这样,干轻松活儿的轻松干都有成绩,干玩命活儿的玩命干都有问题。辽事是朝廷最大、最难也是最苦的事,派十个熊廷弼都不会做得尽善尽美,何况熊廷弼身上也确实有些毛病。

挑出别人的毛病,有利于增强自己的成就感。姚宗文一起头,御史冯三元、张修德、顾慥,刑科给事中魏应嘉,御史户科给事中王继曾等,纷纷跟进补刀。补得最狠的,则是东林党骨干杨涟的这一刀。

杨涟在奏疏里写道:"刚烈男子一刀两断,断不宜仿近来顽钝行径,既不认做、又不肯去,使麻木之症遗之国家。"

杨涟的意思是说,你熊廷弼要么干出点名堂,要么卷起铺盖回家去,这么赖着有什么意思呢。

而且,杨涟把熊廷弼回家的准备工作都考虑好了:"乞敕下吏部集九卿科道会议,作速拟备堪任经略一二人。"杨涟建议朝廷立即开会研究,准备一两个辽东经略的人选。

拿到一个"王炸",却准确地炸中了盟友。熊廷弼本来就是个烈性子的人,一见这结果,说:"你们也别动脑子了,我自己回家！"

没有熊廷弼，局面更惨：不到一年，辽东重镇沈阳、辽东首府辽阳相继失陷，辽河以东全部沦丧，新辽东经略袁应泰举火自焚。

过去扯得那么头头是道，结果却是这个样子。

天启皇帝还是有智商的，亲自召见熊廷弼，要以严惩那帮扯淡的言官作为见面礼。熊廷弼说："算了，每个人都有自己的职责，弹劾人是言官们分内的事。"

天启皇帝也不含糊，依旧开除了姚宗文的官籍，将冯三元、张修德、魏应嘉等各贬三级。御史刘廷宣说："这也处理得太多了吧？"天启皇帝说："那就连你一道处理！"

"一闻君命，慷慨出关"，熊廷弼再度出山了。

熊廷弼官复原职的同时，东林党人推荐了王化贞出任辽东巡抚。

王化贞（1573—1632），字元启，号肖乾，青州府诸城（今山东诸城）人，万历四十一年（1613）进士。王化贞是首辅叶向高的门生，也是东林党的骨干。

临危受命时，熊廷弼曾向天启皇帝提出三个辽事用兵主张。置广宁兵马于辽河岸边，阻止后金继续进犯；在天津、登州、莱州组建水师，迫使后金分兵应对，伺机夺回辽阳；在山海关特设经略，协同作战，伺机歼灭后金军。其后他又建议联络朝鲜，牵制后金。

各种"平辽"方案中，熊廷弼的"三方布置策"是最具谋略也是最可行的一种。但这个方案也有不足：前提是承认明军在野战中是打不过后金的,只能以防御伺机进攻。要知道,真懂军事战略的人并不多,不懂军事战略的人特别多,而越不懂的人越喜欢唱高调、发议论。熊廷弼要想避免陷入"清流"的舆论围攻,必须高唱三句话:开战,进攻,收复失地!哪怕最终一件事都做不到,也没有一个人能挑出毛病。

熊廷弼的战略中,其实还有一句潜台词:"节制三方,以一事权。"熊廷弼必须拥有统御全辽的大权,这对一家独大的东林党来说,是绝对不能接受的。

为牵制熊廷弼,王化贞针锋相对地提出了一个速成方案:借虏平奴,以财物笼络北元林丹汗,出"四十万骑"进攻后金;联络前明朝边将、后金额驸李永芳为内应,一举荡平后金。

王化贞给出的平辽时间:半年!而熊廷弼给出的平辽时间:未知数。

王化贞的"高招",果然得到众多朝中大臣的支持:"庙堂诸公向闻人言复辽难、须兵多饷多辄眉皱听,一闻化贞言可反掌而得,辄大喜,谓才可独任。"东林党人、兵部尚书张鹤鸣,鼎力支持王化贞。首辅叶向高断言:"抚臣王化贞条议凿凿足当。"

熊廷弼那边就惨了,不仅未得到一兵一卒的支援,所请官、兵、钱、粮也被全部驳回,"三方布置策"无法实施。

王化贞的主张,虽然荒诞不经,毕竟疗效神速。在战略、策略上,王化贞与熊廷弼就先干上了。靠山太硬,王化贞不是不拿熊廷弼当上司,而是根本就不放在眼里。

"经抚不和"已经公开化,"不亟为处分必致误事"。内阁却一再回避,甚至准备撤回熊廷弼,让王化贞取而代之。但这个办法也有风险，万一王化贞全权负责后出了岔子，后果谁来承担呢？东林党找到了一个比较稳妥的办法："拟将巡抚王化贞赐尚方剑加卿贰职衔专管河西事"，把王化贞的分量先抬起来。

王化贞"骁而愎，素不习兵，轻视大敌，好谩语"。明枪暗箭他赢了，真枪实弹时将会怎样？

天启二年（1622）正月，后金大军进攻广宁，明军大败，广宁失陷，王化贞仓皇奔逃，熊廷弼以五千兵马出大凌河，掩护溃败军民入关。

广宁失陷，明朝尽失辽西，与后金对抗的战略优势已经丧失。这是明朝与后金军事对抗中最严重的事件——广宁还是辽东镇总兵官驻地，是与后金军事对抗的前沿，广宁失陷就是"司令部"被端，京城安全受到直接威胁。

如此严重的后果，责任人必须受到追究。广宁失陷次月，王化贞被逮捕，熊廷弼停职接受审查。

《明熹宗实录》："逮王化贞，命熊廷弼褫职回籍听勘。"

这个处理是公正的，"广宁失陷案"的直接责任人是王化贞，熊廷弼负有领导责任。

但这不是最终结果，或许只是一个开头。

"广宁失陷案"，接着由刑部尚书王纪、左都御史邹元标、大理寺卿周应秋等会审。这案子审得就有意思了："王化贞受命于败军之际"，"有忧国之心而无谋国之智，有吞胡之志而无灭胡之才"。这意思是说，王化贞造成严重后果是事实，但他的心是好的。

熊廷弼有什么问题呢？首先，"开衅化贞"，矛盾是熊廷弼挑起的；同时，"守备之计等闲置之"，否则也不会兵败如山倒。"比之杨镐更多一逃，比之袁应泰反欠一死"。这意思是说：萨尔浒之战大败了，杨镐还没有逃跑；辽阳丢失了，袁应泰自杀谢罪；跟杨镐、袁应泰比，熊廷弼早就该死了！

但是即便是将熊廷弼杀了，都不是终极结果，甚至连开头都算不上。

东林党可以将弱小党按在地上摩擦，从未料到自己会有同样的一天。

四、强弓硬弩治内宫

魏忠贤依旧奔驰在弄权的路上，河落海干。军政大事，本不是魏忠贤的强项。一个明智的人，不能在自己并不擅长的领域说三道四。魏忠贤在权力场上四处伸手，最怕的不是四面树敌，而是后院起火，必须时刻紧盯。

将身边的人整治得服服帖帖，魏忠贤的优质资源是有客氏这样一个帮手，并且能够优势互补。宦官这种队伍，其实是很好管理的，毕竟都是些可怜人，平时越狠，这些人就越害怕。所以，只要心狠手毒，没有不服王法与家法的。

难的是皇帝的那些嫔妃，毕竟都是主子。奴才要想爬到主子头上，那就不是一般人能做到的了。历朝历代，宦官要想混得开，一般都是先哄好宫中的嫔妃，嫔妃们在皇上面前说好话，宦官从而得到好处。魏忠贤反其道而行之，直接使出硬手段，让嫔妃们反过来看自己的眼色。

裕妃张氏，性格活泼，很讨天启皇帝喜爱。天启皇帝干木匠活时，张氏常在一旁说笑逗乐，这让皇上很是开心。这对魏忠贤与客氏来说，绝不是一个好兆头，皇上若是情怀转移了，自己的"市场空间"必受挤压。客、魏把注意力放到了裕妃身上，一直没寻着整治的机会。后来裕妃怀孕，过了预产期也未生产。这下机会来了：魏忠贤告诉皇上，裕妃把神给得罪了，必须找个地方让她向神祈祷。天启皇帝一同意，魏忠贤立即将裕妃身边的人全部赶走，把裕妃关进一个露天夹道里，活活饿死。

贵人冯氏，曾劝皇上不要开内操。这事不知怎么被魏忠贤知道了，应该与天启皇帝有关。冯氏竟敢与自己作对，这要是形成风气，自己日后还有好日子过？魏忠贤痛下杀手，矫诏将贵人冯氏赐死。

在对付成妃李氏时，魏忠贤遇到了一些麻烦。客、魏在宫中谋害嫔妃，成妃偷偷告诉了皇上。天启皇帝如果有警觉，客、魏的风险就大了。但天启皇帝居然还在客、魏这里"咨询"了一下，看成妃说的是不是真的。这样一来，成妃日子不好过了。知夫莫若妻，成妃汲取裕妃张氏的教训，提前在露天夹道的檐瓦缝里塞了很多食物。果然，魏忠贤也将其"幽于别宫，绝其饮食"。关了半个月，成妃还没死。魏忠贤有点害怕：这是不是有神助？他又有点怀疑，可能是成妃身边的人暗中帮忙。得罪谁都不能得罪神，魏忠贤放过了成妃李氏，将其近侍全部贬到南海子，然后

第六章 文武之道

借故全部处死。

虽然没有整死成妃李氏,但魏忠贤威慑内宫的目的基本达到了。

客、魏整治内宫的最高目标,是想征服皇后张氏。

目标越大,难度自然越大。但实现这个目标,也是有可能的。帝后之间性格有差异,客、魏有了利用的空间。而张皇后对客、魏很反感,双方迟早也要起冲突。争斗一靠谋略,二靠经验,客、魏在这方面似乎稍胜一筹。

有一日,天启皇帝来到坤宁宫,见张皇后桌上有本书,便问其在读什么书。张皇后道:"《赵高传》!"张皇后这是提醒皇帝,要防止宦官弄权。魏忠贤与张皇后之间的矛盾,没有调和的可能。

张皇后对客氏也非常厌恶,曾派人将客氏唤至坤宁宫,当面予以训斥,并"欲绳之以法"。客氏最恨的一个人便是张皇后。

但张皇后是主子,对客、魏有降维打击之势。客、魏想扳倒张皇后,就没有对付其他嫔妃那么容易了。直接进攻张皇后,难度太大了,客、魏开始密谋作恶的高招。

毁灭你,但与你无关,这就叫降维打击。魏忠贤有作恶的天赋,客氏本无作恶的经验,就像王婆从未杀过人,当毒杀武大郎可以不当得利时,王婆平生第一次给潘金莲使招杀人,便是招招致命。客氏也给魏忠贤使招:把张皇后对自己的降维打击,转换成皇上对皇后她爹的降维打击,"不可能"自然会变成"很可能"。从张皇后的父亲张国纪这里下手,得接受上次的教训,魏忠贤决定找一个人来干:万一失败了,也有个替死鬼。这个替死鬼，就是刘志选。

刘志选（约1552—1629），浙江慈溪人，举进士后曾官刑部主事。初入官场的刘志选，没有经验，还喜欢参与争斗，这官便当得是一天比一天小：先被贬作福宁州判官，再迁任合肥县知县，最后再被贬回了老家。

居家三十年，古稀之年的刘志选还没淡化当官的瘾。天启元年（1621），叶向高奉诏进京，刘志选特地赶到杭州，掏钱让叶向高在杭州游宴了一个月。叶向高磨不开情面，给刘志选谋了个南京工部主事的位子。

这差事好，尤其适合老年人：事务少，干好干坏都没有什么压力。

刘志选大概是身体太好，一定要争挑更重的担子。叶向高看人还是很准的：三十年前的刘志选尚有血气，三十年后的刘志选唯图名利，这种人放到哪儿都会是个祸害。

叶向高的路子走不通，刘志选改走魏忠贤的路子。魏忠贤帮刘志选谋了个尚宝司少卿，接着又被提拔为顺天府府丞。这官不大，但是个肥差。当时有人在宫门贴了一张谤书，揭露魏忠贤要谋反，还开列了一份七十余人的阉党名单，这可把整个阉党激怒了。查来查去，也没查出个名堂，连东厂和锦衣卫都不好意思向魏忠贤汇报。

魏忠贤与客氏说起这事，客氏想都不用想，一口断定这事是张国纪——张皇后的父亲干的。

这有什么依据吗？不需要，最不利于自己的事，肯定是自己最恨的人干的。

第六章 文武之道

自从变成了张国戚,老国丈难免开始自我膨胀,为非作歹的事不是没干过。既然客氏这么说,魏忠贤便想,能干掉张皇后当然好,干不掉也可以替自己出口恶气,何况干掉张国纪应该比干掉张皇后要容易得多。

为了保证效果,得找一个"德高望重"的人,出面弹劾老国丈,这叫"买参"。这样的人就难找了,真的德高望重,怎么会干德薄能鲜的事?

其实不用找,刘志选就是现成的人选。刘志选尽管不是"德高",但年高那是肯定的,并且足够鲜廉寡耻。

刘志选乐呵呵地接了魏忠贤的活儿,立即弹劾张国纪图谋霸占宫女韦氏,影射张皇后是海盗之女,不是张国纪亲生的。刘志选接这个活儿有点疯,后果不是一般地严重。

《大明律·刑律·诬告》:"凡诬告人笞罪者,加所诬罪二等;流徒、杖罪,加所诬罪三等。"

对诬告、诽谤罪,明律的法理是"诬告加等反坐",就是你诬告人家什么罪,如果失实,要加二到三等罪受到惩处。刘志选又不是言官,如果弹劾张国纪失实,很可能要丢掉自己的脑袋。

这事闹得很大,一批言官参与进来,正方、反方哪一方的都有。

一波未平一波又起,魏忠贤从来不怕事大,又私招了几个武士进入大内。魏忠贤事先教武士们统一口径:被抓后就一口咬定,是张国纪派他们行刺皇帝的,目的是另立信王朱由检为帝。

布置到位，魏忠贤有意陪天启皇帝到便殿办公时，当场将这几个带凶器的武士搜了出来。天启皇帝大惊失色，以为真的遇到了刺客，命令魏忠贤严讯被抓的刺客。

这次被吓得半死的不是国丈张国纪，而是太监王体乾。哪有老丈人杀女婿的？王体乾说："我早就说过，皇上什么话都可以信，独于兄弟、夫妇间不薄。你这玩法，只有死路一条！"

魏忠贤被王体乾骂得缩手了。万一皇帝反应过来了还得了？魏忠贤立即命人将几个武士杀掉灭口。

客氏也被自家老娘骂得缩手了。客氏一个劲地在掺和这些事，回老家探亲时还与老娘说道。这老娘还真不傻，说："你搞输了如何得了？"客氏心里开始发虚，不敢明目张胆地与张皇后叫板了。

自己点火，自己灭火。最终，是天启皇帝将刘志选训斥了一通，也将老岳父申斥了一顿，并"姑着回原籍"。

干大事没有一个高参，迟早要自己点火烧死自己，王体乾算是又救了一回魏忠贤。

魏忠贤的收获还是有的，毕竟赶跑了老国丈。就凭这一条，魏忠贤没赚钱也赚足了人气。

张皇后与客、魏之间，算是结成了一个死疙瘩。皇上不允许动皇后，客、魏只能干生气；皇上不允许动客、魏，皇后也拿他们没办法。张皇后时常读读《赵高传》，然后到镜子前细细描摹。

历史是一面镜子，你看到镜子里的每一幅场景，其实正在你的身后发生。你无能为力，你只能揪心。张皇后拿起眉笔，一笔一笔，把眼中的情景描入脑海。

第七章 坐看云起

天启皇帝到底是个什么样的帝王？天启皇帝其实是繁忙的，"起居注"与"实录"等原始史料中，记录了他每天的紧张公务活动。

但天启皇帝更紧张的，是在"八小时以外"："帝具智慧，运巧思，性好木工，自操斧凿运之成风，即饮膳可忘，寒暑罔觉。"这些，对一个并无储君经历与从政经验的少年来说，完全是正常的，也是不可避免的。

泰昌皇帝弥留之际，最不放心的也就在这里。为了保佑儿子成为尧舜，泰昌皇帝留下了庞大的辅佐团队，共计十三位顾命大臣：大学士方从哲、刘一燝、韩爌，英国公张惟贤，尚书周嘉谟、李汝华、孙如游、黄嘉善、黄克缵，左都御史张问达，给事中范济世、杨涟，御史顾慥。如果再加上皇室的李选侍、内宫的王安，十五人的团队足以维持天启朝的正常运行。

但是，这个团队似有核心，实无核心，散而乱。散乱的权力场，有人坐看云起，有人捉雾拿云，最终云奔雨骤。

第七章　坐看云起

一、顾命团队的私怨公仇

天启皇帝的顾命团队中，资本最雄厚的是英国公张惟贤，在五军都督府掌府事。明代的政治制度，不允许勋臣干预外朝内廷，张惟贤对朝政的影响力非常有限，但在明廷的各种重大礼仪活动中，都会有张惟贤的影子；朝廷的各种封赏中，也少不了张惟贤一份。仅此而已。他不需要争权夺利。争权夺利，只会在外朝与内廷、内阁与部院、言官与官府之间交叉进行。

东林党第一个干掉的是李选侍，但东林党做梦都没有想到，客氏取而代之。

东林党接着又干掉了方从哲，同时牵涉杨涟，外朝势力构成发生改变。

客氏与魏忠贤联手，第一个干掉了王安，内廷势力构成瞬间改变，同时改变了内外之间的关系。

内廷权力中心转移，外朝东林党势力坐大，外朝内廷出现新形势，如果和衷共事，自然国是无忧。但是，那是不可能的。争斗与奋斗，从来就不是一个概念。

东林党干掉浙党方从哲，东林党这边必须付出相应的代价，官场才能动态平衡。东林骨干孙如游，不幸成了官场争斗的靶子。

孙如游在阻止册立郑贵妃为太后以及"移宫案"中，贡献最为突出，天启朝以礼部尚书进入内阁。孙如游身上还真没什么毛病，但只要是官员，都能找出毛病。

孙如游的毛病，是入阁程序有问题。

明朝规定，重要官职由内阁、吏部、九卿、科道官共同推举，然后根据推举结果产生一份建议名单，最终交由皇帝决定任命，这叫"会推"。孙如游入阁是天启皇帝直接任命的，这叫"特简"。

如果孙如游脸皮厚一点，说"特简"入阁又不是我一个，嘉靖、万历朝的内阁大学士张惠、夏言、徐阶、李春方、陈以勤、张居正、赵贞吉、许国、赵志皋等一批名相，都是"特简"入阁的。偏偏东林党人都注重形象，孙如游感到脸上有点挂不住，主动提出辞职走人。

天启皇帝倒很明白，说我大明早有这种先例，你们瞎吵吵干什么？结论：孙如游继续干。

这个事的幕后黑手其实不是浙党，而是魏忠贤。揍强扶弱，符合斗争策略。如果东林党有忧患意识，及时压制魏忠贤是不费吹灰之力的。但是，关键时刻左光斗朝自己人开了一枪。

左光斗说："不得以私意用一人，不得不以公议去一人。"结论：孙如游应该辞职，以此显示公平公正。

这一下，孙如游真的挂不住了，坚决辞职返回老家。

顾命大臣又少了一位，接着还要再少一位。

天启元年（1621）六月，东林党大佬叶向高成为内阁首辅，刘一燝那是五味杂陈。

首辅方从哲被劾，刘一燝一度主持内阁。叶向高与刘一燝的

第七章 坐看云起

关系很微妙，叶向高入朝后，刘一燝成为又一个被干掉的东林党大佬。

干掉刘一燝的是沈㴶，浙党骨干，方从哲的继承人。

千万不要小看沈㴶，天启朝官场各种势力纵横交错，沈㴶特有人脉和根基：他有浙党班底，又有内宫魏忠贤、刘朝等一批内书堂中的弟子。同时，资历也不浅：沈㴶入阁的资格，在万历末年"会推"时就产生了，只是万历皇帝、泰昌皇帝接连驾崩，天启元年才正式上班。

沈㴶特别能闹腾，擅长策划吸引眼球的事。早在担任南京礼部侍郎时，他就设法打跑了在南京的洋教士，弄出轰动世界的"教难"事件。入阁后魏忠贤搞"内操"，沈㴶旗帜鲜明地支持，魏忠贤遇上困难他都包揽解决。内操的政治风险是很大的，不排除闹出宫廷政变。东林党人还是负责的，抨击沈㴶是"肘腋之贼"。

大官为非作歹，通常小官先被当作替死鬼。刑部尚书王纪，先拿投效魏忠贤门下的刑部主事徐大化开刀，上疏弹劾他玩忽职守，是小人。然后笔锋一转，说朝中大臣有人就是宋朝的奸相蔡京。

蔡京，著名奸臣，人品很坏，结局很惨。当时有首歌谣说："打了桶（童贯），泼了菜（蔡京），便是人间好世界。"

徐大化被干掉了，其同党、御史杨维垣就不服气了。徐大化的污点确实多，杨维垣不能正面辩护，挑出了王纪奏疏中一句模棱两可的话，用来调侃和堵王纪：哪个"大臣"是"蔡京"，你直说，打个谜语给谁猜呀？

杨维垣本意是替同党出气，挑个刺让王纪难堪难堪。

王纪也是东林党风格，直接上了一句：此"大臣"就是大学士沈㴶！

沈㴶挨了一耳光，应该要直接跟王纪硬杠。偏不，因为沈㴶最爱动脑筋，觉得自己与王纪没有什么过节，背后使坏的应该是刘一燝。官场争斗，时常有人中流弹，"躺平"与"躺枪"可能是一回事。

刘一燝与沈㴶有什么过节？这里面的水有点深。

刘一燝一直紧盯宫中的事，天启皇帝登基后就要求驱逐客氏，而沈㴶跟客氏的关系特别近。据说，沈㴶跟客氏真的有一腿，这事闹得连魏忠贤都有醋意。沈㴶研判形势后，授意给事中孙杰、霍维华弹劾刘一燝勾结王安。刘一燝很生气，提出辞职。

明季官员经常玩辞职，有真的，但大多是假的，毕竟朝廷有制度规定，受到弹劾先停职检查，至少要表现出自己对批评虚心接受的广阔胸襟。

《明史·陆昆传》："旧制，御史上殿，被劾者趋出待罪。"

刘一燝没有想到，他这一辞职，皇上居然真批准了。这就尴尬了。这背后，肯定是魏忠贤在使坏。

事到如此，也还有挽回的余地，但这需要首辅叶向高亲自出马才行。

这事叶向高也尴尬，弹劾刘一燝的孙杰、霍维华都是叶向高的门生。刘一燝对叶向高当首辅非常嫉妒，好像叶向高的首辅之位是从自己这里抢去的。双方都比较敏感，叶向高也不愿出手。这种情形下，叶向高的另一个门生缪昌期跑过来了。

缪昌期（1562—1626），字当时，号西溪，南直隶江阴（今江苏张家港）人，万历四十一年（1613）进士，曾任翰林院检讨。《东林点将录》称缪昌期为"智多星吴用"，这一点并不是瞎编，缪昌期看问题有时比叶向高还深刻。

缪昌期劝叶向高：刘一燝乃国之栋梁，如何能坐视其被逐？宫中诏令，可不必听！

叶向高听后，冷冷地答道：天子有诏，怎能不听？

缪昌期清楚的事，叶向高不会不清楚。"博弈理论"的假设前提，就是人性兼具理性与贪婪。叶向高认定，丢掉刘一燝对自己有利。

缪昌期急了，说如果任由魏忠贤这么闹下去，将来的局面将无法收拾。叶向高内心认同了缪昌期的观点，权衡得失，转变了念头，出面做通了皇上的工作。但是，人怕伤心，树怕剥皮，刘一燝铁了心不干了。

东林党损失了刘一燝，接着周嘉谟也没保住。

周嘉谟（1546—1629），字明卿，汉阳府汉川（今湖北天门）人，隆庆五年（1571）进士，天启朝吏部尚书。

周嘉谟惹恼阉党了。兵科给事中霍维华老是背后使坏，把柄一下又不好找，只能采取"组织措施"。吏部决定，将霍维华外放为陕西佥事。这一招也是够狠的，相当于一脚将参赛选手踢出了赛场。霍维华也一眼看出，将自己外调是周嘉谟借机整人。自己干不过周嘉谟，那只有请魏忠贤做后盾。

霍维华对魏忠贤太重要了，下次有什么事哪里去找人？周嘉谟整霍维华，等于砍自己的左膀右臂，魏忠贤大怒，唆使给事中孙杰弹劾周嘉谟受刘一燝的嘱托为王安报仇，并将举荐辽东巡抚袁应泰导致辽阳失陷的罪名，一齐安到周嘉谟头上。这对周嘉谟来说是太冤枉了，任用袁应泰，实际上是前首辅方从哲的事，但账全记到周嘉谟头上了。就算是周嘉谟提拔的，吏部的职责就是负责官员的使用，谁能保证提拔的官员中没有坏蛋，或者好蛋变成坏蛋？

全是窝囊气，周嘉谟也愤然辞职。周嘉谟是重臣，按理皇上即便真的同意，也要表示挽留一下，这叫君臣之义，也是一种套路。天启皇帝没按套路，直接放周嘉谟回家了。

东林党损兵折将，主帅叶向高想不出手都难了。老虎不发威，容易被人当病猫。

毕竟是内阁首辅，叶向高这一出手，官场即便不地动山摇，刮一场龙卷风那是少不了的。

二、核心层的高手过招

刘一燝与叶向高搭档时，叶向高的心里难免有些怪怪的，总觉得刘一燝的眼睛不时在盯着自己的首辅位子。刘一燝走了，叶向高很惭愧，毕竟这人很正派，也很能干。东林党人也是人，利益冲突时讲私利，但自我修养与道德底线，那是毋庸置疑的。

这个时候，沈㴶有点自不量力，要将王纪添的那口怨气一举

第七章　坐看云起

吐出来。王纪弹劾沈㴶"贿交妇寺，窃弄威权"，一下子将客氏与魏忠贤扯了进来。客氏在天启皇帝面前哭得稀里哗啦，皇上最受不了的就是这个，客氏对皇上简直就是"血脉压制"。天启皇帝降旨，将王纪训斥了一通，并将王纪"罢黜为民"。

王纪的事让叶向高无法忍受，但叶向高出手总是温柔风。叶向高找到天启皇帝，表示：王纪与沈㴶之间相互攻击，二人都不是十全十美的人；如今王纪回家了，沈㴶还像个好人似的，一点事情都没有，怎么向社会和公众交代呢？

叶向高这么说，看起来像是肯定皇上对王纪的处理，实际上是把二人绑到了一起。任何时候，都不要说领导是错的，领导如果是错的，那就没有什么东西是对的。所以，如果不得不给领导提意见，最多只能说领导没发现什么，好让领导重新"正确"一次。

跟在叶向高的后面，阁臣朱国祚也朝沈㴶补了一刀。朱国祚是位老状元，品望甚高，是内阁中的长者。王纪还真得罪过朱国祚，但朱国祚认的是理，不跟下一个平台上的人计较。皇上撤个大臣，像撸个小办事员似的，这都是沈㴶惹的祸。朱国祚说："跟沈㴶这种小人共事，是对我人格不可估量的侮辱，他要是还在内阁上班，我回家算了！"

朱国祚这态度，让沈㴶很是灰头灰脸。沈㴶也是个有面子的人，很想争回自己的面子，说："我才不想跟你们为伍呢，我要走人。"

沈㴶私下想：我递个辞职呈请，皇上将呈请打回来，那就是皇上要我干，我只好继续上班了。

但是，叶向高已经在跟皇上拧着了。皇上见了沈㴶的辞职呈请，说了一个字：准。

沈㴶真的回家了。大约是心情、身体都不好，时间不长，沈㴶便不幸彻底地"走"出了人间。

核心层的高手过招，内阁基本被打空了。对东林党来说，这是个补充实力的大好时机。叶向高决定充实一下内阁。

充实内阁的路径其实有两种：一是质量，捣乱的少，内阁质量就提升了；二是数量，人手充足，内阁的分量自然会人多势众。叶向高选择了后者。

天启二年（1622）十二月，叶向高上疏，请求增补阁臣。增补的办法是"会推"，不能"特简"，东林党人孙如游就吃了特简的亏，叶向高认为不能再吃亏了。

叶向高是相当自信的，东林党人在朝中有声望的多，声望即选票，这在推荐中能占优势。况且，高级官员都是有学养的，自己都瞧不上的人还推荐他，自己都觉得太掉价。

果然不出叶向高所料，会推名单出来了，一共六个人，以得票多少为序：孙慎行、盛以弘、朱国祯、顾秉谦、朱延禧、魏广微。

正常情况下，阁臣应该递补两个，那就是孙慎行、盛以弘。这很理想，孙慎行、盛以弘都是东林党人。

如果增补三个呢？那就轮到第三名朱国祯。朱国祯同样是东林党人，这结果同样很理想。

想到如愿的会推名单，叶向高不禁开怀畅饮。

叶向高本很开心，可最后，叶向高很不开心。

第七章　坐看云起

天启三年（1623）正月十八日，天启皇帝降旨内阁，批复增补内阁成员名单，没想到来了个斩头去尾：朱国祯、顾秉谦、朱延禧入阁，孙慎行、盛以弘、魏广微落选。

魏广微落选很正常，人家本来就是倒数第一名，难道还有反向录取的？天启皇帝如此钦定，不知道是怎么录取的。

叶向高连忙上疏说：皇上是不是搞错了，大明祖制不是这样的呀。

天启皇帝没理会。重要的事情说三遍，叶向高接着上疏要皇上改正。太烦人了，皇上传谕：这件事已经定过了，不要继续上奏了！

新入阁的朱延禧，字允修，东昌府聊城（今山东聊城）人，万历二十三年（1595）进士。

朱延禧没有加入党争，有才华，也正直。担任天启皇帝的日讲官，朱延禧课讲得非常好，被皇上赞为"讲官第一"。魏忠贤滥杀无辜，朱延禧说："人不可轻杀，妄杀必获冤报！"魏忠贤想报复，但皇上护着朱延禧，魏忠贤想想也就算了。

叶向高最不满意的是顾秉谦。不是二人有什么过节，东林党人最瞧不起的是两种人：人品差的，没学问的。值得全方位鄙视的人物在官场大有人在，如果书呆子都可以打100分，顾秉谦最多只能打50分，属于是东林党人最瞧不起的没节操的小人。

顾秉谦（1550—1632），字益庵，南直隶昆山（今江苏昆山）人，万历二十三年（1595）进士。

顾秉谦长期担任皇帝近臣，沾这个光，七十一岁时升任礼部尚书。对宫中内幕太了解，顾秉谦主动投靠魏忠贤。"七十不留餐，八十不留宿"，这么老了，说不准哪天一不小心就会歇气，魏忠贤没想过要找他麻烦，也没指望他能帮上什么忙，但顾秉谦自己找上门去了。

总有诱人的风景，值得老腿奔赴。顾秉谦也不肯在魏忠贤身上花多少银子，别出心裁地想出了情感贿赂。"拜干亲"是当时流行的一种保育习俗，这种认义父、义母的行为，北方叫作"认干爹、干妈"，南方称为"认寄父、寄母"。官场上的"义父""义子"现象非常泛滥，当年朱元璋就带头认了好几个义子，其手下的将领多的甚至认了好几百"义子"。再往前看，曹操他爹便认了曹太监为干爹，安禄山则认了杨贵妃为干妈。其共同特征，就是所结的干儿子，都是些"积极上进"的人，"上进"到脸皮当西瓜皮。见有人拜魏忠贤为干爹、客氏为干娘，顾秉谦知道这很有好处。

可是，顾秉谦比魏忠贤大十八岁，总不能当魏忠贤的干爹吧？顾秉谦的智商、情商都很高，便带着儿子登门拜访魏忠贤。顾秉谦领着儿子给魏忠贤行大礼，然后说一句话："让犬子给您当孙子吧！"

顾秉谦只用一句话，便把自己与魏忠贤之间复杂的辈分与人身依附关系全搞定。

增补阁臣，扩充势力，好好的一件事，最终弄到了这个分儿上，叶向高只有后悔的分儿了。早知如此，何必请奏补充阁员呢？当时的内阁，除自己外还有韩爌、何宗彦、朱国祚、史继谐、孙承宗。除了孙承宗在外督理军务，内阁人手并不太缺。内阁只剩一个人的"独相"不正常，有两个阁老就可以将就了。

一念之差，本想借机壮大自己的队伍，现在狗没套着还白扔了一根绳子，叶向高又拿出一壶酒，喝下的全是泪。

但是，还有更令其后悔的事要接踵而来。

三、文人士大夫的玩法

过了几个月，内阁又接到圣旨："南京礼部右侍郎魏广微以新简大学士至入直供事。"

一个排名靠后的礼部副职，并且还是南京的，竟然通过"特简"来内阁跟自己成同事了。叶向高倒不是对魏广微有成见，而是觉得朝廷提拔官员太荒诞：推荐结果符合私念时，就说选票最公正；推荐结果不符合私念时，就说不唯票取人。

世界上有个"常有理"：皇上。

魏广微入阁，让叶向高也想弃官而去。叶向高的内心深处，已经塞满了对朝廷的绝望。

魏广微属于哪门哪派？不好说。

魏广微（1576—1627），字显伯，号道冲，大名府南乐（今河南南乐）人，万历三十二年（1604）进士，原兵部侍郎魏允贞之子。

魏允贞，字懋中，号见泉，为官时被称作"直言第一"，不趋炎附势，也不投机钻营，"以卓荦宏伟之概，为众望所归"。首辅张居正去世后，百官争先恐后赶去，只有魏允贞一人不去，还鞭打劝他去的仆人。魏允贞是东林党人，按理儿子魏广微也是东林党人。按照家风，魏广微还应该是个正派官员。

事实上，历史上有的时期，家风不过是一股风。当然，也没见过谁胆敢将自家的家风，写得像黄色小说。

魏广微性格有些懦弱，名利心又极强，又不敢像有些官员那样拉帮结派，更不敢像有些官员那样玩命地争权夺利。胆量不足，为官者的这个缺陷，魏广微只能用技术、技巧来打补丁。

魏广微观察官场上的各股暗流，分析官场沉浮的各种玄机，找到了官场胜出的旁门左道。魏广微认准魏忠贤是支"潜力股"，既为赚钱而来，何必管它主业经营些啥？

官场上的近乎是套出来的，魏广微与魏忠贤同姓，也可算作同乡，比较轻松地搭上了魏忠贤这根线。魏广微"特简"入阁，靠的就是魏忠贤与皇上的特殊关系。

攀附魏忠贤，魏广微最真实的想法是"投资"，目标只是赚一笔。哪天这只潜力股加星或退市时，说不定他早将这只股给抛了。

魏广微内心最看重的是赵南星，他复出之后官居要位，东林党也强大。魏广微接近赵南星，还有独特的便利条件。

魏广微的父亲魏允贞，与赵南星有"八拜之交"，这比同党关系更铁。魏广微顺利入内阁后，便亲自登门拜访赵南星，把一切能利用的资源都利用起来。

上级给下级送礼，一般人想不到，想到的都不是凡人。提着礼物，魏广微来到赵南星府上，仆人一见来了比主子还大的官，立马跑去报告赵南星。赵南星半天没言语，然后让仆人去回话：有事改日到公堂说，家里实在不方便。

第七章　坐看云起

魏广微听后怏怏不乐，提着礼物就回去了。

赵南星怎么变成这样呢？也许是人老都有些怪脾气吧，魏广微第二次提着礼物来到赵南星家。这次赵家仆人不想通报了，说赵大人打过招呼，家里不见官爷。魏广微说，你告诉赵大人，我不是官爷，我是赵大人的朋友魏见泉的儿子，今天是来看望前辈的。

这么一说，仆人又跑进去报告了。赵南星听后，深深地叹了一口气：告诉他，见泉无子！

听到赵南星的这句话，魏广微的脸红一阵白一阵。热脸蹭了个凉屁股，脸太热，好在屁股太冷，魏广微发烧的脸也冷了下来。魏广微忍住了，一拧眉，一绷脸，气急败坏地回去了。

东林党认为魏广微没资格当"宰相"，魏广微要再一次以实际行动证明，自己具有肚子里能撑船的"宰相"资质。魏广微第三次来到了赵南星的府上，事先想好一堆说辞。但是，这一次赵家仆人只从门洞里看了一眼魏广微，连大门都没有开。

魏广微并非赵南星眼里的那种不堪，在一些非东林党官员看来，魏广微还是有可圈可点之处的。

黄景昉《宦梦录》："南乐魏师广微，在阁殊不满舆论，其人实清肃，班役辈无敢横索一钱者。颇留意人才，临庶常试，举省直知名士密先疏记，试日躬出巡行。"

黄景昉迈入官场时，魏忠贤势焰方炽。这位正直的官场新手，既不与阉党同流合污，也不与东林党同声为伍，而是果断地选择告假回乡，作别官场。

离开京城前，黄景昉与几位朋友打招呼告别。在与兵部郎中吴淳夫闲聊时，黄景昉顺口问了句最近官场有什么新闻。吴淳夫道：里中某公将入阁拜相，某公这几天皇帝要召见他，某公罢官在家马上要重新起用。黄景昉心中暗想：你一个兵部郎中，怎么可能知道这些官场机密？

说说而已那叫吹牛，把所有吹过的牛都一一实现，简直就叫低调。吴淳夫说过的事，很快都一件一件地兑现了。黄景昉明白了，吴淳夫投靠魏忠贤了，魏忠贤在官场确实具备超级能量。

门生黄景昉能做到的，老师魏广微断断没有舍弃的勇气。

瞧得上的地方容不下肉身，瞧不上的地方容不下灵魂，这才是真正的两难选择。魏广微纠结了，反复掂量：就这么踏过自己的灵魂？

魏广微"三顾茅庐"，赵南星"三拒阉党"，成了官场的一个笑话。

赵南星本身就是个幽默作家，著作《笑赞》估计就是上班没事时讲给同僚的段子。三拒魏广微后，赵南星在衙门里讲了几次这段趣事。有一次门生黄尊素前来，赵南星又兴致勃勃地讲了一遍。

然后，赵南星端起茶碗，喝了口茶含在嘴里，坐等听众"点赞""好评"。

有些崇高，比堕落还坏。黄尊素沉默了。

黄尊素（1584—1626），字真长，号白安，绍兴府余姚（今浙江余姚)人,万历四十四年(1616)进士,刚由宁国推官擢为山东道御史。

黄尊素足智多谋,是东林党的两大智囊之一,《东林点将录》称其为"天英星小李广"。黄尊素还有个广为人知的儿子——著名思想家、学者黄宗羲。大体可以想象一下,这一家人的智商究竟有多高。

过了一会,黄尊素对赵南星说:魏广微应该良知未泯,稍加辞色,或许能让其弃恶从良;做得太绝,可能会迫使他死心塌地跟魏阉一条道走到黑,导致为渊驱鱼。

赵南星道:参辰卯酉,邪不压正,老夫难道还怕他们?

全场鸦雀无声。一句话搞得气氛太严肃,赵南星便将面部肌肉放松下来,说老夫给你们讲个笑话吧。

故事记在《笑赞·太行山》里。有两个书生,一个说"太行山"本来叫"代形山",我是看了山下的碑文才知道的。另一书生说,"泰杭"才是对的。谁也说服不了谁,二人打赌,请老学究当裁判。老学究诡秘一笑,说当然"代形山"是对的啦!赌输的书生不服,埋怨老学究。老学究悄悄地说:你只输了一次,你让那位错一辈子!

黄尊素勉强笑了起来,他不知道赵老师讲的啥意思。固执己见,到底是谁输一次、谁错一辈子?

四、一只跳蚤的庄严使命

赵南星的观点，很难以"正误"二字来一言以蔽之，这也是东林党固化的理念。这群被描绘为有志向的文人，张扬官风官德，借力道德高地而指点江山。皮之不存，毛将焉附？官场不能立足，官风官德又从何谈起？

毕竟，道德高地又是一块登上权力大厦的垫脚石。崔呈秀也曾看上这块垫脚石，挖空心思想加入东林党。

崔呈秀（1571—1627），字尚书，北直隶蓟州（今天津蓟州区）人。万历四十一年（1613）进士，初授行人，天启元年（1621）二月担任河南道御史，又改广东道御史。

天启二年（1622）九月，朝廷派出两个监察御史出按地方：河南道御史杨新期巡按湖广（今湖南、湖北）；广东道御史崔呈秀巡按淮扬（今江苏、安徽部分地区）。巡按御史巡视地方，是一件很辛苦的外差。但这也是因人而异的，正经履行职责的人要日理万机，自然是苦差；一肚子坏水的人则可能日进斗金，自然是肥差。

崔呈秀品行不修，摊上这么好的肥差也不容易。这时，东林党势力正盛，离开京城前，崔呈秀找到李三才，强烈要求加入东林党。李三才是"东林党开山元帅"，一句话就可以解决崔呈秀的请求，这样崔呈秀也就有了"保护伞"。但是，崔呈秀的品行

第七章　坐看云起

不行，东林党拒绝了。

没品行的官员往往有"本事"，论"业务能力"，崔呈秀丝毫没有问题。经过霍邱（今安徽霍邱）时，崔呈秀一下就查出了知县郑延祚的贪污问题。

贪腐，明朝官员最致命的把柄。明太祖朱元璋是平民出身，小时候给人放牛，当过和尚，到处要饭，特别痛恨官员腐败。据叶子奇《草木子》：官员贪污六十两银子，不是杀头，而是剥皮，然后晾干，再挂在衙门的大堂上，新来的官员就坐在"前任"这张人皮下办公，这叫"剥皮实草"。

明初严苛的反贪律法，到明末时反腐标准有所降低，但《大明律·刑律·受赃》的"官吏受财"条依旧是："一贯以下，杖七十"；"二十贯，杖六十，徒一年"；"八十贯，绞。"这也意味着，整垮一个官员，只需二十两银子；整死一个官员，只需八十两银子。

郑知县的贪污程度，早已过了掉脑袋的红线。巡按御史发现了问题官员，按规定应该如何处理？措施一般无非两种：问题不是太严重的，巡按御史上疏弹劾，因为后面还有其他巡按任务；问题如果非常严重，巡按御史可以当场拿人，立即押送到京城的都察院狱。

崔呈秀机灵，用了第三种：直接与郑知县谈判。

崔呈秀给了郑知县两个选项：保帽子，掉脑袋。

这差别也太大了吧？没关系，崔呈秀胆子更大。

最终，双方以一千两银子成交，郑知县继续当郑知县。

贫穷落后的地方，捉个贪官都拿不出手。郑延祚太难了，这几年捞的黑钱连同俸禄，凑起来也不到一千两银子。倒霉遇上了崔呈秀。也幸亏遇上了崔呈秀。一千两银子跟脑袋比起来，郑知县还是赚大了。

双赢，崔呈秀与郑延祚相安无事。

东林党幸亏没有接纳崔呈秀，否则，摊上这么一个不要脸的人，东林党的脸也丢尽了。

好在还有不要脸的，崔呈秀心有不甘地投奔魏忠贤去了。

东林党是中国士大夫的典型代表——清流。清流自然是德高行洁的，但在大自然中从来只有静水深流。波光粼粼的东林党，一个龌龊的汉子一直在屏息潜泳。

跟崔呈秀比长相，他猥琐无比；跟崔呈秀比德行，他丑陋不堪。

这个人就是汪文言。

东林党两大智囊人物中，汪文言比黄尊素更资深、更老辣。《东林点将录》中，汪文言的绰号是"地贼星鼓上蚤"，一只令人厌恶同时也是卑微的小跳蚤。拿跳蚤当宠物养的人好像不多，东林党容下了。汪文言的形象是对手刻画的，对手对对手没有不污化的，但人物形象的描述，对手比自己人反而更精准。自家人说自家人，潜意识中要添几处美化。对手不一样，直接奔痛处。信手涂鸦，那是戳不痛对方的。

汪文言（约1572—1625），本名汪守泰，徽州府歙县（今安徽歙县）人。早年的汪文言读了点书，但没有成功。当然，在明季，很多成功人士都是读书不成功的，读书太成功往往很少成为成功人士，汪文言就属于读书读得"恰到好处"的那种。

第七章　坐看云起

肚子中有一点墨水，汪文言谋了一个狱吏饭碗。明代县监狱的狱吏都不是铁饭碗，通常是官府摊派老百姓免费干的，这叫服"劳役"。如果有人要是觉得县城离家路远，跑来跑去不划算，可以出钱请人替自己服劳役。汪文言喜欢干这种差事，不仅因为有薪水，还因为监狱里关的是坏人，也是有歪门邪道本事的人，汪文言可以从中学到更多的特种谋生技术，同时还可以在这些"坏人"身上收获成功——通俗地讲，就是"黑吃黑"。

汪文言"进步"很快，从黑吃黑发展到黑吃官府，最终事发，因监守自盗被判遣戍，把自己发展成了真正的囚犯。再从监狱的大门出来，汪文言再也没有饭碗了。

人在低谷，别谈脸面，生存才是王道；身处逆境，别谈能耐，务实才是根本。出狱后的汪文言，给人当"门子"。门子属于"贱役"，就是给有钱人家看大门、倒茶水之类的杂役，讲尊严的大男人宁可当轿夫也不屑干这个。汪文言干不了力气活，能挣钱又不太费力就是好活。门子是谈不上有前途的，所以汪文言后来一直隐瞒自己的历史。

当然，汪文言不是没有长处。有，这就是交际。辛辛苦苦挣来的黑心钱，汪文言一高兴可以全部接济朋友，然后再去挣，俨然成了小地方的"及时雨宋江"。所以，汪文言的朋友特别多：地痞流氓，江湖侠士，官员小吏。倘若遇上什么麻烦事，汪文言一句话，基本上能摆平，这就成了底层平民眼中的"神"。

反正会来事，也别问他使的是什么手段，反正汪文言的人气是上去了。可惜，汪文言身份实在是太差了，要是给他个当官的机会，说不准真的是个"能吏"。

于玉立给了汪文言这样一个机会。

于玉立，字中甫，南直隶金坛（今江苏金坛）人，万历十一年（1583）进士，历官刑部主事、员外郎、郎中。

为了生计，汪文言又来到东林党官员、刑部郎中于玉立的门下当了书吏。于玉立当年是东林党的骨干，极为活跃。万历末年，楚、浙、齐三党联手大战东林党，于玉立事涉"妖书案"，与顾宪成、叶向高一道被迫去职。

于玉立被贬官后隐居家乡，不知京中情况，这对自己重新出山非常不利。见汪文言特别会来事，他便派其进京联络旧友，又广结新朋友，了解时政动向。为方便其开展工作，于玉立还为汪文言捐了个"监生"的身份，再安排其进太学深造。要知道，太学里的"同学"，那可是真正的人脉。

初入京城的汪文言，处境一度相当尴尬。在县城混得人五人六，在京城啥也混不开。这也正常，就像挖土方的成功人士改行造纳米芯片，顿时就要倾家荡产一样。但汪文言是有交际天赋的，几个月的时间里，从街头油子到六部官员，杂七杂八混熟了一大批。

但这没用，只是熟悉而已。一个偶然的机会，汪文言结识了王安，打开了交际局面，上台阶的机会也来了。

汪文言与王安做朋友，有着天然的坚实基础。首先是二人有共同语言：王安爱好文艺，什么作诗写字，百十字的文章，在宦官当中还是佼佼者；汪文言也是读过书的，还上了太学，作诗写字也不是难事儿。最关键的是，两个人在什么方面都不是真懂，否则就不能惺惺相惜了。其次是二人的互补性极强：汪文言混事

第七章　坐看云起

的面极广，有趣的没趣的，随便拿一件，王安听都没有听过；王安见事的层次极高，二十四小时都可以见皇上，汪文言连皇帝的画像都没见过。王安喜欢汪文言，汪文言敬佩王安。

投奔到王安门下，汪文言又和杨涟、左光斗、魏大中等成了过从甚密的朋友。汪文言本来就有东林党背景，接着又与大学士刘一燝、韩爌和尚书周嘉谟攀上了关系。后来叶向高、赵南星复出，东林大佬也与汪文言都成了朋友。汪文言质变了，京城里除了皇上，汪文言没有搞不熟的。

但是，千万不要认为汪文言只变成了一个京油子。奠定东林党天启朝"拥戴之功"的，少不了汪文言的一份功劳。在泰昌皇帝弥留之际，杨涟与王安秘密磋商，坐在一旁的第三个人就是汪文言。

泰昌皇帝要是死了，如何让朱由校继位，杨涟与王安犹豫不决，这毕竟是桩天大的事情，谁都没有实战的经验。汪文言什么样的疑难杂症没见过，虽说都是上不了台面的事情，但万事都是一个理。汪文言坚定地替王安与杨涟拍板：什么事都是手快打手慢，"先下手为强，后下手遭殃"！

"有智术，负侠气"，歙县人汪文言摇身一变叱咤风云，并且连身份也变了。在东林大佬、内阁首辅叶向高的操作下，汪文言成了内阁中书舍人。

真是官场奇迹，或者说是官场奇葩，汪文言本来只是一个"临时工"，现在变成了正式工，再提干，中间还补齐了相应的文凭。

有些事要靠领导说话，有些事要靠自己花钱，汪文言该花钱的地方实在太多。如果没有钱,他早就趴窝了。只花钱,不进钱,又清正又廉洁,鬼才相信他家里有那么多钱。真的腰缠万贯,鬼才相信他还出来当"临时工"!所以,一定还要知道,汪文言骨子里的一些东西,永远都是变不了的。

汪文言的矛盾性,最终要将东林党引入万劫不复的深渊。

第八章　君子小人

《论语》曰:"君子喻于义,小人喻于利。"

孔子眼里的"君子"与"小人",语义是相当复杂的。现实生活中的"君子"与"小人",区别起来又是简单的:"君子"是人格高尚、道德品行兼好之人;"小人"是人格卑鄙、道德品行兼坏之人。

义,属于形而上;利,属于形而下。君子懂得道义,小人懂得利益,东林党与阉党分道扬镳又形同水火,变得比哲学还抽象。如果把"君子""小人"替换为"义""利",官场争斗的晦涩也便浅显起来。

第八章　君子小人

一、熬不起

阉党势力迅速坐大，核心在于利益驱动。《明史·魏忠贤传》中，投靠魏忠贤的外廷文武大臣，有"五虎""五彪""十狗""十孩儿""四十孙"等。"虎"指文臣，"彪"指武将，至于"狗""孩""孙"等，那不过是带有感情色彩的不同资历阉党分子而已。其中的数词大多不是确指。《明史》记载张献忠在四川杀人"六万万"，不过是形容多，那时明朝的总人口都没有"六万万"。

庞大的外廷文武官员，为什么要加入阉党呢？当然是出于"利"——谋利，或保住自己的既得利益。

名列"五虎"之首的崔呈秀，巡按淮扬时路过无锡，为东林书院的火爆场面所震撼：这就是人气与人脉，将来必定有好处。崔呈秀因"利"而求入会，而不是因为"君子"气。

踏入官场，奔的就是未来。所谓"未来"，就是除了未知，一样没来。极度不甘的崔呈秀，在东林党人这里看到了希望。正在崔呈秀积极争取加盟东林党时，贪利的毛病暴露了，东林党的两位大佬亲自出手：都御史高攀龙亲自弹劾，吏部尚书赵南星亲自处理。崔呈秀被革职查办，即将面临一无所有。崔呈秀连夜跑到魏忠贤的私宅，魏忠贤知道这是个不是东西的东西。但是，"质量"过硬，何必掉价卖给你？魏忠贤热情相帮，帮助崔呈秀迅速官复原职。利,就这么简单明了。

御史倪文焕,比崔呈秀要上点档次,但脾气不好。有次进皇城办事,忘记带牙牌(出入证),被门口的侍卫拦住了。倪文焕的火暴脾气一下子就上来了,说:你们这些奴才,老子经常进出,你们难道不认识?侍卫说,这是规定,请出示通行证!于是,双方的冲突就发生了。这事被炒作,倪文焕有错在先,行为失当,受处分那是少不了的。

这个时候,倪文焕想起了崔呈秀化险为夷的事。倪文焕找到崔呈秀,问:你上次出了那么大的事情,后来是怎么摆平的?崔呈秀说:魏公公是我干爹。那好,魏忠贤也成了倪文焕的干爹。倪文焕犯的事,本来就是工作作风问题,魏忠贤一出面,连批评教育都免了。

"五虎"中的李夔龙、吴淳夫二人,是万历三十八年(1610)进士同年,都因渎职被东林党言官弹劾丢了乌纱帽。问题官员复出是有难度的,提拔重用就更难了。日子太难熬,李夔龙与吴淳夫想到一块了,找魏忠贤逢凶化吉。果然问题没了,接着时来运转一路升官。

田吉与李夔龙、吴淳夫也是进士同年,外放当知县。田知县政绩平平,吃拿卡要倒是样样出色。这种口碑差的人要想被提拔重用,不知要熬到何年何月。田吉的叔叔田尔耕在京城为官,田吉前去求叔叔给自己找找升官的路子。田尔耕说:你早该来了,在基层干事,累死又有谁知道你?走,咱们找魏公公去!

魏忠贤打了个招呼,田知县立竿见影就担任了正四品的太常寺少卿。明代的太常寺,主要是代表朝廷祭神、祭祖宗。天启皇帝的祖宗们如果真的能看到田吉，估计酒菜再好也没心情享用。

"五彪"即田尔耕、许显纯、崔应元、杨寰、孙云鹤，都是武职，甚至属于"问题官员"。武职在明朝本来就没有什么地位，交际的层面也低，平时一起喝酒吹牛的，主要是些酒肉朋友，并且多是心理变态、不走正路的。田尔耕的爷爷田乐官至兵部尚书，按理田尔耕会走读书做官之路。田尔耕不是一块读书的料，好在有祖荫，谋了个武职，积官至左都督。田尔耕与魏忠贤的侄儿魏良卿是酒友，靠拜魏忠贤为干爹出人头地。

许显纯投靠魏忠贤，说起来会连他祖宗都不相信。许显纯的奶奶是嘉靖皇帝的女儿嘉善公主，爷爷是驸马许从诚，正儿八经的皇亲国戚。贵族看魏忠贤是不一样的，怎么看魏忠贤都是奴才。许显纯小时候也不好好读书，沾他奶奶的光，世袭了一个武职饭碗。

明末社会上总有那么一种人，心理特别阴暗，心思全放在想阴招上，见到别人不开心就开心，做事毫无底线。许显纯就是这种人，正经人也不跟他做朋友。"皇家孙男"在官场吃不开，许显纯主动投靠皇家奴才魏忠贤，魏公公很喜欢这个变态的"义子"。后来魏忠贤要干缺德事，正常人根本下不了手，便换上锦衣卫北镇抚司许显纯，充分发挥许显纯的缺德、变态"特长"。

"五彪"中的崔应元、孙云鹤、杨寰等，同样没有一个上得了台面。旧时讲"好铁不打钉，好男不当兵"，不是瞧不起从军这个职业，而是底层兵丁这个圈子很烂，良家子弟在这个圈子里混久了，也会变成下三烂的人。崔应元、孙云鹤、杨寰皆属市井无赖，到厂卫谋差无非是混口饭吃，然后靠干缺德事混点酒喝。

相互之间，平时比阴毒，谁狠谁有肉吃。死心塌地地跟着魏忠贤，这帮底层流氓，混成了厂卫的中级官员。

人性的复杂导致多重人格系于一身，并随着时势的变化而变化。有人阴损权谋，有人刚正风骨，有人温和折中，第一种无疑归于"坏人"。坏人至少有两种：有人情味的，没人情味的。有些投奔到门下的官员，也不能说本质都特别坏，比方说"十狗"之首的周应秋。

周应秋，字茂实，号春台，南直隶金坛（今江苏金坛）人，万历二十三年（1595）进士。

周应秋的特点是没有特点：品行不怎么好，品行也不怎么坏；工作不怎么出色，工作也不怎么不出色。周应秋业余时间也不怎么爱学习，而是亲自研究烹饪技术，尤其是猪蹄烧得好。如果兴办"官员烹饪"大赛，冠军奖杯等于白送周应秋。后来周应秋位登左都御史，大家一致公认，就他这个都御史有专业技术特长："煨蹄总宪"。

煎炒烹炸闷溜熬炖，周应秋手持炊具，内心难免滚油煎熬。熬到哪一天，能熬出点名堂呢？

熬啊熬，熬出了资历，周应秋熬上了工部侍郎。

周应秋能熬到这个职位，相当不容易。但周应秋熬到了一个机会：工部尚书的位子空出来了，如果论资排辈，侍郎顶上去也是顺理成章的。毕竟，"资历"也包含工龄成分。

周应秋夜里去找赵南星，如果吏部尚书拿出了这个提拔方案，工部尚书这顶帽子就能够戴到自己的头上。

请托是不能空手的，否则就是空对空。关键时刻，关键人物,周应秋一狠心,选了一幅画。周应秋知道赵南星很正派,出手太多的银子人家不会要,更关键的是自己也舍不得。赵南星爱好文雅,一幅画也值点钱,也好拿出手。

赵南星见到周应秋,脸绷得像私塾先生见了学童,说一个官员,心思要用在工作上,要用在提高自己的操行修炼上,德才兼备,德能勤绩,有了这些,想不被提拔都难!

赵南星说的,一点毛病都没有。礼品没收,提拔没门,周应秋提着画回来了。

升官无门,一顶侍郎的帽子,自己怕是熬到了仕途的天花板。

天启三年(1623),又是京察之年。无功便是过,京察大权操持在赵南星这帮东林党人手里,自己没有靠山,头上这顶工部侍郎的帽子,说不定还要被他们给烤(考)焦了。

不熬啦!周应秋说自己身体不好,主动辞职回家了,好歹自己给自己一点面子。

但是,赵南星看不上的周应秋,魏忠贤看上了。魏忠贤传话:你不是想被提拔吗,怎么不找本公公?天启四年(1624)冬,魏忠贤许以"显爵",把周应秋给招了过来。

不要送上门的周应秋,赵南星需要什么样的人呢?

二、瞧不起

"和为贵",是传统社会不同门派、不同阶层的道德实践原则。官场争斗,双方都是有风险的,哪有十拿九稳的成功呢?魏忠贤认为,自己与赵南星应该是"战略伙伴",通力合作,干成大事。

清流与阉党合作?这不是痴人说梦,而是有成功的范例,并且是有利于江山社稷的好事。万历中兴,就是太监冯保与首辅张居正密切合作的成果。天启朝本来就与太监王安同东林党之间的亲密合作密不可分,自己与赵南星之间怎么就不可以再合作一回?

可能性是有的,至少魏忠贤是这么认为的。魏忠贤对赵南星的初始印象相当好,赵南星在野的时候,魏忠贤时常在皇上面前夸赵南星,说这个人思想品德好,工作能力强,虽说年龄大了点,但老成啊!赵南星的成功复出,应该是东林党与魏忠贤共同努力的结果。当然,那个时候魏忠贤还不是阉党首领。

赵南星复出后,魏忠贤听了很兴奋,连忙派外甥傅应星去看望赵南星。魏忠贤让侄儿捎话,说咱家出宫不是太方便,现在咱们是同僚啦,以后彼此要多多照应!

赵南星听后大倒胃口,直接把人给轰走了。

清流、宦官,两个是冰火不同炉的东西。赵南星就是这么想的。

魏忠贤想的其实并没有错。万历中后期，东林党站在了皇上的对立面，也站在了其他党的对立面，所以时常有挨打的份儿。自己与东林党，都是站在了太子这一边的，这不是同党是什么？

究其实，说是同道是可以，说是同党就不确切了。东林党是有理念的，维护太子的利益，理念上是在维护"义"，不是押注"二把手"。魏忠贤跟在太子的后面，维护太子的利益，实质上是维护"利"——奴才与主子间利益的一致性。义是义，利是利，"君子喻于义，小人喻于利"，赵南星跟魏忠贤这种人讲不清，也不屑一讲，满满都是鄙视。

但魏忠贤与赵南星还真是同僚，这是事实，不得不承认。

天启三年（1623），天启皇帝召集几位重臣进宫，在弘政门议事。赵南星给皇上讲人事安排方面的意见，魏忠贤不时插上一句，赵南星忍着没搭理。魏忠贤又插了一句，赵南星正色道："主上冲龄，我辈内外臣子，宜各努力为善！"

赵南星的意思是说，现在皇帝年纪小，咱们内外大臣应当竭力朝好的方面努力。

这啥意思？难道带皇帝玩就不是好事？陪先皇玩，陪皇帝玩，魏忠贤这些年努力让他们开心，那都是发自内心的。赵南星的话让魏忠贤开始警觉：自己现在天天逗皇上开心，这老头看出我有什么心思？

义与利的不同追求，使魏忠贤与赵南星只能渐行渐远。

官场争斗涉及操术，鄙视是不能战胜对手的。古稀之年的赵南星，实际从政的时间并不长。赵南星年轻气盛时，东林党被其他党按着打，不是东林党修炼不够。驾驭明末官场，靠的是"术"而不是"道"，有"义"无"利"是空洞的，最终只能让自己成为孤家寡人。

作为留存官场上的最后一个"东林三君"，赵南星面临的是东林党历史上最好的时期。而这种局面的开创，跟赵南星清流理念完全不相干，在很大程度上是得益于汪文言的小人之举。

魏忠贤名下的"义子""义孙"，君子不耻；汪文言跟这类"义子""义孙"，在某种程度上其实是差不多的。汪文言与王安像是朋友，实际上他还有一个更重要的身份——王安的"义子"。王安与魏忠贤有正邪之分，但在大多数清流的眼里，他们都是"阉竖"，同样是不值为伍的。

汪文言的行事手段，同样是清流们鄙视的。东林党在天启朝迅速坐大，又离不开汪文言不义的"奇功"。明末官场之奇，官场之妙，不深入其中很难看懂。

天启皇帝顺利登基，"拥戴之功"为首的东林党前景一片光明，但前进的道路上同样堆满绊脚石，不仅多，而且大，突出的是以首辅方从哲为首的浙党，以给事中亓诗教为首的齐党，以户科给事中官应震、兵科都给事中吴亮嗣为首的楚党。最麻烦的是，这三党以浙党为核心，既独立又统一。东林党随便与哪方交手，三党都会一齐上，东林党难免很受伤。东林党人尽管主持内阁，盘踞言路，但仍旧对官场局势束手无策。

如何打败对手呢？天上不会掉下馅饼来，但机遇总是为有准备的人留着的。打败对手的战机全靠捕捉，汪文言就是捕捉战机的高手。

第八章 君子小人

工部主事邹之麟,南直隶武进(今江苏武进)人,万历三十八年(1610)进士。

存在地利之便,邹之麟按理应该是东林党人,并且确实与钱谦益关系密切。实际上,邹之麟投靠的是浙党。身边的人升官升得邹之麟眼红:为什么就轮不到自己呢?邹之麟想到了关键人物亓诗教:亓诗教是首辅方从哲的门生,吏部尚书赵焕的同乡。

邹之麟还清楚内幕玄机:赵尚书年纪大,脑子也糊涂,很多事都让亓诗教帮助拿主意,亓诗教无形中就是个把持朝政的关键人物。

齐、楚、浙三党是同盟,把持台谏,成三足鼎立之势,这对邹之麟升官非常有利,关键是要找到突破口。邹之麟想在吏部谋个好位子,信心满满地去找亓诗教——只要他一推荐,在赵尚书那里运作一下,方首辅再施以援手,一顶帽子等于到了头上。

别人说得出口,就应该出口拒绝,亓诗教将邹之麟骂了一顿。事未办成,还受顿窝囊气。邹之麟也是有朋友的,这就朝齐党开火了。齐党与浙党失和,邹之麟被东林党人捕捉到了。

攻击东林党的事,邹之麟过去也没少干过,但这并不影响他与汪文言个人间的私交。汪文言对邹之麟很欣赏:邹之麟是当年的南京乡试解元,不升官还有天理?再坚固的"铁三角",也怕人拿锤子敲。

亓诗教不是没有远见的人,邹之麟的性格也有明显的缺陷。一旦怒气填胸,邹之麟出气为先:他参劾过浙党领袖、内阁首辅方从哲,齐党骨干、吏部文选司郎中张凤翔。

志气压不住脾气,官场沉浮那是必定的。南明时邹之麟又投靠阮大铖，降清后又以"我不臣二姓"扬扬自得，最终只得回家闭门寄情书画，成为所谓的"著名画家"。历史上有那么几只闲云野鹤，其实都是官场争斗中的折翼之鸟。

汪文言的眼光是歹毒的，逮着机会，接着猛敲齐、楚、浙三党的"铁三角"。即便是铁器，也会被敲裂，这还不排除铁器会自己龟裂。

"千古一相"张居正，去世几十年，仍旧是官场话题，有时被人骂一通，有时被人点个赞。新皇帝登基，张居正之子张懋修乞请为父亲昭雪，天启皇帝让有关部门讨论一下。这时，浙党官员跳出来了，说张居正不是要昭雪的问题，而是应该刨坟！

这就过分了。东林党人梅之焕，一下就跟浙党杠上了，说："张居正要是还活着，你们还敢这样吗？心理太阴暗，作践一个作古的人，简直就是卑鄙无耻！"

梅之焕这么一说，官应震立即上书支持。官应震与张居正是同乡，这就像你老乡中出了坏人，即便真的是个坏人，有人当着你的面臭骂，你心里是个什么滋味？

楚党跟浙党干上了，东林党立即火力支持。支持谁？弱势的楚党。

要知道，当年推倒张居正的，东林党也是不可忽略的一股势力。但过去是过去，现在是现在。其中有什么蹊跷？梅之焕是湖广麻城（今湖北麻城）人，是官应震的同乡。梅之焕看起来是楚党，其实是东林党。

热点事件的幕后策划人，正是汪文言，技术措施俗称"离间计"。实施的结果，自然是楚党跟浙党闹翻了，跟东林党反而成了友党。浙党损失很大，首辅方从哲灰头灰脸地离开了官场，后面还有人要接着收拾行囊。

汪文言的"离间计"，是东林党官场实战中的成功范例。但是，赵南星并不欣赏。如果当时赵南星在朝，汪文言的"离间计"也可能会泡汤。

阴谋，君子怎么可能干这等阴损的事呢？赵南星写过很多幽默段子，但从来不笑话宋襄公这样的人。不"渡河半可击之"，"不打未列阵之战"，君子是君子，小人是小人。

天启三年（1623），又是六年一次的京察之年。主持"癸亥京察"的是赵南星与吏部尚书张问达。这个时候，赵南星应该格外慎重，因为朝中威望甚高的邹元标已经退休了，首辅叶向高的作风不是很凌厉，对立面阉党已经形成，东林党需要有强劲的政治联盟来扼制阉党。

非黑即白，赵南星缺少同盟意识。当年赵南星任考功司郎中，负责京察，便是拿自己的亲家、顶头上司的亲戚开刀。"癸亥京察"的打击目标，赵南星将指标翻了一番：拿"四凶"开刀——先撤职、开除公职。

处理了哪四人？亓诗教、赵兴邦、官应震、吴嗣亮。赵兴邦何许人也？齐党中坚。处理了四个人，包括消灭了两个党的党魁。

这四个人，都算不得什么正人君子，阴损的事也着实干了不少。具体什么事犯在了赵南星手里？主要是在万历朝时结党营私、扰乱朝政。

这不叫翻历史旧账，结党营私、扰乱朝政是没有追诉期限制的。

赵南星的形象很丰富，不仅严肃，也挺活泼，其著《笑赞》与冯梦龙《笑府》、石成金《笑得好》、游戏主人《笑林广记》并称中国古代"笑林四书"。实际工作中，赵南星一点也不幽默，他这一刀下去，两个党几乎都没了声音。

对赵南星的做法，吏科都给事中魏应嘉极力反对。魏应嘉是东林党人，在《东林点将录》中的绰号是"地杰星丑郡马"。魏应嘉人长得不好看，脑子却"漂亮"。赵南星见自家人都不认可，接着亲撰《四凶论》，得把不同声音给压下去。

汪文言"离间计"的成果，被赵南星彻底葬送了。

三、惹不起

赵南星式的格斗，叶向高同样不赞成，甚至认为这必将导致败局。"正义战胜邪恶"永远是对的，赵南星认为核心在"正义"，叶向高认为核心在"战胜"，战胜的一方便是"正义"，落败的一方肯定是"邪恶"。

见得越多，偏见就会越少，包容就会越多。坐在内阁首辅的位子上，叶向高不时总结张居正的成败得失。张居正为什么能成就事功？能力是一个方面，也仅仅是一个方面，关键是条件与环境。皇权代表李太后坚定地站在张居正一边，甚至被人诬蔑张居正与李太后有一腿。多邪恶的说法，多浅薄的认知啊！

李太后并没有多高的政治智慧，只是一个正常的妇道人家，当年幼的万历皇帝顽劣胡闹时,李太后便拿张先生当"老虎"来吓唬孩子。这就是信任。这就够了。现在到哪里去找这样的"李太后"?能镇住年幼的天启皇帝的"老虎",明显是"内相"太监魏忠贤。这就坏了。张居正时代的"内相"太监冯保,也是一个合作者。皇权与内外相之间的合作,即便没有太大的事功,局势也是和谐的。

张居正的终极悲剧,叶向高总结的是两点:"上窃君上之威灵,下侵六曹之职掌。"张居正长期"摄政"挤压皇权,长期独裁打压部院,一时之举是不可能常态化的。现在的内阁,能统领部院与内宫吗?全都是问题。

有些问题的解决,不在办法,而在时间。

叶向高是有谋略的,也是善于处理大事的,如前所引,《明史》评价:"向高为人光明忠厚,有德量,好扶植善类。"

叶向高眼里的"善类",不仅仅是指东林党。而"善类"的对立面,只有魏忠贤之流。能够一举击溃魏忠贤吗?惹不起,因为皇上还不具备明辨是非的心智,内相与皇权混合在一起。任何一方与"皇权"争斗,绝对不会有胜算。

惹不起,拖得起。正义战胜不了的邪恶,时间可以战胜。慢慢拖大了,魏忠贤自然会被打回"服务员"的原形。

"扶植善类",为大明和未来留下种子,也是最大限度地缩减正义战胜邪恶的时间。给事中章允儒奏请减少上供袍服,太监激怒皇帝要廷杖章允儒,叶向高上疏营救;给事中陈良训直接攻击太监,魏忠贤要将其下狱,并穷究同谋,叶向高以辞职相争,陈良训最终只被罚以年俸。

不与魏忠贤交火，也不让魏忠贤得逞，叶向高让魏忠贤坠入了云里雾里。狠毒，叶向高比不过魏忠贤；权谋，魏忠贤比不过叶向高。业余与专业过招，叶向高不断将魏忠贤玩于股掌之中。

很多情境中，叶向高甚至像魏忠贤的朋友。魏忠贤重修西山碧云寺，叶向高欣然命笔，为之作记，魏忠贤感到很有面子。魏忠贤谋害了王安，东林党人想就此一举铲除魏忠贤，闹得皇上跟着受冷气。叶向高对皇上说：内廷的事是皇上的家事，皇上自己处理就行了。干掉王安，皇上肯定是赞成的；主意与毒手肯定在魏忠贤这里，皇上怎么可能干掉魏忠贤，证明自己愚昧无知呢？如果觉得领导都是无知的、领导都是无能的，有这种认识的官员，除了愚蠢还是愚蠢。

越是愚蠢的人越喜欢人夸自己精明，越是文盲越喜欢人夸自己学富五车。东林"后七君子"之一的周宗建，特别有个性，偏偏喜欢踢魏忠贤的痛处。

天启二年（1622），周宗建率先上疏弹劾魏忠贤阉党乱政。次年，周宗建又三次上疏弹劾魏忠贤擅权。周宗建的打击面很宽，是连着客氏、刘朝等一起打。抨击魏忠贤时，特意用了八个字："千夫所指，一丁不识。"魏忠贤对前一句倒不是太在意，骂人哪有骂对方优点的？一见这后一句，魏忠贤气得简直要发疯。

从本质上讲，魏忠贤的内心是自卑的，不会因地位的跃升而变得自信。周宗建也没有说错，并且是在尽御史的基本职责，但官场斗争不是为了撒气。况且，"一丁不识"也不是评价宦官的标准。

以傲慢刺激自卑者，不如以正言巧妙折服之。叶向高见到周宗建的奏疏，觉得这下要出大事，连忙找魏忠贤从中斡旋。魏忠贤正在气头上，说："我就是一个大字不识一箩筐的人，跟你们文化人有什么好商量的？"

叶向高沉吟而笑，称赞魏忠贤工作辛苦，然后话锋一转，"即满腹诗书者不能道，奈何以不识字自谦哉！"

这么一说，魏忠贤高兴起来，要请叶向高吃饭、喝酒，周宗建的事也就不了了之。

在魏忠贤的报复计划里，本来是要罗织罪名，再激怒皇上，最终拿下周宗建人头的。

魏忠贤干预政事，内外为之忧虑，叶向高不是不知道，也并非不讲原则，而是想办法给对方喂药，即使对方病未根除，也不至于当场发疯。

叶向高的正言规劝，常常让魏忠贤唯唯诺诺。魏忠贤的绝招就是"矫旨"，这玩意很难对付。不管它是怎么来的，对的还是不对的，程序合规还是不合规，但它都是皇上的意思。遇上这样的谕旨递到内阁，实在不能去执行，叶向高总是挑出其中致命的问题，然后据理力争，甚至拂衣欲去。魏忠贤只好作罢，也并不觉得叶向高有多可恨。

但是，局势的恶化超出了叶向高的预料。皇上只是一个十七八岁的少年，政治智慧与政治谋略无从谈起，客、魏利用这些左右皇帝，别有用心的人看出这些而投靠客、魏。权力场上，君子是有的，小人也是有的，都是客观存在，这让魏忠贤的阉党不再局限在宦官群体，而迅速成为跨越内外朝的邪恶分子集合体。这个集合体的危害性，不仅仅见于数量的壮大，而是赋予了普通阉竖所不具有的思维，尤其，这思维是邪恶的。

《资治通鉴》："君子挟才以为善，小人挟才以为恶。挟才以为善者，善无不至矣；挟才以为恶者，恶亦无不至矣……小人智足以遂其奸，勇足以决其暴，是虎而翼者也，其为害岂不多哉！"

司马光的意思是说，聪明的人要是坏起来，就有着无穷大的破坏力。文官都是知识精英，知识精英与正邪无关。知识精英投向正邪，正邪势力对比发生改变。魏忠贤收获的不再是邪恶，而是精英。

归于邪恶的精英，道德化的评价也叫"坏人"。坏人吸引了坏人，坏人教坏了坏人，这就叫"恶化"。在魏忠贤的眼里，叶向高不再是一个居中调停者，而是一个必须重点打击的对象。

事实上，眼下叶向高惹不起魏忠贤，魏忠贤也惹不起叶向高。除了东林党，朝中正派官员与反魏忠贤的官员，大多以叶向高为依靠。

一定要知道，官员是精明的；一定要知道，官员是利己的；一定要知道，外朝内廷的官员都是皇权的奴仆；一定要知道，皇权之外的权力争斗什么局面都可能发生，丧心病狂者会孤注一掷，死心塌地地助桀为虐！

有些东西，君子是不在意的。因为责任，所以在意了，这恰恰犯了小人的忌讳。百官之首的叶向高，危险已经越来越近。在刨倒叶向高这棵大树之前，阉党分子不断挥刀斩切枝叶。

天启四年（1624）四月，给事中傅櫆弹劾左光斗、魏大中与汪文言相勾结,收受贿赂。

阉党的这一口,咬得还是有点大,左光斗、魏大中没有中枪,汪文言被打中。天启皇帝下诏,将汪文言逮捕入狱。

"布衣操控天下"的汪文言,称其为"以亡命之辈作通天之奸",也是比较接近事实的。"亡命之辈"与"通天之奸"的空间太大,汪文言的毛病一抓一大把。每有风吹草动,汪文言都少不了要被东林党的对手挑出来修理一番。

魏忠贤第一次要修理汪文言,是在王安被害之后。那时汪文言还叫汪守泰,涉嫌与王安相勾结。但他跑得快,东林党势头也正盛,魏忠贤实力不行,只好放过。他在扬州待了一些时日,重返京城,还被叶向高安排当内阁中书。

这一次魏忠贤又要修理汪文言,叶向高一眼就看出了阉党的图谋。既然醉翁之意不在酒,不如干脆将话挑明。叶向高上奏皇上说:"文言之失,其实在臣。"

"是的,汪文言到内阁当差,这事是我叶向高安排的。如果任用汪文言有什么问题,乞求陛下处罚我一人,牵扯其他官员,会搞乱整个官场,不利大局。"

以辞职相威胁,叶向高要求罢免自己。

管用吗?不管用!

不管用吗?管用!

东林党两大智囊还有一个没有被抓:黄尊素。黄尊素才是真正的智慧高人,阉党以汪文言为突破口、企图殃及东林党的图谋被他一眼看穿。黄尊素及时出手,并且稳、准、狠。

兵贵神速,黄尊素连夜找到锦衣卫镇抚司指挥使刘侨。这是个关键人物，如果魏忠贤相当于"县官"，管理诏狱的刘侨便是"县管"。

刘侨，字东卿，黄州府麻城（今湖北麻城）人。刘侨因祖上立有军功，世袭锦衣卫正千户职，专司诏狱。

黄尊素对刘侨说：人，你正常关，正常审。

"正常"，是东林党想要的正常。不能让汪文言在监狱里失常"发挥"，葫芦扯葛藤，牵涉左光斗、杨涟等一大批东林党。

刘侨真按黄尊素的意思做了。魏忠贤拿到汪文言的供状，觉得太没意思了。但魏忠贤也嗅出了其中的问题，用许显纯换掉了刘侨，将汪文言痛打一顿后轰走了。

魏忠贤已经不再是普通坏人了，只整个汪文言有什么意思？让汪文言出去，这可是一个随时可以请进来的人，下次一定会派上大用场。

东林党以为大获全胜，随即发起对魏忠贤的新一波攻击。叶向高暗暗叫苦：坏了！

形势的大坏，是从叶向高开始的。叶向高被打败，则有些偶然。

福清人林汝翥，因功由知县擢升为四川道御史。林御史巡视北城时，发现太监傅国兴、曹进光天化日之下为非作歹。林御史以为自己还是一县之主，不由分说，当场将傅国兴、曹进狠揍了一顿。

司礼掌印太监王体乾闻讯后大怒，当即向皇上报告。圣旨下，捉拿林汝翥归案。

这事还真让阉党逮着"理由"了：宦官违法当然要受处罚，

第八章　君子小人

但处罚权在司礼监。如何处理傅国兴、曹进，哪怕是打死，那也是内宫的事。林汝翥这么干，是外官擅自处罚内监，明显触犯朝规，至少是不符合"程序法"的。阉党强烈要求，必须对林汝翥处以杖刑。

阉党的原则，本是只管立场，不论是非，只要是办法都可以用。社会性的悲剧，不在谁违反规则，而是大家都不讲规矩，然后又有人拿违规说事。

林汝翥听说锦衣卫要拿人，吓得魂不附体。事也凑巧，不久前，工部屯田司郎中万燝，为修建皇陵的事把内宫太监给得罪了，被当场活活打死。林汝翥害怕被当场打死，一溜烟逃到顺天巡抚邓渼那里，先避避风头再说。

人跑了，锦衣卫直接找叶向高要人。

这事跟叶首辅有什么关系？阉党成员太坏了，给魏忠贤、王体乾出主意，说林汝翥是叶向高的亲外甥，一定躲在叶首辅家。

叶向高与林汝翥只是同乡，林汝翥的事他事先压根不知道，林汝翥事后跑到哪儿他更是不清楚。但是，这人如果叶向高交不出来，魏忠贤、王体乾便派出上百阉人，跟锦衣卫缇骑一起堵门叫骂。

叶向高的日子简直没法过，韩爌等朝中重臣也上奏皇帝，说这么侮辱朝中元老，皇上应该出面制止。但是，始终没有皇上的声音。

叶向高失望至极，提出辞职。

这一次，叶向高是真的不想干了，不是以辞职要挟皇上。

叶向高一心求去，林汝翥的事还不是最根本的原因。

四、要不起

叶向高在给天启皇帝的奏疏中说："中官围阁臣第，二百年来所无。臣若不去，何颜见士大夫？"

叶向高认为，自己所受耻辱，是整个士大夫阶层的耻辱。尽管皇上最终下令让胡闹的宦官撤回，叶向高还是搬到了郊外。这个官场不适合士大夫，只是一个江湖，叶向高决心退出江湖，保全君子、士人的尊严。

在阉人围堵私宅的泼妇骂街声中，叶向高的耳边总是出现一个声音："有天日耶，无天日耶？"

这声音是杨涟发出的。

天启四年（1624）六月初一日，左副都御史杨涟上疏弹劾魏忠贤"二十四大罪"。

这篇震惊天下的奏疏，杨涟已经酝酿多时。夜深人静，杨涟秘密在书房起草疏稿。写着写着，杨涟忍不住失声痛哭。家人大惊，叩门问杨涟怎么啦。杨涟说：没什么，不知为什么突然想起故去的老父亲。

内心极度复杂，杨涟把家人的担忧打发了。杨涟的计划中，包括抚棺出征、舍身一死。

这一次的难度肯定极大，杨涟在想，如果能得到内阁的支持，扳倒魏忠贤的胜算应该更大。杨涟来到内阁，事不凑巧，叶

第八章 君子小人

向高正好因病在家,只好将奏疏交给韩爌。

韩爌拿不定主意,将杨涟的奏章带到叶向高的家里,叶向高读后惊骇不已。在反对魏忠贤专权乱政上,叶向高与杨涟是完全一致的。但叶向高是冷静的,他将魏忠贤的"二十四大罪"逐一推敲,忍不住倒吸一口凉气:加在魏忠贤头上的有些罪名,其实是皇上身上的问题。扳倒对手,哪怕露出一个破绽,都可能引出意料不到的结果。官场博弈与牌场博弈是相似的,"牌走正张"是硬道理,不能取胜只能"求和",否则"开炮"就是"点炮",丧失自己仅有的筹码。

越是大张旗鼓,事情越是容易不了了之,真正的出击都是在闷声不响中慢慢实现的。但是,左光斗对杨涟的奏疏则大为称赞,缪昌期则当头给他浇了一盆冷水。

缪昌期还曾任内书堂教习,对内宫事务较为熟悉,《东林点将录》称其为"天机星智多星"。

缪昌期问左光斗:"杨涟弹劾魏忠贤,宫中有内应吗?"

左光斗说:"没有。"

"没有内应,怕是凶多吉少。"缪昌期道。

左光斗默然了。

叶向高一直坚持内阁的职责是调停内外,与杨涟的观点明显不同。杨涟既想得到叶向高的支持,又不愿将奏疏交内阁转呈皇上。杨涟又准备在皇帝上朝议事时上奏,当着皇上与众大臣的面揭露魏忠贤。

但是,皇上这天没有上朝。只好,明天再干。

走到会极门,杨涟突然改变了主意,将这封奏疏送到通政司，这样奏疏可以立达御前。当然，这封奏疏也可能落到魏忠贤的手里。

果然，魏忠贤第一时间拿到了这封奏疏，比皇帝还快。

魏忠贤让人读给自己听，还未读到一半，便叫停了。

魏忠贤面无人色，绝望地瞪大了眼睛。死亡，对每一个人都是恐怖的。

魏忠贤找来心腹，让他们拿一个主意。

没有主意。这是"王炸"，只能"要不起"！

极度恐慌的魏忠贤猛然清醒了，办法是有的：杨涟的这封奏疏绝对不能让皇帝看到！

魏忠贤绞尽脑汁，拖着皇上三天未上朝。

但这不是个办法，皇上总有一天要上朝的，杨涟还是能见到皇上。

魏忠贤只好到内阁去，求韩爌帮助自己疏通一下。魏忠贤又失望了，韩爌根本没有理会。

皇上三天没上朝，杨涟已经估计到了是怎么回事。杨涟一狠心，又将奏疏公之于众。一时朝廷内外，传得沸沸扬扬。尤其是国子监里的数百学子，更是群情激愤。

魏忠贤的压力还仅仅是舆论上的，接着七十余名官员也出手了，跟着弹劾魏忠贤。

这种情况，要是皇上知道了，那还得了？

皇上肯定知道了。最先得到这个信息的是叶向高：天启皇帝下谕，严令叶向高结束病假，立即返回内阁供职。

叶向高甚至预判出了皇上的圣意。作为内阁首辅，对这场

第八章 君子小人

严重的官场风波，应该有个合理的处置意见。根据皇上目前情况，根据魏忠贤的实际情况，尤其是根据客氏、魏忠贤与皇上之间关系的实际，叶向高代表内阁，提出了对杨涟弹劾魏忠贤一事的处理意见：将魏忠贤放归私宅，剥夺所操的权柄，保留其荣华富贵。

内阁的意见，杨涟表示不同意；内阁的意见，东林党人表示不同意；内阁的意见，魏忠贤表示不同意；内阁的意见，皇上也表示不同意。

其实，魏忠贤当时去内阁求韩爌时，韩爌要是拿了这个意见，魏忠贤也许是接受的。但等魏忠贤提心吊胆地找到皇上之后，魏忠贤已经知道自己万事无忧了。

客、魏对皇上太熟悉了。在客氏作了铺垫后，魏忠贤依旧一把鼻涕一把泪地跪在了皇上面前，说：杨涟要加害于我，请皇上处分我吧！

为啥处分你？皇上问。原来，只是写了一篇文章。天启皇帝让人把杨涟的奏疏找来，叫王体乾念给自己听。

王体乾也是懂皇上的，上次还专门提醒过魏忠贤一次：皇上特别重感情，伤害皇上的至亲骨肉，绝对是没有好下场的。偏偏杨涟在奏疏中列举了客、魏迫害后宫嫔妃，尤其是害死怀有身孕的嫔妃的事。这是让皇上断子绝孙啊，比动摇江山社稷都让皇上生气！

王体乾读时格外小心，该详细的详细，该省略的省略。皇上本来就没用心听。忽然，王体乾不读了。皇上问：读完了？王体乾答：读完了。

天大的事,千万不要拿到天上去说。

《明熹宗实录》:"魏忠贤辞东厂,乞罢,上慰留之。"

杨涟要是知道自己哭着写下的一篇奏疏,皇上就这么处理完了,估计会比写奏疏时哭得更加伤心。

第九章　生死决斗

没有三把神沙，怎敢倒反西岐？杨涟的殊死一搏，让魏忠贤看清了对手的底牌。这个底牌，就是天启皇帝切责杨涟的四个字："寻端沽直。"

天启皇帝否认了杨涟弹劾魏忠贤的所有理由，认定杨涟就是寻衅滋事，故作正直以猎取声名。

杨涟不服，东林党党人不服，其他正派官员也是不服。但官场就是这样，可以不服气，可以不服理，不得不服权势。

作为布局者的东林党人失败了。不控局，就出局，这是千古不灭的真理。魏忠贤如有神助，开始以控局者的姿态对东林党人实施降维打击。

第九章　生死决斗

一、失误送分的对手

魏忠贤敢在官场做局、控局，与东林党的缺陷也是分不开的。东林党人的本质是文人士大夫，文章作得结构精巧，官斗并无章法，实战不能谋篇，逮谁攻谁；真敢担当的也少，甚至时常想着让对方羞愧而亡。如清代巡抚丁宝桢就是个官场老手，盘算干掉权阉安德海，根本就不提其有几条该斩之罪，理由是：人命只有一条，冒险将其直接干掉就行。

对阉党实施"斩首行动"，有没有这种可能？不是没有可能，而东林党人口诛笔伐之外再无擅长。

"朝天鸣枪"的事阉党很少干，而是一直在给东林党做局，让其陷入四面受敌的境地。在杨涟炮轰魏忠贤之际，江西人打响了反对东林党的第一枪。

天启四年（1624）二月十九日，刑科给事中傅櫆借"汪文言案"，弹劾左光斗、魏大中"招权纳贿"。

傅櫆与魏忠贤的外甥傅应星是结拜兄弟，很容易让人觉得是阉党。傅櫆这个举动的性质，也容易被理解成阉党与东林党的角斗，其实并不准确。

傅櫆确是阉党，同时他还是赣党（江西党）。出于朋党之间的利益矛盾与冲突，傅櫆不仅要抽象地打击东林党，更要精准地打击左光斗与魏大中。

左光斗与魏大中为什么成为赣党的靶子？当然是他们得罪了江西人。

当初，与左光斗争夺左佥都御史这个位子的，便有熊明遇、徐良彦。

熊明遇，江西南昌进贤人；徐良彦，江西南昌新建人。

官场上的夺官之恨，跟民间的夺妻之恨，性质其实是差不多的，只是官场争夺中的失败，不好意思也不便说出来而已。不同的是，被人抢了老婆的汉子可以坐在地上哭，被人抢了官帽说出来自己都觉得无颜。

官帽争夺战，左光斗倚仗赵南星这个靠山，利用东林党的群体优势，击败了熊明遇、徐良彦。事情过去了，但他们之间的怨仇，不到断气的那一天都是不可能了断的。

魏大中与左光斗被赣党放到一起打，魏大中是不是有点冤？左光斗才有点冤。因为亲手点燃东林党与赣党大战导火索的，便是魏大中。

魏大中太不给江西人面子了——他驳了刘一焜的恤典。

恤典，是朝廷对去世官吏给予赐祭、配飨、追封、赠谥、树碑、立坊、建祠、恤赏、恤荫等的典例。刘一焜，江西南昌人，曾任浙江巡抚。其兄刘一燝，是继方从哲之后的首辅，天启二年（1622）才去官，并且还是东林大佬。他们的父亲官小一点，也是陕西右布政使。所以，刘家绝对是江西党的总部，同时也是东林党的江西分部。

魏大中处事太直，考虑是欠周全的：驳了刘一焜的恤典，刘家失了面子，江西官员想不震怒都没有理由。

第九章　生死决斗

乡党复杂而麻烦，江西本是人文大省，赣党始终不失实力，其中章允儒就是江西南昌人。这位章允儒，与同乡傅櫆不一样，不仅不是阉党，而且还是个"倒魏派"，仅仅属于赣党。这个人比较凶狠，不算太厚道，但也不算是坏人。章允儒是万历四十四年（1616）进士，时任礼科都给事中。

《明史·黄尊素传》："是时，东林盈朝，自以乡里分朋党。江西章允儒、陈良训与大中有隙。"

共同的政敌，使这个时候的章允儒成了领头羊，熊明遇、徐良彦等人加入，一同鼓动傅櫆弹劾左光斗、魏大中与汪文言朋比为奸。

东林党与赣党交手，章允儒策划，傅櫆领衔，对东林党来说都不是太可怕，可怕的是傅櫆特殊的身份——这个身份，让赣党与阉党一拍即合，以迅雷不及掩耳之势，组织起了强大的同盟。学会了控局的魏忠贤，最终能轻松铲掉左光斗，真正原因在这里。

后人看历史，只知道是"党争"。两党相争，必有一死。谁生、谁死，与自己无关，与能耐无关，与品行无关，最重要的是与团队有关。左光斗的失败，说到底是东林党的失败。东林党一度战无不胜，在遭遇强大敌手的时候，仍以一家独大而盲目自信，没有有效地建立起自己的同盟，也没有瓦解对方的同盟。

《明史·左光斗传》："熊明遇、徐良彦皆欲得佥都御史，而南星引光斗为之，两人亦恨光斗。江西人又以他故衔大中，遂共嗾给事中傅櫆劾光斗、大中与汪文言比而为奸。光斗疏辨，且诋櫆结东厂理刑傅继教为昆弟。櫆恚，再疏讦光斗。光斗乞罢，事得解。"

左光斗与东林党的败迹，就是最直接的答案。左光斗的官场败亡，也就此开始，并且无法逆转，因为他在反击的过程中，不断挑出战场新敌。

身在官场，要想自己"不动摇"，关键要让人"摇不动"。怎样才能让人"摇不动"？在明季，社会上勾搭成奸的多，官场上勾搭成官的多，都是一个理，就是处世不能太纯。在东林党与阉党对阵中，类似赣党这种窝窝囊囊的小党，反而找到了靠山，勃起了一雪旧恨新仇的欲望，主战场上想不添拳使脚都难。

个人的力量总是渺小的，团队的力量才是强大的。作为团队中的一个细胞，当成员之一被另一个组织灭掉的时候，这个组织的灭顶之灾也就快了。

官场上的同盟风云变幻，并不是陈陈相因的官员人身依附与投靠。明季"党争"现象普遍而复杂，多借助于灵活机动的同盟政策与策略，只可意会，难于言传。

东林党仍旧没有这么看，依旧要赶尽杀绝，一家独大，实行专政，谁有螳螂的独臂，都要被车轮碾掉。所以，当杨涟打响反对阉党的第一枪时，东林党组织全面冲锋，喊杀声一片。

御史黄尊素上疏：朝廷公卿大臣、御史、给事中一批批被免职，魏忠贤是与天下士大夫为敌，是在拿皇上做赌注。

第九章 生死决斗

御史李应升上疏：现在的朝廷，小人的根基已经深固，毒辣的手段已为所欲为，这些都是陛下包庇、纵容的结果。李应升在弹劾魏忠贤的同时，还不忘将魏广微打击一通。

给事中魏大中上疏：自古以来，奸臣想实现祸国殃民的目的都是不容易的；现在事情发展到这个样子，陛下怎么还不顿然醒悟？

御史袁化中上疏：魏忠贤一手遮天，作威作福，残害朝廷大臣、内宫嫔妃和内侍，神人共愤。魏忠贤的下一步，就是要对陛下下手！

国子监祭酒蔡毅中上疏：魏忠贤的罪过，应该交给九卿来讨论，陛下不能替他背锅。

工部郎中万燝上疏：天子的权力，怎么能交给宦官呢？现在，天下的人只知道有个魏忠贤，哪里还知道有陛下的存在？

官员冲锋在前，学生也被全面发动了——国子监千余师生，一起声援上疏。魏忠贤惨了，出门都要带数百披甲宦官当保镖。提心吊胆，魏忠贤过了将近半年。

魏忠贤也只需提心吊胆几个月，因为他罪孽太深重，随便一抓都会是一大把。打着打着，雨点般的拳头又落在了一个不该落的人头上。

官员们每每数落一通魏忠贤的罪状，都不忘把皇上一道拎出来说道一番。一边拔剑一边说自己是项庄，这就是官斗的大忌。

皇上是人不是神，但皇上永远是皇上。如果你看见台上的人不顺眼，歪着脑袋作犯傻状，一定要想到米开朗琪罗的"思想者"，千万不要说那是犯困、打瞌睡。

官员们的失策救了魏忠贤。半年过后——天启四年（1624）十月，魏忠贤不战而胜，东林党力战而败。这不是武侠小说，史实本来如此。

天启皇帝的圣旨出来了，是怒斥赵南星结党营私。接着又骂了高攀龙、杨涟、左光斗。

赵南星犯了什么错？赵南星违反了官场规则，包括"潜规则"，让自己陷入了泥潭，无法自拔。

傅櫆向魏大中发难，本是因乡党而起的意气之争，并非针对东林党群体，一开始也不仅仅是针对魏大中，而是包括吏部尚书赵南星。赵南星违规使用同党邹维琏，导致没法自圆其说。

邹维琏，江西新昌（今江西宜丰）人，万历三十五年（1607）进士，初授福建延平府推官。天启三年（1623），邹维琏擢为兵部职方司郎中，并成为东林党的一员。

天启四年（1624），赵南星任用邹维琏为吏部稽勋司郎中。按照惯例，同一部门一省不得用两人。这是一种回避措施，目的就是避免同乡结党。而此时的吏部，验封司主事吴羽文即是江西人。赵南星说制度可以改革，"不拘资格，一省不妨二人"，在人事安排上独断专行。

提拔自己的同乡不是好事吗，江西人为什么坚决反对？这不是邹维琏有问题，而是赵南星犯了第二个错误。

按照当时的规定，调人充任郎中及给事中之类的言路职位，必须事先向其同省的言路官员作书面咨询，名曰"访单"，由他们先对拟将提拔的同乡，作出书面的综合鉴定。吏部根据"访单"中的结论，决定拟提拔官员是否任命。赵南星极力在官场树立公直的形象，但在官员的实际提拔、使用上，毫不犹豫地食言了：在没有"访单"的情况下，直接将邹维琏任命了。

这事挺严重，因为怪复杂。赵南星违规不违规不是重点，关键是他这么做，有损江西官员的尊严，"政治权利"被剥夺了。同时，侵害了江西官员的利益：给同乡做"访单"，一般不是白做的，人家会主动送礼的，这也是当时的官场风气。有人靠这一项，礼金收入比俸禄都多。

邹维琏的任用违规，山西巡抚的任用同样违规，吏部尚书赵南星的处境越来越被动。

山西巡抚属于高官，任用必须经过"会推"，就是根据高级官员和科道官的推荐票数，决定其正式人选。

谁当选山西巡抚的可能性最大呢？社会舆论认为是河南左布政使郭尚友。而推荐的结果，太常寺卿谢应祥得票第一。根据会推结果，天启皇帝任命谢应祥为山西巡抚。

社会传闻怎么不准呢？赵南星从中作了手脚。

会推之前，赵南星让吏部员外郎夏嘉遇具体动作，以保证谢应祥高票"胜出"。夏嘉遇找了河南道掌道御史袁化中，袁化中又找了吏科都给事中魏大中。本来很机密的人事安排，这几个人提前分头一活动，郭尚友的选票怎么可能压倒谢应祥呢？

谢应祥"昏耄"，参加会推的官员怎么会眼浊，看中老态龙钟、反应迟钝的人呢？这不正常。赵南星解释：谢应祥公认度高，郭尚友过去还花钱买选票（厚贿科臣），这样卑鄙的人怎么能推荐呢？

自己花钱买选票固然卑鄙，利用公权组织选票就正当？参加会推的魏广微揭了赵南星的底,他告诉御史陈九畴:谢应祥当过魏大中老家嘉善县的知县,魏大中还是他的门生。赵南星事先搞了哪些背后小动作,魏广微一下子抖搂出来。

推举不公,徇私舞弊,陈九畴将出面"拉选票"的魏大中给弹劾了。

陈九畴仅为举人出身,没"学历"也能被提拔重用,肯定是个能耐很大的人。由于能力出众,他由知县擢为御史,之后拜入同乡魏忠贤门下。

无理能搅三分,有理不让一分,陈九畴打得东林党人非常被动,朝廷内外顿时议论纷纷。天启皇帝让众大臣重新讨论一次,吏部、都察院等衙门回复皇上:会推没有问题,是御史论人失实。

把鹿说成马是探测对方,把鸡说成马是侮辱对方。天启皇帝生气了,痛斥赵南星"朋谋结党,淆乱国是"。

骂得太狠,赵南星脸上挂不住,说:"我老了,辞职回乡吧!"皇上当即回复:好的。

文秉《先拨志始》:"御史初上疏,当即出一言,何至于纷嚣?及有旨会看,卿自不公忠,为人调弄。况向日经筵,朕亲睹失力,岂望澄清吏治?既年老引咎,著回籍调理。"

从天启皇帝的这则圣旨中可以看出,天启皇帝对赵南星的看法完全变了,他认为赵南星等人相互勾结、结党营私。

作为会推的监督者与参与者,左都御史高攀龙也是负有责任的。高攀龙提出引咎辞职,皇上也当即回复:好的。

文秉《先拨志始》:"总宪为风纪重臣,自当秉公执法,卿既无私,何乃师友偏比,不肯从公会看?"又旨:"幼冲字样,任情那改,非欺而何?即求罢,著回籍调理。"

大学士韩爌试图申救,皇上没有理会。

天启四年(1624)十月,东林党关键时刻自己失误给对手送分。

家底子再厚,也经不起二货的折腾。朝中东林党实力在不断削弱:赵南星、高攀龙、杨涟、左光斗等辞职回家,魏大中等遭贬官外调;叶向高虽没有被追究领导责任,但很没面子,内阁大印交给了顾秉谦;韩爌反省了一阵子,自觉没趣,也走人了。

东林党兵败如山倒,孙承宗试图力挽狂澜。天启四年(1624)十一月,大学士孙承宗正在蓟州、昌平巡视防务。朝政局势的剧变,令孙承宗十分担忧,但势态紧急如此,绝非一封奏疏就能解决问题,孙承宗决定面见皇上,当面弹劾魏忠贤的罪行。十一月十四日,正值天启皇帝的寿辰,是入朝面奏机宜的绝好机会。

内阁收到孙承宗入京朝见皇上的奏报,魏广微大吃一惊,匆忙奔往魏忠贤处报告。魏忠贤大权在握,获悉孙承宗要入京,反倒露出几分得意的神情。当初,魏忠贤鉴于孙承宗军功显著,很想拉拢他,委派宦官刘应坤等去面见孙承宗。结果,孙承宗根本就不搭理刘应坤,一股火一直窝在魏忠贤的心里。孙承宗这次送上门来，岂不是自投罗网？

魏广微急了，提醒魏忠贤："孙承宗拥兵数万，将要'清君侧'，兵部侍郎李邦华当内应。魏公公您将立即化为齑粉！"

"清君侧"，武力铲除皇帝身边的亲信与奸臣。魏忠贤清醒了。狂妄的人汗毛上都是自信，清醒的人骨子里都是恐惧。大军压境，性命不保，魏忠贤十分惊恐，急忙去找皇上，绕着皇上的御床哭泣哀求。天启皇帝被魏忠贤打动了，命令内阁起草谕旨。

这一下，顾秉谦又等到了立功的机会，他奋笔疾书："没有接到圣旨，擅自离开防地，违背祖宗成法，违者决不宽恕。"朝廷真的以为孙承宗要"清君侧"，半夜打开宫廷禁门，召兵部尚书入宫，命令兵部连派三道飞骑前往制止。魏忠贤等又假传圣旨，谕令监视九门守卫的宦官："孙承宗者到齐化门，将其反绑接进城。"

事不可为，已经到达通州的孙承宗，不得不遵命返回。

不可一世的东林党，就此开始不可思议地烟消云散。贾谊说："君子言必可行也，然后言之；行必可行也，然后行之。"官场争斗，清高没有用，意气用事只能适得其反。需要拼命的时刻，"术"比"道"更为管用。

再看一下魏忠贤，根本就没有反冲锋。驱逐了吏部尚书赵南星，空出来的这个重要位子，魏忠贤要送给崔景荣。这有什么奥妙呢？因为崔景荣被东林党人弹劾过。敌人的敌人，自然是自己人。崔景荣到京，魏忠贤将一所大宅第装饰一新送给他，崔景荣不去住；锦衣卫头目田尔耕来拜谒崔景荣，崔景荣推辞不见。见其太有骨气，魏忠贤又将崔景荣从吏部尚书的位子上拉了下来，换上自己人徐兆魁控制吏部。杨涟副都御史的位子，换上自己人乔应甲；左光斗佥都御史的位子，换上自己人王绍徽。

阉党势力一天天强盛，后进者为求得迅速升迁，都由这一伙人推荐任用，天下大权尽归魏忠贤。但是，魏忠贤仍在控局，不是冒进。

二、两颗人头三十二把刀

"战争不决定谁对了，只决定谁留下了。"罗素是哲学家，哲学家同样不主张空谈。挽回败局的唯一办法，就是打败对手。

杨涟掷向魏忠贤的二十四把飞刀，没有一把击中对手的要害。

紧随杨涟之后，魏大中补的一刀也没有丝毫作用。

不仅没有作用，甚至还有相反的效果。

魏大中在弹劾魏忠贤的奏疏中说："一杀王安以立威于内廷；一逐刘一燝、周嘉谟、王纪等诸臣，以立威于外廷。"这两桩旧事，都是皇上钦定的，魏忠贤出主意是另外一回事。官场争斗要目标明确，打狗不看主人甚至摆出个打主人的架势，被狗咬那都算轻的了。

让魏忠贤有分筋错骨之感的，是左光斗的猛招。

《明史·左光斗传》："光斗愤甚，草奏劾忠贤及魏广微三十二斩罪。"

左光斗的奏疏是什么内容？没有。

左光斗弹劾魏忠贤奏疏的内容，编撰《明史》的清代学者肯定没见过，当时见到的人数也只是个位数：魏忠贤是一个，左光斗的仆人、家人等几个。

这封奏疏曾有一个底稿，左光斗被捕后，其弟左光先怕引来横祸，悄悄一把火烧掉了。奏疏的零碎内容，左光斗诸子的文章中有涉及。

这篇奏疏其实叫"魏忠贤魏广微内外交通疏"，简称"二魏交通疏"。

"交通"，不是修公路好开车，而是指官员之间搞"团团伙伙"，勾结得甜甜蜜蜜，直到把自己送上死亡之路。

历朝历代，都严禁内外朝官员之间相互勾结，泄露帝王信息是政治大忌，相互"交通"是条死罪。

皇上对自己身边的人，哪怕是最信任的人也是严密监视的，防的就是泄露圣意操控皇上。尤其是内外臣之间钩党、"交通"，这比腐败更严重，因而朝廷有严格的规矩和严厉的措施予以禁止。

规矩是先弄一个"硬件"：明代的官帽两边是张开的"翅膀"，这叫"帽翅"。宋代的"帽翅"更长一些，各一尺，大约就是舞台上的包公形象。这帽翅有什么用呢？官员在一起开会、办公，帽翅的应用功能就是提醒不要交头接耳，私下搞一些小动作。明代官员的帽翅，同样是这个意思。

比"硬件"更硬的是律法。

第九章 生死决斗

《大明律·吏律·奸党》:"若在朝官员,交结朋党、紊乱朝政者,皆斩。妻、子为奴,财产入官。"

《大明律·吏律·交结近侍官员》:"凡诸衙门官吏,若与内官及近侍人员互相交结,漏泄事情,夤缘作弊,而符同奏启者,皆斩。妻、子流二千里安置。"

看准了:"奸党"罪与"交结近侍官员"罪都是行为加后果,有行为即处罚,有后果可处死刑。

这种处罚,极端严厉。受贿罪也可处以死刑,但没有连坐。对朝廷来说,官员收受一点银子,不足以动摇江山社稷,而对制度的破坏则是灾难性的。官员破坏制度,比收受贿赂性质严重得多。

魏忠贤是内臣,魏广微是外臣,外臣与内臣分属两个互相独立的权力系统,互相监督,权力制衡,所以内外臣之间严禁相互勾结。魏广微与魏忠贤是否构成"交结近侍官员"罪,查实也不是太难的事。

一封"二魏交通疏",拿下"二魏"的项上人头,完全是有可能的。"三十二该斩"比杨涟的"二十四大罪"加量百分之五十;从斩魏忠贤到魏忠贤、魏广微一起斩,"加价"百分之百。

从政治大忌入手,左光斗转换了扳倒阉党不同的斗争策略,实现的可能还是有的。

"收益"与"风险"是成正比的,左光斗做好了最坏的打算。左光斗计划在十一月二日将奏疏上陈,事先将妾袁氏和两个儿子送回了老家。分别时，左光斗对袁氏说：我不忍看到孤儿寡母，更不想孤儿寡母拖我的后腿。

两相不忍，还是横下一条心，左光斗在作最后的准备。

让左光斗始料不及的是，关键时刻意外发生了：十一月一日，左光斗接到了削籍（撤职）的圣旨，一下子变成了平头百姓，上奏言事的资格丧失了。

时间怎么这么巧呢？原来，左光斗遭遇了严重的"泄密"事件。而"泄密"者，竟然包括一向"沉密"的左光斗自己。

左光斗有个家奴叫福生，京师人，平时不离左光斗左右。正是这个"身边人"，轻易地窃知了主人的密折，又迅速将内容密报给了魏忠贤。

人性的弱点，左光斗很难预想，最可怕的风险会来自身边。

提督东厂的魏忠贤，手上最重要的一笔资源就是锦衣卫特务。监视左光斗的一举一动，早就在悄悄进行。以金钱为诱饵，锦衣卫已经策反了福生。左光斗刚拟好疏稿，福生即秘密抄下，让魏忠贤第一时间获悉了内容。

这一次，魏忠贤没有像被杨涟弹劾后那样被动地在皇上面前哭鼻子。大男人尊严还是要的，大男人更要长智识。魏忠贤把那些弹劾左光斗的材料，安排人作了系统整理。用"黑材料"黑人，魏忠贤也学会了。天启皇帝还一如既往地相信魏忠贤，魏忠贤有足够的时间等到收拾左光斗的机会。

"神龙失势，与蚯蚓同。"无职无权，遭削籍的左光斗失去了反击的机会。左光斗磨了三十二把刀，是哪三十二把刀无从知晓，知道了也没有多大意义。左光斗回乡了。"无官一身轻"，左光斗想起了大文豪苏轼：王安石当宰相，将他贬到黄州；司马光当宰相，下手更重，将他贬到广东又贬到海南。"滚滚长江东流水"，本朝第一才子杨慎，得罪皇帝被贬云南。官场斗争，失去权力，双方大概就相忘于江湖。

左光斗会忘记家国与阉党吗？不甘心，不可能！

魏忠贤与左光斗会相忘于江湖吗？答案是有的，也不必等太长的时间。

在明季，如果你的正确恰恰证明出别人的错误，那一定是危险的。每一个离开朝廷的东林党人，都是危险的。

三、架势与技巧

离开朝廷的东林党人，并非都意识到危险。对有些东西你一无所知，不是你孤陋寡闻，是因为你离阴暗与低俗过于遥远。

明季士大夫已经塑造了一种风气，这就是"清誉"——丢一次官，人气必定会升一个等级，资历也会点亮一颗星，添加一个星级。清誉，成了东林党的秘籍。

一个人思虑得太多，就会失去了失败的乐趣。东林党官员纷纷落马离京，只是悲壮，并非尽皆悲伤。回到家里，他们会客的会客，吹牛的吹牛，写日记的写日记，赋诗作文的赋诗作文。

历史总会重演，历史不会重演。历史教训的最深刻的地方，就是没有教训。官斗就像炒股，行情不好时，退出就是输。

大约，只过了半年。

半年之后，阉党决定反攻。

官场争斗，焦点与目标都是权力。官帽没有，权力自行消失，重新争斗又有什么意义？

意义重大。左光斗离京前，留下了那封"二魏交通疏"。这是一颗定时炸弹，随时会爆雷。魏广微比魏忠贤更害怕，因为对手说的全是真的，一旦皇上意识到"交通"的恶果，魏忠贤、魏广微乃至整个阉党，都有可能灰飞烟灭。

没有特长的人，整人同样鼠目寸光。显性的对手必须被消失，潜在的对手再成长起来，那就不是魏忠贤时代要考虑的事了。

天启五年（1625）正月，魏忠贤准备重新处理汪文言。这对魏忠贤来说很解气，对东林党来说是好运气。偏偏跳出一个人来，给魏忠贤出了一个更大的主意。这个人便是崔呈秀。

遭赵南星、高攀龙弹劾，崔呈秀被罢官听候审查。赵南星、高攀龙罢官了，崔呈秀重新担任淮扬道御史，同时兼任魏忠贤幕僚。有了崔呈秀，魏忠贤在官斗上不再东一榔头西一棒槌。

崔呈秀造"同志录"，所列名单皆东林党人；又造"天鉴录"，所列名单皆为与东林党人作对的。这"水平"，完善并超越了魏广魏的"缙绅便览"。

崔呈秀要顺着魏忠贤的路子走，汪文言成为出气筒是肯定的了。到底怎么处理汪文言？

大理寺丞徐大化，将崔呈秀的理念朝着实践大胆延伸。徐大化给魏忠贤献计：在东林党人的政治问题上作文章，不如在经济问题上下功夫；给他们定坐移宫罪，因为没有确凿的证据，不能

第九章　生死决斗

令人心服；如果说他们收纳杨缟、熊廷弼的行贿，用"腐败"毁掉东林党人的"清廉"，这才有极大的震撼力！

徐大化的"高招"，魏忠贤听后大喜，连崔呈秀都佩服得五体投地。

进攻阉党，杨涟使出了二十四把刀，左光斗使出了三十二把刀。官场争斗靠的不是数量，拼的是质量。阉党的"反腐败"，反击时只用了一把匕首。

"腐败"，是一个意味深长的高频词。"腐"可能指贪腐，"败"肯定指败亡。贪腐与败亡，是一种制度设计，也是一种官场运行模式。明太祖朱元璋是在苦海中长大的，他给官员开出的俸禄是历朝极低的。这一点，一直受到民间的褒奖，但很少有人破解出统治者的政治智慧。

明朝的"低薪制"是双面的：一方面是统治者精心设计的手段，是以行政手段标榜道德的统治风格；另一方面，"低薪制"下必然的贪污、搜刮与巧取豪夺，又置官场于统治者与民间的双重监督之下，官员的生存更加依附最高权力，官员必然表现出对皇权的绝对忠诚。封建官场中的官员能清廉到哪儿，鬼才清楚，什么时候拎谁，绝对是那小子犯贱或长了反骨，想自寻死路。

腐败，很早就与忠诚相联系。后唐名将、谋臣郭崇韬灭掉后梁后，就曾公开地贪腐，其目的是做好后梁降臣的思想政治工作，同时也是为打消主子对自己政治追求的疑虑。当然，郭崇韬是个正面人物，他贪腐的"成果"，最后全用在了后唐。

明朝的反腐败工作，一直是一把利器。从朱元璋那时起，大小官员在官场跌倒，甚至丢了身家性命，往往就是一锭银子。由于朱元璋对反腐败工作高度重视，十几两银子，也就足以拿下一颗人头。看起来朱元璋出手太重，但依律反腐，并无多少从严从宽的人为选择。

明太祖朱元璋开创的反腐败工作，如果坚持不渝地实行到朱由校这里，应该能够再铸辉煌。而这时该砍下人头或剥了人皮的，第一人选非魏忠贤莫属。事实，正好相反——魏忠贤并没有成为腐败分子，而是在领衔办理别人的贪污腐败。

东林党人是清流，怎么可能也腐败？这是一个技术层面的问题。阉党选择了一个很精准的突破口——汪文言。

汪文言贪了黑钱，是符合明季逻辑的：官场混得风生水起，背后的银子一准光芒四射；官场要是混得憋屈，背后的银子一般也是捉襟见肘。以汪文言作为突破口，办一桩反腐大案，一举干掉东林党骨干：阉党的思路、举措就这么简单。

办大案要预置情境，编造也不能凭空，否则虚假故事连自己都讲不圆。汪文言旧案重审，阉党旧事重提：把天启二年（1622）的"广宁失陷案"给拎出来了。

广宁失陷造成明朝尽失辽西，责任人王化贞与熊廷弼理应追责。广宁巡抚王化贞负主要责任，当即逮捕；辽东经略熊廷弼负次要责任，罢官听候查考。这有什么问题？没问题，客观公正。

但是，朋党势力一介入，形势逆转了。王化贞为东林党人，系叶向高的弟子，广宁失陷后又贿赂魏忠贤，从而得到东林党与阉党的双重袒护。熊廷弼为楚党，又曾获东林党最直接的对头赣党支持，为东林党痛恨。更要命的是，熊廷弼与东林党人杨涟关系又特别近。本来二人只是老乡，交往亲密很正常，偏偏魏忠贤听信风声，怀疑杨涟弹劾自己的奏疏出自熊廷弼之手。不论真的假的，魏忠贤痛恨熊廷弼必须是真的。魏公公是个睚眦必报的人，形势对熊廷弼越来越不利。

官场什么样的事熊廷弼没见过，黑的变白的完全可能。不甘坐以待毙，熊廷弼只得破财消灾，多方"交通"以图减罪。替熊廷弼私下"交通"、打理的人，主要就是汪文言。

熊廷弼给了汪文言多少贿金作为"活动经费"？具体数额已无法考证，但绝非子虚乌有。御史梁梦环弹劾熊廷弼侵盗军费，高达十七万两。梁梦环是阉党分子，这个天文数字水分很大，但重点不在事实真假，而是一种构陷技巧。把偷花盆的小毛贼说成采花大盗，不相干的邻居都会深更半夜爬起来围观。

明朝官场争斗有一个传统，就是将对手的贪腐放大到令人胆战心惊的程度。整贪官严嵩时，对手指控其贪赃"估银二百三十五万九千二百四十七两余"。数字精确到个位数，应该不是杜撰，但追缴了半年只有十万两入库，连皇上都很奇怪："是财物既不在犯家，国亦无收，民亦无还，果何在耶？"抄家之后，严嵩寄食野寺，行乞为生，家里应该没有钱了。事实出入很大，但目的达到了，奸臣严嵩被干掉了。

阉党拿汪文言来"反腐"，操作起来很容易。

当初汪文言替熊廷弼消灾，难度极大，因为让熊廷弼出来背锅，明显是东林党人的主张，东林党不可能支持汪文言。找其他小党，给钱也办不成事。于是，汪文言铤而走险，让人找魏忠贤帮忙,许以重金,有称白银四万两。

请对手帮忙,有这种可能吗?有的,汪文言有次收了别人的好处费,结果自己也没那个能耐把受请托的事情摆平。最后,汪文言转手让魏忠贤代办,自己赚个差价。

办成事,不出事,汪文言这次本来也是能够做到的,因为魏公公并不爱好讲原则,有好处就可以放弃原则。但这一次不一样,抹案的费用太大,熊廷弼支付不起,汪文言就卡顿了。正常的负债要还,拖欠可要不得,何况是拖欠魏公公的"合同款"——尽管是个口头约定。魏忠贤一查,发现了幕后黑手汪文言。

天启五年(1625)正月,魏忠贤将汪文言重下镇抚司诏狱。这事相当不正常:官员贪腐这种案子,一般应该由十三道御史、都察院来办,复杂的应该由刑部、大理寺和都察院"三法司"联合办案,这事跟东厂、锦衣卫有什么关系?阉党早盘算好了,熊廷弼贿赂案是"广宁失陷案"的延伸,关系到国家安全,这就成了厂卫职责范围内的事。

厂卫办案与三法司办案,难道还有什么不同?差别大了。大概就是"核武器"与"常规武器"之间的差别。

并且,厂卫可以根据自己的爱好像放烟花一样地放"核武器"。

四、万能的受贿罪

当春天都是一派无耻的时候,这个世界就暗无天日。天启五年(1625)三月,"东林六君子案"如期炮制,突破口正是汪文言。

汪文言是什么场面都见过的人,脑子灵光,嘴巴也不饶人,审问汪文言并不是一件容易的事。

没有关系,这都在许显纯的预料之中。许显纯也不打算浪费时间了,直接动用"核武器"。

"核武器"就是各种酷刑,有杖、拶、夹等。这些刑具其他官府也有,诏狱是其"升级版"。

杖刑,用刑时将人犯去衣绑定,再用五尺左右的榆木棍狠揍。一般官府按规定使用荆条,诏狱直接用大棒。

拶刑,用拶子套入人犯手指,两边行刑者用力拉。

夹杠,就是利用杠杆原理,将人犯的两腿放入三根相连的木棍之间,行刑者有时用手按,有时用脚踩或跺。

如果人犯还不屈服,还有更猛的。比方说用铁钩钩住琵琶骨,把人犯直接吊起来;用铁刷子沾盐水刷人犯的肉,肉刷尽了继续刷骨头;用铁钉钉入人犯的脚部、腿部或是脑门。让人生不如死,嫌疑人一般会生理、心理同时崩溃,想要什么样的审讯结果自然就有什么。

这么干都行？这在明朝，要看是什么部门执法。明朝其实是个法制社会，实体法、程序法是相当健全的。如果是地方官或司法部门这么办案，那自己就是"故事伤害罪"或"故意杀人罪"。只有厂卫办案，没有这种约束，不必承担责任，刑讯逼供闹出人命，只需给嫌疑人家属几两"埋尸银"，并且还是公家出。魏忠贤提督东厂，等于是掌控了"核按钮"，没有哪个官员经得起这种"核打击"。

许显纯在诏狱里这一通操作，能言善辩的汪文言扛不住了，自己不干净的事估计招供了不少，涉及巡抚级的，《明熹宗实录》中就记了两件：顺天巡抚邓渼，贿结汪文言，被降三级调外任用；李若星通过汪文言花了五千两银子，谋得甘肃巡抚，被革职为民。

一下子干掉两个巡抚，这反腐成果也太显著了。但魏忠贤对此很不满意，这不是他的目的，他的目标是干掉杨涟、左光斗等。严刑拷打之下，汪文言供出熊廷弼贿赂之事，一下子牵出杨涟、左光斗、袁化中、魏大中、周朝瑞、顾大章，即所谓"东林六君子"。其实汪文言一共供出了二十多人，有些人魏忠贤不感兴趣。

汪文言受贿，正常人应该是相信的。杨涟、左光斗受贿，要是相信那就不是正常人了。但你不相信的事，人家自己都承认了。

拷掠杨涟、左光斗等人时，械、镣、梃棍、拶、夹棍一齐上，没有什么办不成的。从天启五年（1625）四月到七月，汪文言、杨涟、左光斗、周朝瑞、袁化中等陆续招认自己受贿，进入

"贪官"行列。

阉党成员中,许显纯是最凶恶的一个,阴损、邪恶程度远在魏忠贤之上。许显纯有一个嗜好,就是看到人犯被打得血肉横飞、鬼哭狼嚎,立马浑身都舒坦,比干啥都快活。从心理学上讲,许显纯是一种变态;从社会学上讲,许显纯集中了人性之恶,并且是根本恶与平庸恶的复合体。根本恶是极权制度下的政治之恶,皇权意志就是最高命令,凌驾于一切法律之上。平庸之恶是对根本恶的盲从,麻木而冷漠,足以摧毁良知与正义,杀伤性更大更直接。幸灾乐祸,康德称之为魔鬼恶习。许显纯与魏忠贤都是恶魔的复合体,除了权力顶层的变化,没有被战胜的可能。

许显纯以酷刑折服了汪文言,也击溃了"东林六君子"。一群官场上的风云人物,也是世人称慕的英雄好汉,其中左光斗更被誉为"铁骨御史",为什么一进诏狱就扛不住呢?除了经不起人间地狱的折磨,还有一种解释:这些东林君子,太了解厂卫的性质,在镇抚司被打死等于白死,"招认"只是策略,目的是快点离开这里,进入正常的司法程序,那里会公正些——尽管也有阉党爪牙,毕竟也有自己的人,这种"受贿案"很容易翻案。

根据汪文言狱中的供述,顾大章承认受贿四万两;左光斗承认受贿两万两,谢荐银一万两,共计三万两;杨涟承认受贿两万两;袁化中、周朝瑞承认受贿各一万两;魏大中承认受贿三千三百两。汪文言临死前,极力否认杨涟受贿,然后放声大笑,笑得好崩溃。

"受贿案"办到这里,左光斗等人就应由诏狱转入刑部狱,交由三法司（刑部、都察院、大理寺）依法审理。在诏狱死里逃生的顾大章，后来即移交了刑部。

但是，君子是斗不过小人的。六君子承认了"受贿"问题，接下来就要将"受贿"的银子全部交出来，这叫"追赃"，追完之后才能将人交三法司审判。

这些银子本来就是违心承认，还真要交出来，从哪儿去弄这么多银子？交不出来怎么办？当然是打，有时还让人犯的家属在一旁观看，这样催交的效果会更好一些。

七月初四是"比较日"，也就是六人限期交"赃银"的日子。两名狱卒夹一个，六人遍体鳞伤，一到诏狱大堂就起不来了。银子没交出，杨涟、左光斗、魏大中、周朝瑞、顾大章各挨了十棍，袁化中因病免于惩罚。

七月十三日，又是比较日。许显纯见胡编的数字也确实太大了，让六人五天交两次，每次不得少于四百两。交不了，每人各打三十棍。

七月十七日，左光斗、杨涟各挨三十棍。许显纯发出最后通牒：剩下的"赃银"分五次交清，否则施以"全刑"！全刑，就是五种刑具全部用一遍。

七月十九日，左光斗和杨涟被施以全刑，二人被打得像快断气的婴儿，叫的力气都没有。周朝瑞、顾大章被各打二十棍、拶敲五十下，袁化中拶敲五十下。

七月二十一日，左光斗和杨涟再次被施以全刑，魏大中被打三十棍，周朝瑞、顾大章被各打二十棍……

屈打成招是可以的，天文数字的真金白银也能打出来？在左光斗后人的撰述中,左光斗的"赃银"无法缴清,实缴"赃银"主要来自几个方面:变卖家产数千两;左光斗旧友孙奇逢与鹿正、张果中及诸生四处募集的数千两。被控的受贿金额是近三万两,"追赃"的结果还不到一万两,左光斗"受贿案"应该不成立。

但是,根据《明熹宗实录》《明熹宗起居注》的记载,左光斗的"受贿"银两,死前全部缴清了。

《明熹宗实录》:"据该县(桐城县)鞫审左光斗亲男左国柱,取该里书亩册兜算,田房共估值一万五千两。又分派伊亲弟左光□(原文无法分辨)罄赀五千两,共足二万两","左光斗所得谢荐银,并着尽数追完","复追左光斗赃银三千四百六十一两"。

《明熹宗实录》显示,追缴的银两均来自左家变卖资产,数额与左氏后人的撰述出入也很大,双方的账明显对不起来。原因在哪里?其实还有第三笔,《安庆会馆征信录》载:"京师宣武门外铁门内,前明时向有安庆府馆一所,后为左忠毅公赎赃变卖。"为替左光斗"赎赃",安庆同乡变卖了安庆府馆,得银两万二千两。这是左光斗"赃款"的主要来源,左光斗为官并无多少积蓄。

"供词"有了,"赃款"有了,阉党"坐实"了左光斗等人"受贿"事实,然后立即将左光斗等五人灭口(顾大章狱中自杀)。

清官死在"受贿"上,阉党应该满足了吧?

还早着呢。

五、舆论是一支愚蠢的箭

"邦有道则仕,邦无道则可卷而怀之",当国家政治昏暗时,中国的知识精英往往选择退隐山林,以不同的物理分区实现精神领域的泾渭分明。但是,山林草野同样有政治,红尘从来非净土。

黄宗羲《辨野史》:"乙丑冬,讹言繁兴,谓三吴诸君子谋翻局,先公(黄尊素)用李实为张永以诛逆奄(魏忠贤)。"

字数越少,问题越大,黄宗羲的这几句话正是这样。

"东林六君子"的悲惨遭遇,引起了强烈的民间舆论反弹。民众是善良的,也是愚蠢的,民间生发的谣言,说的是黄尊素正与太监李实联手,他们马上要将魏忠贤干掉!

这个谣言其实是"抄袭"来的,母本是明朝的一个老故事:正德年间,太监刘瑾专权,也是与外廷官员相勾结,架空了皇帝朱厚照,贪污不计其数,权势炙手可热,大肆迫害异己。

刘瑾是怎么被干掉的呢?安化王朱寘鐇谋反,杨一清总制军务,太监张永督军。平定谋反之后,杨一清与张永联手,顺手干掉了刘瑾。

谣传与故事没有任何可比性。苏州织造太监李实虽不是魏忠贤的党羽，二人也没有明显的矛盾，而张永与刘瑾是有矛盾的，甚至很尖锐；黄尊素与李实仅有往来，杨一清与张永有细致的密谋。问题的关键是，正德皇帝朱厚照是一个个性独立的皇帝，对刘瑾并无依赖。而天启皇帝朱由校，几乎是依偎于魏忠贤与客氏。

更重要的一点是：长于实战的杨一清一挖坑，仅有宫中经验的刘瑾基本上就得掉进坑里；而黄尊素只是一个智者，不是将帅之才。

谣言止于智者，谣言也煽动恶人。魏忠贤听闻传言后内心恐惧，密派心腹到江南打探，并未发现相关蛛丝马迹，准备对谣言忽略不计。这时，刑部侍郎沈演在火上浇了一桶油。

沈演密报魏忠贤："事有迹矣"。意思是说，这事完全有可能！

沈演的动机与背景都十分敏感、复杂。沈演的哥哥沈㴶，是货真价实的阉党，罢官后去世。沈氏是浙江乌程的豪门大族，沈演父子三人都是进士，对魏忠贤这种人也是内心瞧不起。沈演与黄尊素又同为浙江人，黄尊素如果真的闹出什么事，对沈演只有坏处，绝没有好处。

告密向来为君子所不耻，但告密又是一种制度性产物，绝不是一个道德的范畴。几千年的封建王朝，都以株连迫使关联方告密。坏人会告密，好人也得告密，如果告密者都是坏人，这个世界就没有好人。

沈演的告密行为，激起了魏忠贤对谣言的重新关注。这样一来，首先就将李实给吓坏了。

讨好一个恶人，必须使恶人得到好处，任何自我洗刷与自辩都没有意义。惶恐中的李实，生怕招来杀身之祸，立即遣心腹到京向魏忠贤辩白，同时向朋友、魏忠贤的亲信李永贞太监求救。为行事方便，李实还让心腹携带空白公文（空印），防止需要材料而措手不及。

要划清与东林党的界限，必须向阉党交上"投名状"。李永贞代李实起草了一份奏疏，弹劾黄尊素等东林党人。因奏疏上李实没有亲笔签署，因而被称作"空头本"。

东林党人一贯善于操持公众舆论，但多见喝彩，少见实效。公众舆论的矛头不论直接指向谁，其实质都是与朝廷相对抗；公众舆论潜含的保护者，往往会被这支愚蠢的箭首先射中，这是一个相当有趣又无奈的现象。吴中兴起的倒魏舆论，真正的获益者最终只有李实一人：李实就此得到阉党的庇护，清算阉党时又因查无李实签名，让其只有收益而免于风险。

天启六年（1626）二月，苏杭织造太监李实以"欺君蔑旨"罪，弹劾周起元、周宗建、缪昌期、高攀龙、李应升、黄尊素、周顺昌。此七人，被称作"东林七君子"。

"七君子之狱"，是魏忠贤兴起的第二次大冤狱。七个人，没有一个人活下来：

黄尊素是阉党必须铲除的，他是东林党的智囊，也是舆论操持的高手。有黄尊素的存在，就意味着阉党的坐卧不安。发生地震或出现天空异象时，黄尊素愤然上疏，说这都是魏忠贤与客氏作恶造成的。客、魏是万恶之源，但说天气变化都是他们操持的，这也有点冤。黄尊素被坐赃二千八百两，关入镇抚司诏狱，

第九章 生死决斗

许显纯、崔应元秉承主子的旨意，严刑追赃。三日一比，比即四十棍。黄尊素身无完肤，血肉淋漓，死于狱中。

周起元曾任苏杭巡抚，与横征暴敛的李实本有冲突。周起元被诬劾"贪没帑金十余万"，这玩笑开得太大了。根本就没有可能交得起的"赃银"，被打死是周起元的唯一结局。

周宗建曾不满客氏出宫后又入宫，天启二年（1622）率先弹劾魏忠贤，次年又三次上疏指斥魏忠贤擅权乱政，旁及客氏与太监刘朝，这都是阉党报复的理由。周宗建被诬收受熊廷弼贿赂，在诏狱被沸水浇身折磨而死。

缪昌期在杨涟罢官后公开为其送行，这也是魏忠贤不能容忍的。宁可得罪一千个君子，也不要得罪一个小人。亲君子，远小人。同样是得罪小人，缪昌期被诬受贿三千两，死后在其袖子中找到了被打落的十根手指。

李应升密书魏忠贤十六大罪，参与高攀龙弹劾崔呈秀，公开声援杨涟、左光斗，不能不为阉党所痛恨。李应升被坐赃三千两银，下诏狱酷掠而死。

唯一可能不死的是周顺昌。周顺昌与魏忠贤没有明显的正面冲突，但当周起元被削籍时，周顺昌撰文表示称赞；魏大中被逮捕路过周顺昌老家，周顺昌设宴款待，还将女儿许配给魏大中的孙子；旗官多次催促魏大中上路，周顺昌将旗官大骂一通，指着旗官的鼻子说：你要是怕魏忠贤找你麻烦，你就回去告诉魏忠贤，是我要留魏大中待几天的，我是原吏部郎中周顺昌！

太耿直，要看活在什么时代，否则肯定不能活。周顺昌被坐赃三千两，被锦衣卫抄家抓捕。这可能是锦衣卫抄家史上最寒酸的一次：周顺昌家的房子是破的，什么值钱的家当都没有，"吃瓜群众"看着都寒心，连锦衣卫缇骑都有点看不下去。朝廷不能这么对待清官，逮捕周顺昌直接引发"苏州民变"。但民心有用吗？没有，只能让周顺昌死得更快些。

唯一没有死在诏狱的是高攀龙。这位东林党领袖、主持正风肃纪的都察院左都御史，也被诬为"大肆贪婪"。在锦衣卫缇骑到来的前一天，高攀龙自沉而死。

一个人看不到未来并不奇怪，奇怪的是一个时代看不到未来。官场争斗的终点是输赢，有那么一群人若是赢了，那个时代就输惨了。

第十章　落花流水

以冷血与铁血手段清除异己,"内外大权一归(魏)忠贤,自内阁、六部至四方总督、巡抚、遍置死党",阉党迎来了高光时刻。

《桃花扇·余韵》:"眼看他起朱楼,眼看他宴宾客,眼看他楼塌了……"

他朱楼所起,他宾客云散,官场争斗,哪有不塌的高楼、不散的宾客?有些败亡,在其盛极一时的时候即已注定。

第十章　落花流水

一、内阁中的软柿子

明朝的政治制度，是不允许"宰相"存在的。内阁首辅叶向高说过，内阁的阁臣绝非前代之宰相。明朝内阁的议政权、监督百官执政权，都来自非制度化的帝王授权，其本质仍是皇帝的"秘书处"。事实上，魏忠贤又是通过控制内阁实现了对内外大权的掌控。但以"内相"控制"外相"，这在明朝还是第一次，也是最后一次。而任何没有制度基础的现象，都是畸形的，不可能长久。

魏忠贤操控内阁，是从天启三年（1623）魏广微入阁起步的。担当起阉党的这等重任，魏广微有点勉为其难。

魏广微其实是个软柿子，通过魏忠贤"帮忙"进入内阁，根本就不被老资格的东林大佬待见。魏广微在内阁不仅没有地位，甚至连办公桌都没有——据说是内阁的办公用房有限，没有放魏广微办公桌的地方。

身无铠甲，别显锋芒，藏拙才是智慧。不能什么不顺心的事都求主子解决，事事都将主子顶在头上主子也烦，自己在主子的眼里也没有分量，魏广微得练习自己解决问题。当然，办公桌最终肯定会有的，在墙角边搭一张也不必太计较。一个内阁成员，一张办公桌都没有，这拿到台面上也说不过去。但东林大佬又必须使点眼色，让魏广微掂量一下自己有几斤几两。

魏广微是个没有骨气的人，也是一个聪明人，他知道自己在内阁的分量，也知道自己在魏忠贤那儿的分量。魏广微找魏忠贤谋官，本质上就是花钱买官帽，还不是铁了心的卖身投靠。一个德才兼无的人权势熏天，怎么可能是官场常态？丧失人格利用一下是可以的，丧失智商把自己和他绑在一条船上绝对是危险的。

魏广微既向魏忠贤示好，也不与东林党翻脸，玩的是骑墙。

但是，魏广微在墙上没骑稳，被东林党一张纸给吓下来了。魏广微屁股着地的地方，只能落在阉党的地盘。

《明熹宗实录》："天启四年冬十月，熹宗旧纪：是月壬午朔亲享太庙，大学士魏广微后至，魏大中劾以不敬。"

天启四年（1624）十月初一，朝廷在太庙举行重大活动，天启皇帝亲自参加，王公大臣必须统一着装，提前到场。结果，身为内阁重臣的魏广微竟然迟到了。现场负责会风会纪的魏大中发现后，弹劾魏广微"不敬"。

魏广微开大会迟到，不是简单的罚俸、扣赏赐的问题。魏大中将其定性为"不敬"，属于犯罪。这种事如果发生在明初，可能被杀头；明末各方面的要求都低了，按照《大明律》的最低条款，应杖一百。施以廷杖，得当众扒掉裤子，这在官场还有什么面子呢？厚着脸皮混下去，也没意思啊！

魏广微自知理亏，主动提出辞职。天启皇帝接到辞呈，说这次就算了吧，下次可得注意点。

魏大中高高举起的板子，没有打中魏广微，最终还打在了自己身上。皇上说，你们这些人喜欢挑事，不谙大体，罚俸一年。

魏广微心里清楚，这是幸亏魏忠贤在皇上面前替自己说了好话。官场实在太难混了，谁没有个失误的时候？有了靠山，能大事化小，小事化了。没有靠山，到手的官帽哪天飞了都不知道怎么回事。从此，魏广微恨上了魏大中，死心塌地紧跟魏忠贤。

投靠魏忠贤，单靠表忠心、逢年过节送礼那是不够的。魏广微琢磨，得给魏忠贤做点贡献。

魏广微对魏忠贤做的最大贡献，就是降低了魏忠贤控制内阁的难度。明朝的内阁，从张居正当首辅那时起，内阁的"票拟权"就归于首辅一人，其他大学士属于群辅，商议时可以发表意见，最终还是以首辅的拍板为准。票拟权太重要了，圣旨的内容，实际上都是以内阁首辅的票拟为母本的，正常情况下几乎不改动。

天启四年（1624），首辅叶向高辞职，群辅之一何宗彦病逝，韩爌成为内阁首辅。韩爌是东林党人，人也正直，一般情况下都不买魏忠贤的账，魏忠贤想名正言顺地获得自己想要的圣旨，也是有一定难度的。魏广微给魏忠贤出了个主意，让其鼓动皇上，将内阁的票拟权分到群辅头上。这种"分工负责制"，剥夺了首辅的票拟大权，魏广微分得了权力，魏忠贤操控内阁的难度直线下降。

有一天，魏广微看见几案上有本《缙绅便览》，顿时茅塞顿开，冒出了一个奇妙的主意。

《缙绅便览》相当于"干部通讯录"，有官方印制的，也有市场化出版的，目的是为官员平时联系工作提供方便。当然，要是有什么事需要找哪位官员请客送礼，查一下《缙绅便览》同样方便，所以街头也有售卖的。

魏忠贤没文化，送他大部头的精装书，还不如送厕筹。魏广微拿起一本《缙绅便览》，在官员的姓名下画上不同的记号：东林党画一种记号，友党画一种记号；普通东林党人画一个符号，能量越大加的符号越多，就像今天低年级的直观的教学参考书。

魏忠贤一见，大为高兴，说干文化还得你们文化人！

当然，魏忠贤也不是完全没文化，只是文化少得可怜。魏广微版的《缙绅便览》，通俗易懂，一目了然，魏忠贤如获至宝，再也不用特别费脑子一个一个地记住仇人了。

据说仓颉造字时，夜间的鬼神都在哭泣。文人之恶不是隔夜豆腐的酸腐味，而是令肌肤发腐的效果。

魏广微的"文化创新"，让其他阉党分子羡慕嫉妒恨，纷纷跟进表演才艺：《东林点将录》《东林同志录》《盗柄东林夥》《夥壤封疆录》等纷纷出炉。其实，这些都是跟《缙绅便览》差不多的东西。王绍徽的《东林点将录》，稍微多点创意，是仿《水浒传》那样，在东林党一百零八人名单前加一个绰号。如缪昌期计谋多，就叫"天机星智多星左谕德缪昌期"；文震孟是状元文笔好，就叫"地文星圣手书生翰林院修撰文震孟"。魏忠贤从小就听过《水浒传》，王绍徽的《东林点将录》，轻松地解决了魏忠贤的知识短板问题。

阉党大了，"内卷"有了，也让魏广微感到了压力。魏广微因东林党上了魏忠贤的贼船，也因东林党下了魏忠贤的贼船。

魏广微最痛恨的是杨涟，对左光斗等有些东林党人不是太仇

第十章 落花流水

视。天启五年（1625）三月后，"汪文言案"结案，杨涟、左光斗、魏大中、袁化中、周朝瑞、顾大章六人陆续被下北镇抚司，顾秉谦主张全部消灭，魏广微主张打击重点。

六月的一天，魏广微的一位心腹对其说："杨涟攻击魏公公牵涉您，知道这里面是什么缘故吗？"魏广微说："这个我怎么知道？"这位心腹道："出面的是杨涟，出主意的是左光斗，润色的是缪昌期。我为您了结此事吧！"听心腹这么一说，魏广微又与顾秉谦态度一致了。

吏部尚书崔景荣，不是东林党，也不是阉党，人也正直，听说杨涟在狱中被打得太惨，觉得这太没道理了。自己出不上力，他便找到魏广微，请其出个面，说处理官员不能太过分。

魏广微感觉崔景荣讲的是对的，官场斗争不能伤天害理。魏广微给天启皇帝上了一道很长的奏疏，大意是说：杨涟如果犯了贪赃之罪，应该转交给法司依法定罪；镇抚司这么干，有伤上天好生之仁，也违背了本朝的祖宗法度；这么乱来，必使"朝政日益混乱"，与古代帝王"大相径庭"。

魏广微的奏疏入宫，魏忠贤气得七窍生烟。对东林党人的同情，就是对本公公的残忍，魏忠贤将魏广微骂得狗血淋头。魏广微害怕了，也清醒了：跟这样杀人不眨眼的魔鬼在一条船上，不可能会有什么好下场。

想通了，下船吧。魏广微上疏乞求罢职，但又未获允许。

两个月里，魏忠贤都不给魏广微好脸色。这天，魏广微接到天启皇帝斥责群臣的圣旨，见到其中的两句话，差点被吓晕过去。

圣谕:"朕正遵循先王旧制,而说'朝政日益混乱';朕正祖述尧、舜,而说'大相径庭'。"

他心里明白:这种圣旨,差不多都是魏忠贤的意思;这两句话,肯定是冲着自己来的。魏忠贤阴险恶毒,根本得罪不起。魏广微去求顾秉谦,让他在魏忠贤面前为自己说点好话。他又连上三疏,方获准告老还乡。

魏广微体面地下台了,但总是惴惴不安,直至两年后病死。

对阉党来说,魏广微的离去是一个重大损失,也是一个不好的征兆。接着传来的一声爆炸,几乎炸塌了阉党的神经中枢,损失最大的是阉党的内阁。

天启六年(1626)五月初六日上午巳时(9-11时),京师东北方向传来巨响,顿时"天崩地陷,昏黑如夜,万室平沉",以王恭厂为中心的方圆十三里内"尽为齑粉,屋以数万计,人以万计",史称"王恭厂大爆炸"。

当时,魏忠贤正与心腹密谋罗织其他东林党人罪状。爆炸的冲击波震落魏忠贤坐处的鸱吻,两名小太监被当场砸死。干缺德事被上天发现了?魏忠贤等人顿生恐惧。

魏忠贤亲信、司礼监秉笔太监李永贞,当时左腿跌伤。上天这是要干什么?李永贞极为恐惧,坚决请求告老还乡,以免遭受报应。

内阁首辅顾秉谦,大爆炸之前对魏忠贤言听计从,大爆炸发生后觉得坏事做绝,肯定招惹了老天。顾秉谦是研究风水学的"专家",次日上疏,认为大爆炸是"此阴奸阳,刑奸德之象也"。

官场回归"学术",顾秉谦差一点一巴掌打上客氏与魏忠贤的脸。从此,顾秉谦洗心革面,改弦更张,下决心退出官场。

除了首辅顾秉谦,兵、吏、刑、礼四部尚书及一名御史也因此去职。数名阉党成员不惜政治前途,严厉批评朝政。尽管没有跟魏忠贤直接翻脸,但阉党阵营已经分裂。

"王恭厂大爆炸"是什么原因呢?不清楚。正因为不清楚,那只能归于上天与神,这是时代的认知天花板。钦天监的权威而"科学"的结论,也是如此。

《天变邸抄》:"钦天监周司历奏曰:五月初六巳时地鸣,如霹雳之声,从东北艮位上来,行至西南方。有云气障天,良久未散。占曰:地鸣者,天下起兵相攻,妇寺大乱。"

"妇",妇女,指向了客氏;"寺",太监,指向了魏忠贤;"妇寺",等于说祸起客、魏乱政。钦天监的"科研报告",比东林党更猛。

魏忠贤也被炸醒了。每一个官场上的神奇存在,背后都隐藏着一尊不可战胜的神。魏忠贤要走向什么样的神?

二、神的同谋

大明王朝的世俗官场从来就没有离开过神圣,帝王的神圣也不过是因为神的支撑。肇始殷周的"天命","天"即"神"。君权神授，帝王是神的代言，也为神所监视。

历史上饿殍遍地的年代，"丰收"是不变的风景；魔鬼出没的时代，"造神"是第一要务。

天启六年（1626），大明王朝的州府郡县之内，五十余座供奉魏忠贤的生祠拔地而起。北京城内，遍布四合院形制的小型祠堂，还有宏伟的寺庙，屋顶是闪闪发光的琉璃瓦。供奉魏忠贤的这些生祠还矗立在帝陵和京师孔庙旁，里面有着珠光耀眼的塑像和巧夺天工的饰物。花费了价值数十万两的私家与公共金银，造出的魏忠贤生祠都受到了严密的保护。

魏忠贤的生祠规制宏大，几乎比得上帝王的宫殿：在开封，十根巨柱支撑起的大殿耸立云霄，无数的树木被砍伐作为梁木，数以百计的房屋因此被拆毁。至少有六十名官员参与了这一生祠的建造。

每处生祠都竖立起一座高大的颂德碑，其中一座留存至今，有三尺宽，一尺厚，一丈二尺高。每一座生祠正中都矗立着魏忠贤的塑像，大多是木制、青铜或鎏金的塑像。督饷尚书黄运泰在迎魏忠贤像进入新落成的生祠时，行五拜三稽首的大礼，这是对皇帝才能行的礼仪。他率领文武官员一起叩头，再额外叩头，以表达自己的感激之情。他的谄媚让旁观者尴尬不已，"皆汗下浃踵"，时人评说："一时天下如狂。"

造神运动的始作俑者，是浙江巡抚潘汝桢。

潘汝桢（1573—1627），字镇璞，南直隶桐城（今安徽桐城）人，万历二十九年（1601）进士。

潘汝桢与左光斗是同乡，年龄比左光斗长两岁，进入官场比左光斗早六年。跟左光斗相比，潘汝桢累积了丰富的官场阅历：担任过缙云、慈溪知县，出任过屯田御史、巡按御史。天启初年左光斗因"拥戴之功"火箭式攀升，潘汝桢却因母亲去世、父亲去世两次丁忧长达六年，失去了升官的机会，也就失去了投机的机遇。

官场升迁，从来都不会无缘无故。潘汝桢以投靠魏忠贤，来实现对同乡左光斗的"弯道超车"。潘汝桢也是一个机会主义者，在东林党与阉党之间炮火连天又胜负不明之际，作了他一生最重要也是最成功的投机，谋得了远离争斗的位子：以佥都御史衔巡抚浙江。

世界上最大的无耻，就是明明靠卑鄙上位，却偏偏要显示出靠努力成功。潘汝桢新的努力，其实仍旧卑鄙无耻。朝政形势明朗下来，东林党与阉党间的角斗大局已定，潘汝桢感到自己的难题来了：有投入才有产出，坐享其成同样不是官场常态，自己应该为魏公公贡献点什么。

潘汝桢想到为魏忠贤树块碑，这是地方官最好的一口，越是一无是处的人越要树碑。

河南长垣知县高知止，万历十一年（1583）进士。高知止在任期间功德没啥，捞到的好处倒不少。离任时，高知止暗示朋友为自己立块"去思碑"。于是有朋友捐钱，有朋友撰文，有朋友书丹。然后，将一块大石板放在龟趺底座上，大石板正中刻的是歌功颂德之文。

万历三十九年（1611），高知止的"去思碑"摇晃了一个多月，当地人还在附近发现了一个斗大的蛋。老百姓也不知道龟趺是神兽觑屃，以为就是一只大王八。高知止的"去思碑"应该是个豆腐渣工程，晃着晃着就倒了，紧跟着高知县也倒了：多年前的贪赃事发，高知止和碑文撰写者、书丹者都被查处。

这下长垣县的老百姓传开了：高知县就是一个"王八蛋"，"去思碑"不喜欢他撒谎，天地神灵有明鉴。

潘汝桢一想到这个故事，忍不住又一次笑了起来。但笑归笑，对魏公公该吹捧还得吹捧，哪怕吹捧得自己都觉得可笑。

给魏公公树碑立传，可不能搞高知止的那种碑了。潘汝桢苦思冥想，决定一鸣惊人，在阉党队伍中立下奇功。

天启六年（1626）闰六月初二日，浙江巡抚潘汝桢上奏皇帝："东厂魏忠贤，心勤体国，念切恤民，鉴此两浙岁遭灾伤，顿蠲茶果铺垫诸费，举百年相沿陋习积弊，一旦厘革，不但机户更生，凡属兹土，莫不途歌巷舞，欣欣相告，戴德无穷。公请建祠，用致祝釐。"

把黑的胡说成白的不是本事，把错误总结成功劳才是"水平"。潘汝桢的"水平"，就是把灾祸总结成功绩：杭州的商家因为是宫廷的供货商，有太监驻地负责，商家平时要给负责采买的太监提供相关费用。这几年浙江受灾，商家无法供货，利润没有了，但费用还得交。魏忠贤表态：算了。

潘汝桢发现这就是魏忠贤的功德，要在西湖之滨为魏忠贤建一座生祠。

论荣誉，魏忠贤啥都不缺：厂臣，元臣，上公，尚公，殿爷，祖爷，老祖爷，千岁，九千岁，九千九百岁。让天下人顶礼膜拜，这可是第一遭，魏忠贤闻之大喜。

第十章 落花流水

魏忠贤喜出望外，倒是情理之中的事。让人意外的是，天启皇帝也很高兴，并为魏忠贤生祠题写匾额，名曰"普德"。

以潘汝桢兴建的魏忠贤生祠为标志，魏忠贤由一个官场弄权者，变成了朝政的操持者，灰头灰脸变得神圣有光。建生祠迅速成为那时官场最新、最热的投机项目，各级官员趋之若鹜：工部侍郎曾国桢，建魏忠贤生祠于卢沟桥畔；巡视五城御史黄宪卿，建魏忠贤生祠于京城玄武门外；顺天府尹李春茂，建魏忠贤生祠于京城宣武门内；陵卫指挥李之才，建魏忠贤生祠于南京孝陵前；河道总督薛茂相，建魏忠贤生祠于凤阳皇陵旁；应天巡抚毛一鹭，建魏忠贤生祠于苏州虎丘；蓟辽总督阎鸣泰，建魏忠贤生祠于蓟州、密云、昌平、通州、涿州、河间、保定；宣大总督张朴，建魏忠贤生祠于宣府、大同；山西巡抚曹尔桢，建魏忠贤生祠于五台山；山东临清建魏忠贤生祠，拆毁民房一万余间；河南建魏忠贤生祠，拆毁民房一万七千余间，仅开封即拆毁民房两千余间……

魏忠贤生祠，更是检测官员对阉党忠诚度的试金石。天津巡抚黄运泰，将生祠中供奉的魏忠贤像，雕刻成"垂旒执笏"。这本是政治大忌，因为"垂旒执笏"系帝王容相。兵备副使耿如杞看到后，面露不屑，结果遭到刘诏的弹劾，被关入锦衣卫大牢。蓟州道胡士容，不愿修建魏忠贤生祠，被人告发，立遭逮捕，还被问成死罪。遵化道耿如杞进入魏忠贤生祠后，未向魏忠贤雕像行五拜三叩大礼，也被逮捕问成死罪。提学副使黄汝亨，见杭州西湖魏忠贤生祠太豪华，没忍住议论了几句，守卫生祠的人当场乱棍齐下，将这位朝廷命官活活打死。

太可怕了，不仅仅在神。官场每一尊神的背后，有无数的魔，无数的鬼，呈几何级数增长。

魏忠贤的生祠，带给东林党人极大的愤怒，但他们并无实质性的反击，仅仅愤怒而已。这不仅仅是对抗的实力不足，而是哑巴吃黄连，有苦说不出。他们也是生祠的热衷者，也喜欢把自己弄得神神道道。韩爌曾反对建魏忠贤生祠，同时又撰文赞扬同党建生祠；礼部尚书李思诚，自己建有生祠；礼部尚书李标，自己建有生祠；欧阳东风，自己建有生祠；吕维祺致信开封士绅反对建魏忠贤生祠，但自己建有生祠；姜志礼被魏忠贤勒令致仕，但自己建有生祠；丁启濬在魏忠贤监禁周顺昌时曾仗义执言，但自己建有生祠；李守俊反对建造魏氏生祠而罢官，但自己建有生祠；尚书李宗延被阉党罢官夺爵，但自己建有生祠。广建生祠，实际上对严肃的生祠理论和实践都作了无情的嘲弄。

每一座"去思碑"，都是官场中人试图登上神坛的尝试，也是对泛化的官场竞争对手的宣誓。以建祠而封神，是阉党专权的阶段性必然。摆脱神的监视而成为神的同谋，魏忠贤个人崇拜席卷全国。帝制时代，皇权至高无上，魏忠贤封神同样要有制度与权力的保障，天启皇帝已将权柄交到了魏忠贤手上。

神一样的魏忠贤，还要野蛮生长多久？

三、神的脚下

生祠野蛮生长的最终结果，就是魏忠贤俨然成为"并帝"：

第十章　落花流水

天上两个太阳，地上两个皇帝。

吕毖《明朝小史》："举朝阿谀者俱拜为干父，行五拜三叩首礼，口呼'九千九百岁爷爷'。"

皇帝是"万岁"，魏忠贤是"九千九百岁"，比皇帝少一百岁，含金量百分之九十九。这百分之一的差距就在于，天启皇帝朱由校是坐在龙椅上，魏忠贤是站着的"皇帝"。内外大权，魏忠贤一手并揽。

一个阉竖何以成"神"？背后是皇上支撑，这一点是肯定的。魏忠贤的"天敌"东林党人，天启皇帝颁布诏书，将其定为"奸党"；明朝太监的"天花板"是正四品，魏忠贤则身兼公、侯、伯三爵。魏忠贤的侄子魏良卿，因神一样的叔叔官升九级，加至"太师"后还剩余一级没法再加，只得折算成禄米三百石。魏家还在吃奶的子弟，起步即超过"三朝元老"：魏忠贤的一个从孙被封为安平伯，另一个从子被封为东安侯。大多数人这一生也到不了罗马，他一出生就在罗马。

成"神"之后的魏忠贤，还要成为"圣"。天启七年（1627）五月，国子监生陆万龄上书，说"孔子作《春秋》，忠贤作《要典》；孔子诛少正卯，而忠贤诛东林"，魏忠贤之功"在禹之下，孟子之上"，建言以魏忠贤配祀孔子，以魏忠贤之父配祀孔子之父，在国子监西侧建魏忠贤生祠。陆万龄不是仅仅说说而已，还要国子监去落实，这可把国子司业林钎吓坏了。这种事既不能办，又不能不办，林钎只好说：我生病了，这段时间不上班。

要知道，林钎曾是探花，科举考试成绩在当年名列第三。即便是个普通人，也会知道"事出反常必有妖"的道理，不正常的东西怎么会常态化？一己之力不能阻挡的事，林钎宁可选择削职为民。这就叫清醒，官场不存在皆如我愿的选择。疯狂地造神，阉党集团同样是胆战心惊的。是官刁于民，官场上哪有一个傻子。魏忠贤玩大了，这尊"神"让身边的人首先感到了害怕。

自天启六年（1626）六月起，阉党集团高层即开始异动：内阁首辅顾秉谦致仕；刑部尚书徐兆魁去职闲住；大学士冯铨被免职；吏部尚书王绍徽被免职；工部尚书（管侍郎事）徐大化离职闲住；兵部尚书霍维华，也寻思离开魏忠贤，哪怕是到战场前线去谋个差事。

无论是主动请辞，还是惹恼魏忠贤遭到处罚，元老级的阉党大人物内心都是充满恐惧的。高处不胜寒，"神"的脚下是彻骨的阴冷。

但更多的官场中人都在这尊"神"的远处，仍旧还在向"神"奔跑的途中。这些功名利禄之徒，魏忠贤让他们占领了内阁，在六部尚书和都察院左都御史这"七卿"占了五席，三十名总督、巡抚的位子至少给了他们十三个。中央机构约有70%的位子归于阉党。地方政权相对较低，那里离"神"实在太远。地方官们不是不想，而是不能。

神是令人敬畏的，阉党的神话里，没有"敬"只有"畏"。魏忠贤的手里，哪里有取之不尽的好处？更多是用之不竭的坏处。魏忠贤手中的东厂与锦衣卫，足以将任何人打跪在"神"的脚下。厂卫是恶制度生出的一根恶藤，恶藤上开出的都是恶之

第十章 落花流水

花。如果厂卫里还有好人，那必定是恶藤上的一朵奇葩。把自己当"神"，拿厂卫护"神"，是魏忠贤一生最后的爱好。

奉承别人的爱好，是各种阿谀手段中最好使的一个。

扬州知府刘铎，与工部屯田司郎中万燝是同年、同乡。万燝写信给刘铎，说你当知府的地方好，与东林书院近在咫尺，我很想去但去不了，你若不去就太可惜了！刘铎得信后飞棹过无锡，进了东林党人的"朋友圈"。刘铎又结识了一位游方和尚本福，雅集时给和尚写了个扇面，没想到惹出天大的祸事。

游方和尚本福刚到了北京，就被东厂特务给盯上了。一搜，和尚带的扇面上有句"阴霾国是非"，这不是影射、攻击魏公公吗？一查，这诗是南京刑部主事欧阳晖写的，但后面盖的印章又是刘铎的。

就算"阴霾国是非"有问题，这与刘铎也关系不大。当时，刘铎给本福写扇面时没带印章，事后派人送去印章，让本福补盖。不知是无意还是有意，本福将刘铎的印章也盖到了欧阳晖的诗上。这事应该很容易查清，但刘铎得罪人自己都不知道。

在某些历史时期的官场，地方官是否为民造福不重要，若是一些方面做不到位，才是致命问题。刘铎的地盘上，出了一位京官倪文焕，这人可了不得，眼下正是魏忠贤手下的红人。逢年过节，刘知府如果到倪文焕家走动走动，这样倪家会有面子，刘知府也能多一座靠山。官场有一种"神"，神力不足以保佑你升官发财，但足以让你头疼脑热，遇祸生灾。

刘铎的祸事，就来自倪文焕的一句话。倪文焕对这位父母官很厌恶，平时也拿他没办法。听说本福和尚的事牵涉刘铎，他立即唆使崔呈秀在魏忠贤面前夸大其词。魏公公要整死一个知府，约等于碾死一只蚂蚁。

天启五年（1625）十一月初四，扬州知府刘铎被拘捕。如果被关进刑部狱，刘铎可能坐几年牢就算了。关进诏狱，刘铎基本就没有活着出来的可能了。

"福兮祸所伏，祸兮福所倚"，刘铎庆幸自己被关进了诏狱。在这里，刘铎遇上了朋友、魏忠贤的侄子魏良卿。魏良卿很惊讶，问：兄弟你犯了什么事？刘铎说，我给本福和尚题了扇面，但"阴霾国是非"真的与我无关。魏良卿一查，确实就是这么回事。魏良卿放心了，对刘铎说：没事了，回头我跟叔叔解释一下，你等着回去当知府吧。

刘铎那是千恩万谢，魏良卿又想起来了，说：锦衣卫抓你，有没有勒索银子？刘铎道：三千两。"我朋友的钱都敢要……"魏良卿很生气，勒令锦衣卫原数退还。这下，刘铎算是因祸得福了。

刘铎没有想到，退还银子的事，把收银子的锦衣卫官员给得罪了。这位锦衣卫官员，派人日夜盯着刘铎，看看能不能找到刘铎的把柄，把受的窝囊气给吐出来。还真是巧，宁安大长公主之子李承恩，家中收藏着皇帝赐给大长公主的器物，魏忠贤诬告他盗窃天子御用物，被定为死罪，关押在刘铎旁边的囚室。李承恩企图贿赂魏良卿化解自己的祸事，结果被东厂发觉。

报复刘铎的时候到了，锦衣卫官员诬告刘铎在狱中为李承恩行贿拉皮条。刚放出去的刘铎，又被抓了回来。

这次刘铎的问题，没有上次严重。但刘铎的家人很害怕，天天夜里祈神保佑，一遍一遍，一遍又一遍。刘家人在干吗？反正听不清。举报的人说，刘铎的家人诅咒魏公公。这下坏了，刘铎的拉皮条案又变成了政治诽谤案，刘铎最终还是丢掉了性命。

"神"的脚下，寸草不生。

四、权力场的概率

阉党完成了对权力场的绝对控制，官斗会不会就此偃旗息鼓？

不会。权力场的博弈，核心驱动力在利益，胜负在实力，在权谋，还在或然。官场争斗的诱惑力，还在于胜负无常的或然性，低概率事件发生导致反败为胜。每一个失败者，其实都不必为失败而灰心。低概率也是概率，沉湎赌博的人在这方面应该感触更深。如果逢赌必输，谁还愿意上赌场？

天启朝影响权力场争斗走向的低概率事件，发生在天启五年（1625）五月十八日。

这个时间点很特别："东林六君子"的周朝瑞、袁化中，五月被关押于北镇抚司；顾大章，五月二十六被关押于南镇抚司，六月二十八日移送北镇抚司；魏大中，六月二十四日被关押于南镇抚司，二十六日移送北镇抚司；杨涟、左光斗，六月二十六日被关押于南镇抚司，二十七日移送北镇抚司。六君子入狱，全部在五月十八日前后。

十八日上午，天启皇帝参加完朝廷祭祀仪式，转驾西苑集体游玩，成员包括阉党核心人物魏忠贤和客氏，一帮人在大船上喝酒赏景。

下午申时，天启皇帝突然来了兴趣，要亲操小船湖中"冲浪"，来点更刺激的。

这浪还真来了，一阵狂风掠过湖面，小船翻了，天启皇帝连同两个小宦官一齐落入湖中。

湖心水很深，也没有救生设备，天启皇帝大概率没救了。

天启皇帝一旦落水而死，权力格局将顿时改变，明朝的历史也可能就此改变，很多个体的命运也可能随之改变。当年海瑞骂皇帝，准备判绞刑，结果嘉靖皇帝驾崩，提牢主事立马请海瑞喝酒。海瑞以为是"断头酒"，没想到喝完酒就被通知回家。

六君子没有喝断头酒，也没有回家，因为天启皇帝被人救上来了。

情急之下，魏忠贤扑通一声跳入水中。魏忠贤并不会游泳，湖水有多深他就能沉多深。舍身救皇帝，魏忠贤不是做样子，那是真心，救得了还是救不了没必要考虑。魏忠贤是可能被淹死的，倘若就此"光荣"了，多一个"英雄"无所谓，明朝的历史肯定也被改写。

管事太监谈敬水性好，反应也快，硬是把湖中心的天启皇帝给救了上来。魏忠贤也被救起来了，只有两个小宦官没人关注，因为这两个人不是权力场的砝码。

但是，明朝的历史，还是就此而改变。天启皇帝"气质清弱"，自幼体质就差，这一呛水就病上了。御医用药，疗效甚差，天启皇帝的病情有时好一点，有时又复发。

第十章 落花流水

皇帝生病，对很多人来说都是机会。霍维华在这方面一直敏感，自打帮魏忠贤除掉王安，他一路升官，升至兵部右侍郎，又加兵部尚书、太子太保。到了秋天，天启皇帝病情又加重了，霍维华立即给送去了"仙药"，名叫"灵露饮"。

"灵露饮"是哪路"仙药"呢？阉党成员、太监刘若愚作了详细记载。

《酌中志》："按维华原献蒸法，大略用银锅一口，口径尺，内安木甑如桶，高尺余，圆径称之。甑底安箅，箅中央安长颈大口空银瓶一个，周围用淘净杭米或糯米、老米、小米旋添入甑。候热气透一层，再添一层，约离瓶口七分，不可十分满，恐米涨入瓶不便。上盖一尖底银锅，底尖下垂，正对银瓶之口，离二三分许。外上添冷水，周围封固完密。下用桑柴或好炭火蒸之，候上内水热，即换冷水，不数换而瓶中之露可满，取出温服，乃米谷之精华也。"

这一段文字说了些啥？讲白了就是用蒸馏法提取米汤。弄得这么复杂，其实"灵露饮"还不如大锅煮的米汤有营养！天启皇帝越喝身体越差，一个月后浑身水肿，魏忠贤恨不得将霍维华给咬死。

霍维华献"仙药"后，"圣恙日增无减，日渐浮肿，诸药进益失效"。天启七年（1627）八月二十二日，天启皇帝朱由校驾崩。

权力场马上要变天了，最操心、最不安的自然是魏忠贤与客氏。据说，魏忠贤想了很多应对招数：让客氏提前养了八个怀孕的宫女，进献到天启皇帝名下，然后在生下来的"皇子"中选一个继承皇位；把侄子魏良卿的儿子弄进宫冒充皇子，炮制"狸猫换太子"；鼓动张皇后垂帘听政，魏忠贤自己摄政。还有，魏忠贤想篡位，与兵部尚书崔呈秀密谋发动军事政变。

又传说，皇上一薨，客氏知道自己结局只有出宫这一条路。最后的机会了，客氏把儿子侯国兴叫进宫，让他趁乱把宫中金银珍宝搬一些回家。侯国兴觉得很危险，又将魏良卿找了过来，毕竟多一个魏忠贤当靠山，盗出的钱财两人平分，一旦有事则风险共担。

关于客、魏的传闻，大多是文人瞎编的，或是竞争对手捏造的。权力顶层的争斗，街头流氓的手法是派不上用场的。客氏想捞一把跑路，倒是有些可能。

实际上，天启皇帝自知来日无多时，已于八月十一日召见了弟弟信王朱由检。天启皇帝不是愚不可及，而是没有从政经验，面对老谋深算的各大党派，根本分辨不出哪家深浅，本能地相信身边的人；等学到了一点御官的手艺，又天不假年。王朝也如一个人，王朝同样有命运。

八月十二日，天启皇帝在乾清宫西暖阁，正式召见了内阁及九卿、科道官等，一如七年前泰昌皇帝的临终托孤。天启皇帝对群臣说：监臣王体乾谨恪小心，厂臣魏忠贤忠贞性直，紧要的、重大的事情卿等可与之商榷计议，共同办理朝中大事，"宫府合心，忠君爱国"。

这还不是最重要的，天启皇帝说了一句石破天惊的话："昨召见信王，朕心甚悦，体觉稍安，说与卿等每（们）知道。"

把前一日召见信王朱由检的事明确地告知群臣，权力顶层的底牌再清楚不过了：万一皇上归天，只有一种可能，那就是信王朱由检入继大统。

这是极为重要的机密，群臣立即围绕这个中心打起了主意，并且付诸行动。

权力争斗要有获胜的概率，百分之九十九是概率，百分之一也是概率，但不是绝对。绝对是"零"，没有任何争斗的意义，除非是疯子或傻子。天启皇帝说这话时，魏忠贤与王体乾就在现场。

任何痴心都是妄想，只可应对，不可改变。

五、官斗致命伤

天启七年（1627）八月二十四日，朱由检于皇极殿即皇帝位。

皇帝"上新"了，是好是坏很难说。宋代僧人文莹《湘山野录》中有则故事：眉州新太守上任，地方官绅隆重迎接，乐人献口号云："为报吏民须庆贺，灾星移去福星来。"新太守大喜，问这么精彩的乐词口号是谁写的，乐人回答：迎接新官上任，从来只有这一首。

新官旧官，可能是相似的；新皇帝旧皇帝，也可能是相似的。朱由检与朱由校有着惊人的相似。

朱由检（1611—1644），明光宗泰昌皇帝第五子，明熹宗朱由校异母弟，也是其唯一在世的弟弟，以"兄终弟及"即皇帝位,成为明朝第十六位皇帝,年号"崇祯"。

朱由检十七虚岁即皇帝位,朱由校十六虚岁即皇帝位;二人的生母皆早逝,朱由检由李选侍(西李)抚养,朱由校由李选侍(东李)抚养;二人幼年皆因父亲的地位尴尬而不受待见,没有受到良好的教育;二人登基前都没有太子观政的经历,这一点是皇帝亲政的致命伤。

但是,朱由检比朱由校可能要稍微强一点。

天启六年(1626)十一月,朱由检离开内宫,移居京城的信王府。尽管这是由惠王府改修的旧王府,条件有些简陋,但对朱由检来说十分难得。信王朱由检本与皇位无关,故始终被权力场上的各方冷落,这不是什么坏事。魏忠贤控制宫中、掌控朝政,朱由检获得的信息与朱由校并不一样。朝野舆论影响着朱由检,魏忠贤及其阉党在其印象中完全是负面的,这一点将直接影响下一步的官场争斗走向。

朱由检从进入乾清宫的第一天起,即对魏忠贤保持高度警惕。除了张皇后和从信王府带来的徐应元等几个太监,朱由检不相信宫中的任何人。他甚至自带饭食,不吃宫中食物,防止魏忠贤下毒。

入宫的第一夜,朱由检吓得连觉都不敢睡,看见一名持剑小宦官走过,吓了一跳,以赏玩为名将小宦官的剑留了下来。听到宫中巡夜者的木梆声,朱由检又吓了一跳。实在是不放心,朱由检下旨赐宫中值班巡夜人员酒食,看到这些人对新皇帝真诚的笑脸,朱由检大抵心里有数了:虽然"舍得一身剐,敢把皇帝拉下马",但不会有人平白无故地愿意"一身剐",自己的人身安全是

第十章　落花流水

没有危险的。

魏忠贤也不愿"一身剐",尽管有一种不祥的感觉。权力场争斗在答案揭晓前,每个人都生活在侥幸与胜利的幻想里,没有例外。魏忠贤希望看到这个答案,朱由检不透露这个答案,尽管已经有了这个答案。

崇祯皇帝越是若无其事,魏忠贤越是惴惴不安。魏忠贤放低身段,反过来给徐应元送礼。人在屋檐下,不得不低头,魏忠贤表示愿意将自己的位子让给徐应元,希望其在皇上面前多多美言,能探探皇上的底细那当然更好。官场中人,比升官发财更重要的就是免祸。

九月初一日,魏忠贤上书乞求辞去东厂提督之职,客氏也提出搬出宫去。崇祯皇帝对魏忠贤好言相慰,没有批准,魏忠贤的探测气球飘得无影无踪。

九月初三日,魏忠贤大吃一惊:皇上让奉圣夫人客氏出宫了!

这不像是重大决策,随着天启皇帝的驾崩,客、魏联盟即失去意义。这又是重大信号,客氏是客、魏联盟中最弱的一个,客氏与崇祯皇帝没有任何关系,放其出宫在情理之中,但又像是墙脚被刨去了一块大石头。

魏忠贤的预感是对的。崇祯皇帝对客氏的态度,朝臣们同样敏感地捕捉到了:一朝天子一朝臣,圣意抛弃客氏,客、魏联盟终结,不管魏忠贤的未来如何,官场格局马上要变了。

机遇是留给有准备的头脑的,官场上的每一个人,都有一颗特别好使的大脑。

九月十六日，杨所修朝官场扔出了一枚"集束炸弹"：兵部尚书崔呈秀、工部尚书李养德、太仆寺少卿陈殷、延绥巡抚朱童蒙，外加吏部尚书周应秋，全部是杨所修的弹劾对象。

这五位大员，出了什么问题？前四位很明显，他们的父母去世了，按例应该回家"丁忧"，他们却让天启皇帝同意他们"夺情"，违反了"孝治天下"的根本国策。最后这一位是专门负责选人、用人的，用了这么一帮人，应该承担连带责任。

朝中大臣，只有这五个人有问题？那是另外一回事，这五个人的特别之处，在于他们都是魏忠贤的人，都是阉党，并且还是离魏忠贤最近的。

朝阉党开火，杨所修肯定是东林党。错了，正好相反，杨所修同样也是阉党。

阉党为何弹劾阉党？这套路有点深，其实道理最直白：如果于己有利，捅同伙一刀才是最方便的。

这个杨所修是何方神圣？杨所修富有官斗智慧，谙熟官场玄机。

杨所修（？—1641），万历三十八年（1610）进士，河南商城人。杨所修的出生年月为什么找不到记载？因为他早年混得无声无色，官场没人关注他，直到投靠了魏忠贤，官帽子才是一顶又一顶。

天启二年（1622），杨所修由兵科给事中改任工科给事中，巡视厂库，监督宫中的重大工程项目，获得投靠魏忠贤的机会。然后，他先后调任礼科给事中、吏科给事中，升礼科右给事中、工科左给事中、吏科都给事中。天启七年（1627）七月，杨所修

第十章　落花流水

升任都察院右副都御史。

从正七品一下子拉升到正三品，这官升得实在猛。这些年杨所修干过什么惊天动地的大事？还真找不到，最不靠谱的是他把不靠谱的事干靠谱了：魏忠贤干死了缪昌期，杨所修说翰林院检讨姚希孟是缪昌期的好友，硬是把姚希孟整得革职了。

魏忠贤为杨所修谋的官也够大了，但杨所修内心对魏忠贤很不满。魏忠贤拿钱必办事，并且必办成事，因为卖官"诚信"，所以投奔的人很多。魏忠贤的不足之处，是卖官的出货量太大，卖给杨所修等人的这一批，光是"副都御史"这顶帽子，一下子就卖了十三顶，都察院哪有这么多"副都御史"的位子？所以，杨所修"副都御史"的帽子，还配了八个字的说明："照旧管事，遇缺推用。"

十三个"副都御史"中，杨所修排名倒数第三，正常情况下，都察院离职或提拔一个副都御史后面才能补一个，等杨所修补上实职，人不死，也一准离职了。

魏忠贤大势已去，去到什么程度还不明显，直接干他难度较大，先干他的同党风险最小。敌人的敌人就是朋友，自己这一招不管有没有什么好处，先撇清自己，至少是没有坏处的。

崇祯皇帝接到杨所修的奏疏，将其斥责了几句：你这个东西弄得太草率了，本来是要降职处理的，这一次就算了吧！

这是什么态度？没有态度。没有态度，就是最好的态度。

崇祯皇帝斥责杨所修的话，是通过谕旨公开的，朝中官员一下子全知道了。最擅长看文件的官员，通常是看文字之外的信息。这一下，官场活跃了。

九月二十四日，国子监司业朱三俊，弹劾自己的学生陆万龄。老师看学生不顺眼，可以直接动手打，哪用这么费周折？但监生陆万龄闹的事情太大、太敏感，他就是提议将魏忠贤配祀孔子的那位。天启皇帝在位时，朱三俊这么干肯定要丢官，现在是他感到形势变了。官场没有眼瞎的，只有睁着眼睛说瞎话的。

崇祯皇帝接到朱三俊的奏疏，立即下旨：监生陆万龄下狱究治。

陆万龄为吹捧魏忠贤坐牢了，魏忠贤这脸往哪儿搁？

还好，第二天就有人为魏忠贤扳回了面子。

江西巡抚杨邦宪，上疏请求为魏忠贤建生祠。江西离京城有点远，杨巡抚信息不灵通。官员不掌握信息，迟早要成为盲人，掉进坑里自己都不知道。

十月二十二日，工部主事陆澄源直接弹劾魏忠贤。崇祯皇帝仍不置可否，只是让人传旨："陆澄源新进小臣，何出位多言，且言之不当？本该重处，姑不究。"

崇祯皇帝嫌陆澄源官小，那肯定是开玩笑的。当另一个连官都算不上的更小人物露头时，崇祯皇帝就不是这态度了。

十月二十六日，浙江海盐贡生钱嘉征上书，直斥魏忠贤"并帝""蔑后""弄兵""无二祖列宗""克削藩封""无圣""滥爵""掩边功""朘民""通同关节"。所列十条，皆"滔天之罪"。

崇祯皇帝叫来魏忠贤，命内侍当场诵读给魏忠贤听，听得魏忠贤"震恐丧魄"。

在最高权力面前，任何人都没有还手的余地。

十一月初一日，崇祯皇帝下旨贬魏忠贤至凤阳祖陵管理香

第十章 落花流水

火。三天之后,又以魏忠贤途中"势若叛然"为由,下令将其逮捕至京。

"势若叛然",就是那样子像是要叛乱。样子像什么,关键是怎么看。权力场上,降维打击不需要理由。

十一月六日,魏忠贤一行来到阜城县城。获悉前来抓捕的锦衣卫已经离京,魏忠贤夜不能寐。《明季北略》记载,这天晚上,一位来自京师的书生,一直在旅舍外唱一支《挂枝儿》:

一更,愁起
听初更,鼓正敲,心儿懊恼。
想当初,开夜宴,何等奢豪。
进羊羔,斟美酒,笙歌聒噪。
如今寂廖(寥)荒店里,只好醉村醪。
又怕酒淡愁浓也,怎把愁肠扫?

二更,凄凉
二更时,辗转愁,梦儿难就。
想当初,睡牙床,锦绣衾绸。
如今芦为帷,土为炕,寒风入牖。
壁穿寒月冷,檐浅夜萤愁。
可怜满枕凄凉也,重起绕房走。

三更,飘零
夜将中,鼓咚咚,更锣三下。

梦才成，又惊觉，无限嗟呀。
想当初，势倾朝，谁人不敬？
九卿称晚辈，宰相为私衙。
如今势去时衰也，零落如飘草。

四更，无望
城楼上，敲四鼓，星移斗转。
思量起，当日里，蟒玉朝天。
如今别龙楼，辞凤阁，凄凄孤馆。
鸡声茅店里，月影草桥烟。
真个目断长途也，一望一回远。

五更，荒凉
闹攘攘，人催起，五更天气。
正寒冬，风凛冽，霜拂征衣。
更何人，效殷勤，寒温彼此。
随行的是寒月影，吆喝的是马声嘶。
似这般荒凉也，真个不如死！
五更已到，曲终，魂断。

听着曲子，魏忠贤悄然起身，解下腰带，悬梁自尽。

等待欣赏官场争斗故事的高潮，居然等来了一个寂寞。没有办法，史实如此，不能杜撰。当然，这也不是真正的结局。

没有魏忠贤的时代，崇祯皇帝朱由检又将开创怎样的局面？

尾　声　风霾满天

《明史·庄烈帝本纪》："帝承神、熹之后，慨然有为。即位之初，沉机独断，刈除奸逆，天下想望治平。"

这是清修《明史》对崇祯皇帝的一段评价。兼并者夸赞被兼并者，一半是讽刺，一半是幽默；只会讲"所以"，不会讲"因为"。

崇祯皇帝是如何处置阉党的？"五虎"之一崔呈秀，得知崇祯皇帝诏令将魏忠贤尸体肢解、悬头于河间府后，惶惶不可终日。崔呈秀搬出所藏的奇珍异宝，唤出家中的妻妾艺妓，打开佳酿开怀痛饮。人还在，路没了，只能是沧海一声笑。只能如此，崔呈秀自缢身亡。

崔呈秀看得非常准，崇祯皇帝的动作确实很猛烈：魏忠贤自尽后，其亲信秉笔太监李朝钦自尽，侄子魏良卿、亲信秉笔太监李永贞处死刑；客氏被鞭笞而死，其子侯国兴死刑；"五虎"（原兵部尚书崔呈秀、兵部尚书田吉、工部尚书吴淳夫、太常寺卿倪文焕、副都御史李夔龙），"五彪"（左都督田尔耕、锦衣卫都指挥佥事许显纯、都督同知崔应元、右都督孙云鹤、锦衣卫佥事杨寰），均处以死刑。

这还不够。崇祯元年（1628）正月二十四日，崇祯皇帝下令将魏忠贤、崔呈秀的尸体刨出来，首级被分别在其家乡河间与蓟州悬首示众；将客氏戮尸后，再挫骨扬灰。

尾　声　风霾满天

雷厉风行的崇祯皇帝,已经消灭了阉党?很难说。司礼监掌印太监王体乾,邪恶程度其实不比魏忠贤低,只是隐藏在魏忠贤的身后,这一次漏网了,后来才受到从轻处理。阉党分子杨维垣,东林党势盛时骂东林党,阉党倒台了他阉党、东林党一起骂,崇祯皇帝将其晋为太仆寺少卿。

杨维垣是聪明的,他是最早窥视出圣意的人:崇祯皇帝不仅仅是厌恶阉党,而是厌恶官场争斗。

官场上的聪明人,远非只有杨维垣一个。东林党遭重创,阉党败亡,权力场上的机遇期来了。

翰林编修倪元璐,是个官场上的新手,也是东林党人。崇祯皇帝严厉打击阉党,倪翰林想多了。倪元璐见崇祯皇帝斥阉党是"邪党",那东林党就应该是"正党",打击邪恶就应该弘扬正义。倪元璐与杨维垣观点冲突,两人直接就杠上了。

倪元璐与杨维垣争得面红耳赤,差一点就要动手"约架"。但是,官员们对这一幕并不太在意,认为这是他们两人之间的事。太抽象、太空洞的事,与其他人的利益不太相干。

但是,还有比倪元璐与杨维垣更聪明的人。这个人就是阮大铖。

东林党与阉党之间你死我活时,阮大铖既不帮自己人,也不帮敌人。阮大铖认为,笑到最后的那个人,才是真正的"自己人"。待在京城不安全也不方便,阮大铖辞职回老家了。

天启皇帝早崩,崇祯皇帝登基,无疑会改变各政治势力的对比。魏忠贤既已倒台,必有东林党或其他某派势力抬升。这一切,与当初阮大铖担心的政治无常,确是如出一辙。

天性多疑的阮大铖，虽然明白魏忠贤势力将会完蛋，但并不能肯定崇祯皇帝将如何处置争权夺利的其他势力，判断不出哪一派势力最终得势。安庆离京城也太远，各路信息不全面，阮大铖看不清朝中的形势，心中没底。

但是，阮大铖肯定了一点：是时候了，要抓住机遇，创造机会，让自己复出，闪亮登场。

于是，他拟写了两封奏疏：一封独攻魏忠贤罪恶；一封历数泰昌元年（1620）到天启七年（1627）间的整个党争事实，陈述东林党和魏忠贤集团的共同罪恶。阉党、东林党各打五十大板，是为《合计七年通内神奸疏》。

前一封没有流传，估计是昧着良心写的。国家搞乱了，责任全推到一个团伙身上，鬼才相信这个团伙有那么大能耐。后一封《合计七年通内神奸疏》，将什么时候东林党与宦官勾结弄权，什么时候魏忠贤权倾朝野，抖搂得一清二楚。亮点是抓住朝臣与宦官私相勾结之实，不经意间挑中了崇祯皇帝的神经。皇权专制政体中的党争，其实就是争皇帝，谁控制了皇帝，谁就有靠山，有主动权，就能稳操胜券。最终为争斗买单的，当然也只能是皇帝。

说真话，通常最难的，官场说真话尤其难。阮大铖将两封奏疏，送到了在京城的密友杨维垣处。为稳妥起见，阮大铖特叮嘱杨维垣，一定要见机行事，哪一封符合形势，就递哪一封。

正与倪元璐恶斗的杨维垣，已经感到智力不支，一看阮大铖的奏疏乐了：英雄所见略同，东林党与魏忠贤集团确实都是邪党！杨维垣想都不用想，赶紧将《合计七年通内神奸疏》送了

尾　声　风霾满天

上去。

明代虽是皇权专制，对官绅阶层而言却能政务公开，即朝臣们所有的奏章和皇帝的批示、谕旨，都公布传抄。

阮大铖这份奏章一经公布，官场乱了，舆论大哗，立即有人批驳弹劾，说他"比拟不伦，党邪害正"。以党害国，东林党与阉党难道是这个样子？

冷板凳上发了个热帖，阮大铖触及了官场中人的哪根神经？还是那句俗话，是官刁过民。以魏忠贤势力之大，天下有几人清白？与魏忠贤对着干的东林党人，几被魏氏一扫而空，新君崇祯即位后扑杀阉党，东林党人的全部希望，就是借崇祯之力东山再起。

在这个关键时刻，阮大铖却指控东林党和阉党都是通内乱国的党争派系。阉党眼下是死定了，想急也急不起来了；东林党不能不发慌，若阮大铖此疏得用，非但大批在野东林人士仕途复起之望就此断绝，就是在朝孑遗者亦处于随时获罪的境地，而东林党孜孜以求重掌大局之心就更别提了，势必全盘覆灭。

关键时刻拆台不补台，性质比打死两个人都严重。这个时候的东林党人，不是愤怒，而是清醒——最凶恶的敌人，不再是魏忠贤。魏忠贤算什么？死了，后代都没有，想报仇都找不出拎刀的。杨维垣、阮大铖就太狠了，根本就不是发黑帖给东林党抹黑，简直是割喉一刀。

东林党人对阮大铖的切齿之恨，自此持续了数十年。很过分吗？一点都不。你可以怀疑东林党人的胆识，但不要怀疑东林党人的智商。阮大铖对东林党的打击，那是由表及里。

东林党和魏忠贤的斗争，公舆似有正邪之分，并不清楚其中的隐情。而东林党过去压制阮大铖出任吏科，也只是出于党争形势的考虑，很大程度上仍视阮大铖为本系一脉。不料关键时刻，阮大铖却抖出他们与魏忠贤同是党争祸源，且有通内勾外丑行，着实让东林党人大吃一惊又大失所望。

东林党人是一个知识分子群体，一直以清流自居，以此立足并取得政治优势，也早已为舆论所接受。但东林党人通内，同样勾结宦官，扮"好人"又黑灯瞎火地做坏事，公众其实是不知情的。

知情的只有少数官场中人。外廷与内廷相勾结，在明季司空见惯，事出寻常，万历前期的张居正如此，当朝的杨涟、左光斗如此，其他东林党要人更是如此，借以维系与最高统治者皇帝的联系。张居正通冯保，左光斗通王安，内外廷勾结，只是他们利用的宦官不是魏忠贤罢了。

阮大铖的"合算疏"，搅乱了东林党人的如意算盘，迫使东林党诸人及时进行战略调整，同仇敌忾，力攻阮大铖。

但是，东林党人的愤怒是没有意义的，崇祯皇帝看中了阮大铖的"合算疏"。

天启皇帝与崇祯皇帝都是少年登基，都是少不更事，但都不是傻子。真正的傻子是认为别人傻。洪熙、宣德之后的明朝，文官集团渐趋成熟，一直试图将皇权纳入政治秩序，让皇帝沦为礼仪象征。皇权面临的极大压力，也是正德皇帝反叛，嘉靖皇帝、万历皇帝怠工的深层原因。天下多事的天启朝，皇帝无法再垂拱而治，亟须有所作为，而颟顸因循的文官集团又施以皇权种种约

尾　声　风霾满天

束，天启皇帝的选择就是重用宦官，抑制外廷。

宦官乱政，民怨沸腾，是天启皇帝不成熟的"帝王术"的副产品。崇祯皇帝登基后，抛弃了天启皇帝"忠贤宜委用"的遗言，以为皇兄昏庸。阮大铖的"合算疏"刺激了崇祯皇帝对党争的痛恨，决心将阉党势力迅速扫除殆尽。

崇祯皇帝提拔阮大铖为光禄寺卿，以示鼓励。然后，崇祯皇帝又重用了一个人，这就是已经下野的前首辅韩爌。

天启四年（1624）七月，叶向高致仕，韩爌晋为首辅。魏忠贤遭遇杨涟等东林党人弹劾，请求韩爌施以援手，韩爌不予理睬。事态逆转，魏忠贤驱逐赵南星、高攀龙、杨涟、左光斗等忠直大臣出朝，韩爌在内阁又受到顾秉谦、魏广微的挤压，不得不愤然辞职。

这还不算完，天启五年（1625）七月，魏忠贤又指使李鲁生弹劾韩爌，导致韩爌被削籍。崔呈秀、杨维垣、许显纯等又诬陷韩爌窝赃，韩爌不得不出卖田宅并举债，筹款两千两偿还"赃银"。无处栖身的韩爌，一度居于先人墓地。

备受阉党打击的韩爌，自然是阉党的天敌。韩爌重出后的第一件大事，果然是与李标、钱龙锡一道，领衔整治阉党。崇祯皇帝的用心，不言而喻。

一个人的高尚与强大，是在他的高光与至暗时刻呈现的。韩爌是一个高尚与强大的人，自带气场，智慧照人。领命之时，韩爌认为国家面临的内外矛盾甚多，官员队伍人心惶惶，对阉党的处理不宜扩大化。

崇祯二年（1629）正月二十一日，崇祯皇帝颁布诏书，正式诏告处理魏忠贤叛逆一案，以给天下一个交代。

正月二十四日，崇祯皇帝在文华殿召见内阁大臣韩爌、李标、钱龙锡，吏部尚书王永光，都察院左都御史曹于汴等，过问魏忠贤叛逆案的处理情况。韩爌将应处理的魏忠贤党羽名单呈上，崇祯皇帝扫了一眼，问韩爌：怎么只有四十几个人？

韩爌没有正面回答皇上的问题，而是将梳理、审核阉党分子的过程汇报了一遍。崇祯皇帝道：甭说过程，只看结果，真下了功夫，人数就不会这么少。

只好重来。韩爌等人又反复商议，把过去跟魏忠贤走得近的官员，加了几十个人上去。大家也觉得，这次应该差不多了。崇祯皇帝看了一眼名单，说：你们这个方法不对，魏阉党羽还是容易漏网。

韩爌心想：我什么样的难题没处理过，难道还需要一个孩子来指点？但韩爌嘴上仍然说：老臣愚钝，请皇上明示。

崇祯皇帝开始不高兴了，说：你们分分类，"赞导""拥戴""颂美""谄附"四类为目，魏阉党羽一一罗列，这样就不会有漏网之鱼。

崇祯皇帝越说越激动：魏忠贤不过是宫中的一个阉竖，若无外朝官员助纣为虐，怎么可能几年时间就闹成这个样子？内外交通，无论内廷外朝，凡是跟着魏忠贤一同作恶的，统统加上去！

韩爌沉郁了一下，说：内宫的情况臣等也不太熟悉，不知道具体要添加哪些宦官？

"怎么可能啊？"崇祯一脸不屑，"你们哪里是不知道，树老变弯，人老变奸，你们是要奸使滑，不想得罪人！"

尾　声　风霾满天

挨了一顿训,韩爌只得回去带人继续往名单里添人。

韩爌是一个正直的老臣,有时添一个人,想想又抹去了。这是办大案要案,列进去了就是重罪。"赞导""拥戴"反而好处理,丧尽天良干恶事,当知头顶三尺法。这"颂美""谄附",真不好把握。魏忠贤就是先帝的代言人,普通官员能拿他怎么样?有时夸他谄媚他,无非是不想惹祸,甚至有人心里恨他一个洞,嘴上也要夸他一朵花。一旦列入"颂美""谄附",道德层面上的东西,就成了律法上的问题了。

几天没见动静,崇祯皇帝又召"专案组"进宫。这次,崇祯皇帝也不要韩爌汇报办案进度了,而是手指案几上的一个布袋,让群臣好好看。

沉沉的一个大布袋,里面装着啥?韩爌没有说话,大家都不知道说什么。

崇祯皇帝道:"称颂魏阉的奸党奏章,这里就有一大袋。这些奸党,总不能也让他漏网吧?"

望着崇祯皇帝前的大布袋,韩爌冷不丁打了一个冷战。

成祖故事:靖难之役,建文帝被推翻,明成祖朱棣即位。成祖登基后不久,皇宫内搜出千余封大臣写给建文帝的密奏,不少是建议建文帝防范和解决掉朱棣的。成祖当着群臣的面,指着这一堆密奏问:"这里面也有你们的吧?"大臣吓得赶紧叩头,不知如何回答。翰林院修撰李贯说:"绝对没有我的!"成祖大怒:"食君之禄,为君分忧。国家危难之际,你作为皇帝身边的近侍,居然未进一言,你说你是个什么东西?"这堆密奏,成祖下令"悉焚之"。

韩爌本想以成祖故事回奏，但还是忍住了。以自己对这个年轻人的了解，拂其固执，一定会适得其反。不能直说，又不能说不干，韩爌转换了一下念头，对崇祯皇帝道：三尺法律，不是臣等所长。

韩爌的言下之意是，定案应该以律法为准绳，不能单凭意气，更不能想当然耳。

你行吗？崇祯帝转问吏部尚书王永光。

王永光想：首辅的意思我是听出来了，他都想不出什么办法，我又能使出什么高招？顺着韩爌的路子，王永光回奏：臣对案件刑名，也不熟悉。

术业有专攻，他们讲的也有道理。崇祯叫来刑部尚书乔允升，让他与"专案组"一起审定。

韩爌其实不是耍滑头。对有些官员列入"逆案"，韩爌是完全不赞成的，与皇上也发生过争论，但争论的结果就是按皇上的意见写。

二月二十六日，崇祯帝在皇极殿平台再次召见了包括刑部尚书乔允升在内的"专案组"成员，为魏忠贤余党定案。崇祯皇帝看完名单，说还要加三个人：张瑞图、来宗道、贾继春。

韩爌说：这三个人我们也审查、推敲过，但没有发现实质性证据，所以去掉了。

崇祯皇帝道：张瑞图为魏忠贤生祠写碑，这碑是哪天砸掉的？还没多长时间吧？来宗道为崔呈秀的父亲请恤典，居然还有"在天之灵"，这些难道不是实证？

张瑞图是书法名气大，杭州魏忠贤生祠是天启皇帝题额，张瑞图写碑，这要是都追究，岂不要追到天启皇帝头上？民间有人去世，祭文也会用"在天之灵"，与其说来宗道是吹捧，不如说是用了个陈词滥调。

皇上已经明确态度了，不能跟皇上斗嘴。想帮贾继春说几句公道话，韩爌说：贾继春攻击过东林党杨涟、左光斗，也攻击过阉党崔呈秀，这人的观点有可取之处，只是有些反复。

崇祯皇帝道：反复无常，这才是真正的小人！

结果：皇上说的三个人，都被定为魏忠贤的私党。

三月十五日，根据内阁大臣韩爌等所奏，崇祯皇帝亲自裁定魏忠贤、客氏及其党羽罪行，刊行布告天下，是为"钦定逆案"。

首逆：魏忠贤，凶残祸国，僭肆逼尊，罪恶贯盈，神人共愤。逆形已著，寸磔允宜；客氏，乳保恃恩，凶渠朋结，凌尊窃势，纳贿盗珍，阴逆首奸，死不尽罪。以上依谋大逆律，不分首从，皆凌迟处死，已经正法。

其他客、魏犯罪集团成员，以六个等级定罪：

第一等曰"首逆同谋"：崔呈秀，负国忘亲，通内窃柄，凶谋立赞党祸，首开佐逆罪魁，戮尸犹幸；李永贞，主谋代笔，盗帑淫刑，佐逆兴谋，上刑正法；李朝钦，附奸久与逆谋，殉缢未尽其罪；魏良卿，济恶首孽，伪冒三封，盗帑窃权，罪浮于辟；侯国兴，妖种盗库，同谋逆孽，骈诛允当；刘若愚，刀笔深文，朋奸害众，辟刑次等，具载爰书。以上依谋大逆，但其谋者不分首从皆凌迟处死律，减等拟斩。

第二等曰"交结近侍"，刘志选、梁梦环、倪文焕、田吉、刘诏、薛贞、吴淳夫、李夔龙、曹钦程、许志吉、孙如冽、陆万龄、李承祚、田尔耕、崔应元、杨寰、孙云鹤、许显纯、张体乾等十九人，均处死刑，待秋后斩首处决。

第三等曰"交结近侍次等"，魏广微、徐大化、霍维华、张讷、阎鸣泰、周应秋、李鲁生、杨维垣、潘汝桢、郭钦、李之才等十一人，减等充军，或因赃私情节下法司论处。

第四等曰"逆孽军犯"，魏志德、魏良栋、魏鹏翼、魏抚民、魏希孔、魏希舜、魏希尧、魏希孟、魏鹏程、傅应星、杨六奇、客光先、徐应元、刘应坤、王朝辅、徐文辅、孙进、王国泰、石元雅、赵秉彝、高钦、王朝用、葛九思、司云礼、陶文、纪用、李应江、胡明佐等二十八人，系阉党亲属或内官附党者，予以剥夺官爵、封赠，或发配充军。

第五等曰"交结近侍又次等"，冯铨、顾秉谦、张瑞图、来宗道、郭允厚、薛凤翔、李蕃、孙杰、张我续、朱童蒙、杨梦衮、李春茂、李春煜、王绍徽、徐兆魁、刘廷元、谢启光、徐绍吉、邵辅忠、杨所修、贾继春、范济世、李养德、阮大铖、姚宗文、陈九畴、亓诗教、赵兴邦、博槐、安伸、孙国桢、郭巩、冯嘉会、曹思诚、孟绍虞、张朴、李恒茂、郭尚友、李精白、秦士文、张文熙、杨惟和、何廷枢、陈朝辅、许宗礼、卓迈、卢承钦、陈尔翼、石三畏、郭兴治、刘徽、智铤、何宗圣、王珙、汪若极、陈维新、门克新、游凤翔、田景新、吕纯如、吴殿邦、黄运泰、李从心、杨邦宪、郭增光、单明诩、王点、李嵩、牟志

尾 声 风霾满天

夔、张三杰、曹尔祯、毛一鹭、张文郁、周维持、徐复阳、黄宪卿、许其孝、张素养、汪裕、梁克顺、刘宏光、温皋谟、鲍奇谟、陈以瑞、庄谦、龚萃肃、李应荐、何可及、李时馨、刘溪、王大年、佘合中、徐吉、宋祯汉、张汝懋、许可徵、刘祖述、李灿然、刘之待、孙之獬、吴孔嘉、李寓庸、潘士闻、王应泰、张元芳、阮鼎铉、李若琳、张永祚、周良才、曾国祯、张化愚、李桂芳、张一经、陈殷、夏敬承、周宇、魏豸、郭希禹、颉鹏、李际明、魏宏政、岳骏声、郭士望、张聚垣、周锵、徐四岳、辛思齐、胡芳桂等一百二十八人，罪减二等，坐徒三年，纳赎为民。

第六等曰"谄附拥戴"，李实、李希哲、胡良辅、崔文升、李明道、刘敬、徐进、冯玉、杨朝、胡宾、孟进宝、刘镇、王体乾、梁栋、张守成、商成德等十六人，并前一款徐应允等十六人，中有见任闲住的，并放回原籍，俱革去冠带，为民当差。

此外，黄立极、施凤来、杨景辰、房壮丽、董可威、李思诚、王之臣、胡廷宴、张九德、冯三元、乔应甲、杨维新、朱国盛、冯时行、吕鹏云、董懋中、周昌晋、虞廷陛、杨春茂、徐景濂、陈保泰、郭兴言、周维京、徐扬先、陈序、曹谷、朱慎鉴、郭如暗、何早、虞大复、叶天陛、邱存性、葛大同、欧阳充材、夏之鼎、张九贤、李宜培、谭谦益、吴士儁、徐溶、潘舜历、李三楚、董舜臣、陈守瓒等四十四人，因与阉党交好或曾疏颂魏忠贤等原因，遭革职闲住。

《明史》《明实录》《明季北略》《先拨志始》《石匮书后集》等记载的"钦定逆案"，细节略有出入，涉案人员在二百六十人左右，这还不包括"逆案漏网"人员张枢等五十七人。这个名单其实是可怕的，可怕的不是人数众多，而是自由裁量的空间过大，有失公允，其中还夹杂诸多私人恩怨。崇祯皇帝欲以"钦定逆案"打击党争，实际上一开始就偏离了初衷。

司礼监掌印太监王体乾，是名义上的"内相"，也是阉党中的核心人物，魏忠贤害死王安、迫害东林党等种种恶行，王体乾都是主谋，罪恶远在"首逆同谋"秉笔太监李永贞、李朝钦、刘若愚之上。王体乾狡猾而卑劣，关键时刻出卖同党，一度博得崇祯皇帝信任，最终仅以第六等"谄附拥戴"定罪。

延绥巡抚朱童蒙，因"谄附颂美"被列入逆案"交结近侍又次等"。朱童蒙因支持楚党熊廷弼得罪东林党，又因弹劾邹元标、冯从吾建首善书院被阉党看中。朱童蒙算得上一个能吏，其榆林精兵颇具战斗力。作为守边之臣，朱童蒙并未实质性参与阉党谋划，只为魏忠贤建造过生祠。当然，朱童蒙有一点比较出格：明代琉璃瓦的使用是有等级限制的，其所造魏忠贤生祠上使用的琉璃瓦，显然僭越了。

阮大铖为求一官，曾向魏忠贤行贿。"逆案"查处初期，阮大铖也不在崇祯皇帝的视野。但其"合算疏"激起了整个东林党人的共愤，想报复阮大铖又无把柄。这种情形下，只有挖出猛料，引起皇上的重视，实现"借刀杀人"。东林党人忙活了一圈，却一条阮大铖介入"逆案"的实据都未找到，最终只得以"阴行赞导"之名，将阮大铖塞进"逆案"。

顾诚《南明史》："平心而论，东林－复社人士门户之见极深,他们把阮大铖打成逆案很难自圆其说,比如说他谒见魏忠贤后随即行贿给魏的门子赎出名刺,就是莫须有的罪状;说他在魏忠贤得势之时即辞职还家是早已看出魏忠贤必定垮台,更站不住脚。阮大铖在魏忠贤垮台之后还看不清政局的走向,怎么能说他在天启年间就预知朱由校会短命、崇祯帝将即位?"

崇祯皇帝拨乱反正的主观愿望,最终成为官场争斗的又一工具。

除上述被处理的二百六十余人外,尚有"逆案漏网"官员五十七人。明季内外廷官员约在千人,涉案官员三百余人,朝廷中枢系统接近瘫痪。"钦定逆案"的扩大化,更导致众多官员噤若寒蝉,能吏日少,庸官日众,党争由对冲转为阴损,形成更为复杂的崇祯朝官斗奇观,这也是韩爌最为担忧的地方。

伸头是一种风格,缩头是一种风格,这是什么风格?崇祯朝官场风格剧变,让崇祯皇帝越发怀疑朝内有党,疑忌大臣,于是安排厂卫探子监视朝臣,搞得朝廷上下人人自危。韩爌说:"人臣不可以党事君,人君亦不可以党疑臣。但当论其才品臧否,职业修废,而黜陟之。若戈予妄起于朝堂,畛域横分于宫府,非国之福也。"

韩爌最终也未能自保。崇祯二年(1629)十月,后金(大清)大军进围北京,京师戒严,导致袁崇焕被杀。韩爌因是袁崇焕考进士时的老师,遭到原抱奇、丁进的弹劾;京师戒严时,崇祯皇帝命太监王永祚询问韩爌方略大计,韩爌答:"迁都。"国家根本、陵寝宗庙所在,内阁首辅怎么能有这种主张?崇祯皇帝开始轻视韩爌,对文官群体产生了更多的怀疑,重使太监监军,回到了皇兄天启皇帝的老路。

强人出局，往往是乱世的开端。乱世其实是需要强人的，不管他们的个人操守如何，但起码能维持表面的稳定。崇祯皇帝登基两年，已经换掉了首辅黄立极、施凤来、李国、来宗道、周道登，韩爌是第六个。多疑，刚愎自用，缺乏经验，韩爌感到崇祯皇帝比天启皇帝还可怕。

崇祯三年（1630）正月，韩爌致仕回乡。是时，"京师大风霾，昼晦"。一声鸦鸣响过头顶，韩爌望了望，未见到乌鸦的影子，也不知乌鸦是飞出京城还是飞进京城。城门口的韩爌忧心忡忡，身后黄沙弥漫，前途黄沙满天，家国之路一片茫然。

参考书目

1.〔明〕谈迁撰,张宗祥校点:《国榷》,北京:中华书局,2005年。

2.〔明〕刘若愚著,冯宝琳点校:《酌中志》,北京:北京出版社,2018年。

3.〔明〕文秉著,中国历史研究社编:《先拨志始》,上海:上海书店,1982年。

4.〔明〕吴应箕撰:《启祯两朝剥复录》,清光绪刘世衍写刻本。

5.〔清〕陈鼎编著:《东林列传》,扬州:广陵书社,2007年。

6.〔清〕李逊之撰,中国历史研究社编:《三朝野记》,上海:上海书店,1982年。

7.〔清〕计六奇撰,魏得良、任道斌点校:《明季北略》,北京:中华书局,1984年。

8.〔清〕夏燮撰,沈仲九标点:《明通鉴》,北京:中华书局,2014年。

9.〔清〕谷应泰撰,河北师范学院历史系点校:《明史纪事本末》，北京：中华书局，2015年。

10. 〔清〕龙文彬纂：《明会要》，北京：中华书局，1956年。

11. 〔清〕张廷玉撰，中华书局编辑部编：《明史》，北京：中华书局，2000年。

12. 南炳文、吴彦玲辑校：《辑校万历起居注》，天津：天津古籍出版社，2010年。

13. 南炳文校正：《校正泰昌天启起居注》，天津：天津古籍出版社，2012年。

14. 胡丹：《明代宦官制度研究》，杭州：浙江大学出版社，2018年。

15. 毛佩琦主编：《中国大通史·明代卷》（上、下），北京：学苑出版社，2018年。

16. 黄彰健校勘，"中研院"历史语言研究所校印：《明实录附校勘记》，北京：中华书局，2016年。

17. 汤纲、南炳文：《明史》，上海：上海人民出版社，2013年。

18. 钱穆：《中国历代政治得失》，北京：生活·读书·新知三联书店，2018年。

19. 朱永嘉：《明代政治制度的源流与得失》，北京：中国长安出版社，2015年。

20. 赵克生：《明代国家礼制与社会生活》，北京：中华书局，2012年。

21. 韦庆远:《明清史新析》,北京:中国社会科学出版社,1995年。

22. 王桐龄:《中国历代党争史》,苏州:古吴轩出版社,2017年。

23. 樊树志:《重写晚明史——朝廷与党争》,北京:中华书局,2018年。

24. 谢国桢:《明清之际党社运动考》,北京:北京出版社,2014年。

25. 吴晗:《明代的锦衣卫和东西厂》,北京:台海出版社,2018年。

26. 杜婉言:《失衡——明代宦官与党争》,北京:东方出版社,2020年。

27. 孟凡人:《明代宫廷建筑史》,北京:紫禁城出版社,2010年。

28. [美]施珊珊著,邵长财译:《小天命——生祠明代政治》,广州:广东人民出版社,2022年。

29. [英]崔瑞德、[美]牟复礼编,张书生、黄沫、杨品泉等译:《剑桥中国明代史》,北京:中国社会科学出版社,2006年。